MARKETI
Relacional
Un nuevo enfoque para la seducción y fidelización del cliente

MARKETING
Relacional

Un nuevo enfoque para la seducción y fidelización del cliente

Pedro J. Reinares Lara
José Manuel Ponzoa Casado

Prólogo de Javier Álvarez

FT Prentice Hall
FINANCIAL TIMES

Madrid - Londres - Nueva York - San Francisco - Toronto - Tokyo - Singapur - Hong Kong
París - Milán - Munich - México - Santafé de Bogotá - Buenos Aires - Caracas

DE ESTA EDICIÓN
© 2004 respecto a la segunda edición en español por:
PEARSON EDUCACIÓN, S. A.
Ribera del Loira, 28
28042 Madrid

Última reimpresión, 2005
ISBN: 84-205-4315-2
Depósito Legal: M- 20407-2005

FINANCIAL TIMES-PRENTICE HALL es un sello editorial autorizado de PEARSON EDUCACIÓN

Edición: Adriana Gómez-Arnau
Técnico editorial: Mónica Santos
Equipo de producción:
    Dirección: José Antonio Clares
    Técnico: Diego Marín
Fotografía de cubierta: © Photonica
Cubierta: Equipo de Diseño de Pearson
Composición: COMPOMAR, S. L.
Impreso por: ELECE, Industria Gráfica, S. L.

IMPRESO EN ESPAÑA - PRINTED IN SPAIN

Este libro ha sido impreso con papel y tintas ecológicos

A todos aquellos profesionales que, desde la enseñanza y la práctica del marketing, logran convertir en realidades los sueños de los demás haciendo que sean sus propios sueños.

CONTENIDO

Jaime Claramunt ⸺

CAPÍTULO IV
FIDELIZACIÓN, VINCULACIÓN Y RETENCIÓN DE CLIENTES

CAPÍTULO V
GESTIÓN DE BASE DE DATOS

CAPÍTULO VI
CUSTOMER RELATIONSHIP MANAGEMENT (CRM)

PRÓLOGO

PROLOGO

Creatividad y tecnología parecen dos mundos diferentes, distantes, asociados a individuos con poco o nada en común. Del estereotipo de un creativo publicitario con su creativa pose, a la imagen preconcebida del desaliñado tecnólogo con su corbata a media asta, parece como si existiera un escollo insalvable; dos formas distintas de enfrentarse al diario quehacer, dos alternativas para presentarse en sociedad, dos maneras de ofrecer soluciones a problemas que van desde lo cotidiano o lo atemporal. Dos vías, en definitiva, de añadir bienestar y evolución al resto de los mortales.

Marketing e informática, comunicación e ingeniería de telecomunicaciones, psicología y estadística, lenguas y ciencias, artes y oficios, manos y mentes... parecen enfrentarse en ese juego donde lo uno queda casi explicado por oposición a lo otro. Colosal prejuicio y equívoca división afianzada en la sociedad moderna en la que científicos y artistas, técnicos y artesanos, físicos y dramaturgos se distancian en lugar de completarse, se observan en lugar de admirarse o se desdeñan en lugar de encontrarse.

He elegido el asunto de la dicotomía entre lo que podemos simplificar como ciencia y arte, para, por una lado, introducir el diferente bagaje curricular de los autores que ha contribuido a aportar valor diferencial, rigor y firmeza en las argumentaciones; me refiero a la combinación entre el "magno circo" universitario de Pedro Reinares y la "guerrilla marketiniana" de José Manuel Ponzoa. Por otro lado, para advertir al lector sobre la que creo es la principal enseñanza, o aportación si se quiere, del libro que tiene entre sus manos, a saber, la gracia con la que lo humano y lo técnico se combina para devolver a la disciplina del marketing parte de su esencia, para despojarla de lo automático, instrumental y maniqueo, y situarla en el entorno de *la seducción*, como el propio título indica, del convencimiento, mediante hechos o referentes válidos, creíbles, mesurables, cuantificables y motivadores para quien se sitúa en la nada desdeñable labor de descifrar acciones, campañas, palabras o imágenes.

El tono próximo y documentado con el que se presenta cada capítulo, los casos prácticos que se adjuntan basados en experiencias reales de ambos autores, la actualidad del tema, el tono desenfadado con el que son acometidos asuntos de cierta dificultad técnica, hacen que la lectura de la obra sea también amena. Algo de agradecer para quienes tenemos la obligación de mantenernos actualizados en nuestra profesión. Más aún, he de reconocer el mérito de hablar sobre bases de datos, CRM o incluso sobre marketing y lograr mantener la atención de forma continuada. Lo que se hace con pasión se suele recibir también con pasión.

Desde que el Marketing Relacional apareciera en el ámbito académico, hace ya más de cuatro décadas, hasta hoy, disciplina y práctica han sido recogidas en la mayoría de las estrategias, planes de empresas, y en los programas de las principales escuelas de negocios del mundo. El llamado *Relationship Marketing* ha conseguido figurar como tema central de las revistas dedicadas a gestión y control, y ocupar una destacada plaza en ponencias, foros y seminarios sobre marketing y administración de empresas impartidos por todo el mundo. Es significativa la evolución conceptual del término, constante la revisión de sus fundamentos e inimaginable el progreso tecnológico que lo respalda.

Dicho avance ha afectado también en la nomenclatura con la que se identifican actividades y subactividades anexas a esta disciplina; del ERP al CRM o e-CRM, del RM al *one to one*, del propio marketing directo al marketing interactivo. No podía ser de otra forma, a los chicos y chicas de marketing, dedicados a menudo a poner nombre a las cosas nuevas o novedosas, les es complicado evitar la tentación de hacer otro tanto con aquello que tiene que ver con su propia actividad. De ahí que los acrónimos, sinónimos y anglicismos encuentren un caldo de cultivo ideal en los jóvenes y menos jóvenes *marketers,* por no pecar de purista ni de "carca". De ahí también que, para seguir un artículo, sea necesario comenzar su lectura como si se supiera de qué se está hablando hasta descubrir, al final del mismo, que es un poco de lo de siempre con un dos por ciento de nueva aplicación informática y, por ello, ya suficiente para nombrarlo de nuevo.

Hay que agradecer a José Manuel y Pedro su esfuerzo por aclarar y definir conceptos, identificar diferencias y semejanzas en las acciones nombradas, evitar presuponer que los referentes eran comunes a todos los lectores e incluir, en un lenguaje meridiano, términos que, traídos con poco rigor desde su origen en el mundo anglo-sajón, acaban por convertirse en "comodines" libremente utilizados por unos y otros, desapareciendo en tanto vaivén su original sentido.

En otro orden de cosas, y con la firme convicción de que las personas que forman una empresa son el principal recurso en el que se sustentan resultados y futuro, destacar la visión humanizada con la que se aborda en este libro las actividades que se describen. Nada más a mano que el sentido común para describir lo que a todos nos es próximo, esté dentro de las actividades de más alto rango de una empresa o en los quehaceres de menor importancia. Nada mejor que la continua referencia a la forma, sentido, grado de intensidad y desarrollo en el que las relaciones humanas se desarrollan para descubrir otras que, por producirse entre entes jurídicos, parecen carecer de motivaciones y conflictos, de capacidad para tomar decisiones o sentir el fracaso de la ausencia de relación.

Nada más emocionante que el intercambio, el propio placer de relacionarse sin otra motivación que la interacción. La confianza entre las partes es referenciada con un ritmo ameno e inteligente y a la vez con una alta dosis de sentimentalismo. Lo relacional parece un campo limitado a la amistad, a la familia, a lo más próximo y personal. Con ese cuidado, los autores plantean la aventura de la empresa como si de un viaje personal se tratara, evitando la soledad, el aislamiento, y convirtiendo la comunicación y adaptación en el éxito. El camino del perfeccionamiento no es otro que el del entusiasmo y la flexibilidad, el primero para conseguir impulso y saber mantenerlo, el segundo para sortear las dificultades a las que dicho impulso nos lanzará.

Como profesional dedicado durante muchos años a la consultoría tecnológica y a la selección especializada, como proveedor en definitiva de nuevas ideas para la empresa, me complace prologar un libro que pone su énfasis en la tecnología y en el entendimiento entre las partes como principales baluartes del desarrollo; que así sea, y que de dichas cualidades impregnen todas nuestras acciones públicas y privadas.

Javier Álvarez
Presidente del Instituto Cacumen

CAPÍTULO I
INTRODUCCIÓN AL MARKETING RELACIONAL

1.1. CONSIDERACIONES PREVIAS

Abordar el concepto de marketing relacional exige criterios rigurosos que establezcan sus verdaderas aportaciones con respecto a la doctrina general del marketing. El mundo empresarial ha adoptado de forma generalizada las aplicaciones que se derivan de estas teorías, basándose en sus espectaculares resultados, pero sin realizar demasiada reflexión previa. Numerosos artículos, ponencias, libros y seminarios atestiguan que el llamado marketing relacional está de moda. A esto no es ajena la explotación, casi propagandística, que los llamados gurús del marketing realizan en divulgaciones que tienen más de circo que de un mínimo rigor científico.

El mundo universitario reconoce el interés y las aportaciones del marketing relacional, como demuestra su bibliografía específica. No obstante, todavía se muestra loablemente escéptico a reconocer un área teórico-científica autónoma, en tanto que no se profundice en investigaciones, tras cuyo desarrollo se pueda juzgar si sólo estamos frente a aportaciones que se basan en prácticas empresariales adecuadas a los condicionantes ad hoc de los actuales mercados. Al menos, los científicos universitarios plantean la necesidad de una mayor profundización teórica.

Esta mesura conceptual se agradece ante visiones tan explosivas como *El marketing relacional: un nuevo paradigma* (Morá, 1998), donde con buenas intenciones lo único que se hace es trivializar hasta lo insostenible la ciencia del marketing. Asumiendo la necesidad de una profundización rigurosa, basada en otros planteamientos diferentes a la mera praxis empresarial, este libro pretende exponer los planteamientos de marketing relacional que se están aplicando en las empresas españolas como sustitutivos de prácticas consolidadas que ya han perdido eficacia. Las siguientes afirmaciones se basan en un profundo conocimiento de cómo se están gestionando estas teorías relacionales.

Se deja para futuros desarrollos, que exigirían otro espacio, ámbito e intencionalidad, el contraste de si las acciones citadas en posteriores capítulos suponen realmente una aportación a la ciencia del marketing, digna de traspasar los límites del pragmatismo divulgativo y la mera praxis empresarial.

1.2. ELEMENTOS FAVORECEDORES DEL DESARROLLO DEL MARKETING RELACIONAL

- Aumento de los costes de captación de clientes nuevos. Las empresas raramente cuantifican de forma fiable (debido a la dificultad de impu-

INTRODUCCIÓN AL MARKETING RELACIONAL

tar costes indirectos) lo que puede suponer incorporar un nuevo cliente a su cuota de mercado. Una prestigiosa entidad bancaria realizó un estudio que cifraba en 200.000 pesetas el coste de incorporar un nuevo cliente. Estas cifras desorbitadas obligan a plantearse la conveniencia de cuidar a los clientes existentes.

- Fragmentación paralela a la globalización de los mercados. El proceso es complejo y algunos han definido esta dinámica como estrategia de mercados "glocales" (de global y local). Por una parte, las empresas cada vez son más internacionales, dinámica inevitable para establecer las sinergias de costes de producción y marketing. Pero, por otra, el consumidor desea tener capacidad de personalizar sus productos, aunque sea en detalles aparentemente ridículos (las iniciales de una camisa). Ello obliga a un conocimiento profundo de los deseos individualizados de los consumidores para no perder la perspectiva ante estrategias planteadas para múltiples países.

- Más oferta y menos diferenciación de marcas.

- Reducción e imprevisión de los ciclos de marketing y de producto. Es conocido que en mercados de consumo masivo el ciclo de vida de los productos se acorta progresivamente. Es difícil establecer una planificación de desarrollo de productos de acuerdo a su ciclo de vida tal y como se hacía hace solamente unos años. Por ejemplo, las productoras cinematográficas norteamericanas lanzaban un estreno a nivel mundial de forma escalonada. Si el lanzamiento era en otoño en EE.UU., en Europa, probablemente, se produciría entre 6 meses y un año más tarde. Esto, entre otras muchas ventajas, permitía alargar la vida comercial del producto, establecer sinergias entre ambos continentes y sobre todo corregir acciones equivocadas de marketing. Muchas veces los resultados en Europa corregían una tibia acogida de la película en EE.UU. Con la existencia de Internet, nuevos soportes videográficos, como el DVD, y la mayor movilidad del público objetivo, estas acciones desarrolladas a lo largo de los años son cada vez más difíciles.

- Aumento de la competencia en la colaboración con los canales de distribución.

- Nuevos modelos de gestión empresarial alejados del modelo clásico y que tienen validez en distintas situaciones, con lo cual no existe un único paradigma.

- Calidad generalizada de las acciones de marketing convencionales. Hoy en día, prácticamente todas las empresas con un cierto nivel de desarrollo incorporan, como elemento fundamental de sus estrategias, acciones de marketing con un nivel medio bastante riguroso. Por lo tanto, la antigua ventaja competitiva entre quienes hacían marketing y quienes no lo hacían, ha desaparecido. Para diferenciarse, ya no basta con acciones convencionales (buenos productos, publicidad...); el elemento diferencial puede venir de la multiplicidad de acciones estratégicas diferenciales, que emanan de la aplicación de las teorías del marketing relacional.

- Desarrollo de tecnología que permite el procesamiento y análisis de altos volúmenes de información: Data Warehouse, Data Mining, CRM, etc.

- Disminución de la capacidad de la marca para retener consumidores. Algunos hablan de la pérdida del valor de marca en los actuales mercados. Las versiones más apocalípticas auguran el fin de la marca. Si bien hay que reconocer que el consumidor ha aprendido a valorar el efecto marca en su justa dimensión, tampoco hay que menospreciar el poder de fidelización de las marcas. Por ejemplo, cuando a principios de los años ochenta las marcas de distribuidor comenzaron a desarrollarse en el formato hipermercados, se establecieron unas previsiones de crecimiento absolutamente irreales. Este tipo de marcas no han conseguido alcanzar en algunos canales un máximo de un 10 o 15 % de cuota de mercado (en España), y sus efectos negativos sobre los fabricantes han sido bastante restringidos. Un punto medio razonable entre ambas visiones establece que el marketing relacional puede ser un instrumento definitivo para dar a las marcas el valor perdido.

- Cambios en los patrones de conducta de comportamiento de los consumidores. Los consumidores permanecen escépticos ante las acciones de marketing de las empresas. Cíclicamente, se producen unas pautas de cambio en determinados segmentos de consumidores que dan mucho juego para crear un concepto que sintetice, de forma divulgativa, elementos tremendamente complejos. Se hablaba de "yuppies", de la "generación x" y ahora de los "bobos". Esta nueva generación de consumidores ya tiene incluso una literatura que pormenoriza sus conductas. Su principal característica es que, aunque gozan de alto poder adquisitivo, no les gusta hacer ostentación de ello. Sin embargo, sí gastan cantidades ingentes de dinero en adquirir productos y servicios que les permitan una diferenciación más subjetiva que objetiva. Ello hace necesario para las empresas analizar hacia dónde se dirigen estos segmentos (altamente beneficiosos, como en su día fue el segmento *gay*) para poder satisfacer su demanda de una forma competitiva.

- El grado de diferenciación necesario se conseguirá a través de un conocimiento profundo de las necesidades no explícitas, el cual sólo se puede obtener mediante un proceso de relaciones continuadas.

- El deseo de los consumidores debe ser reconocido como fuente en los procesos de intercambio, y no como un mero centro de beneficios económicos. El consumidor ya no sólo quiere voz, también quiere voto: voto para decidir qué empresa sobrevive o qué empresa desaparece. Frente al corto plazo de las empresas, los consumidores buscan el largo plazo. Podemos establecer el símil con una bella mujer que tiene numerosos pretendientes. Puede flirtear con todos ellos, pero solamente para elegir el más conveniente con el cual tomar una decisión final de matrimonio. Esa mujer no querrá bellos galanes que la acompañen una sola noche. Parece obvio, pero, sin embargo, ¿por qué cuando queremos comprar un automóvil, y acudimos a un concesionario de lujo y dejamos nuestra tarjeta de visita, durante la semana siguiente recibimos numerosas llamadas intentando inclinar nuestra compra hacia una marca concreta, y cuando la compra se ha producido, el mismo amable vendedor de antaño se esconde en el cuarto de baño si solicitamos sus atenciones para resolver el mínimo problema? Si te has gastado cinco millones de pesetas, al menos deseas que se acuerden de tu nombre, porque resulta tremendamente frustrante que en ese concesionario pases de ser alguien agasajado, a uno más de la lista de espera de resolución de problemas. En este caso, el concesionario concibe erróneamente que el consumidor no realizará el mismo gasto hasta al menos cuatro o cinco años. Por lo tanto, el problema puede esperar para dedicar su esfuerzo en "engañar" a nuevos consumidores. Cualquiera puede comprobar, especialmente mediante una encuesta de satisfacción de usuarios de automóviles y a través de sus propias experiencias, la escasa importancia que las multinacionales del automóvil otorgan a los perjuicios que ocasiona la aplicación estricta de los principios transaccionales.

- Fin del concepto de segmentación tradicional. Estaba claro que a medida que se fueran sofisticando por procedimientos estadísticos los métodos de segmentación del mercado (de las variables sociodemográficas a las variables sicográficas), el elemento final sería el consumidor individualizado. El problema es que el marketing *one to one* sobre el concepto teórico es fácilmente comprensible pero difícilmente aplicable de forma táctica. En definitiva, el marketing *one to one*, por mucho que algunos consultores tecnológicos se empeñen en afirmar lo contrario, no rompe los principios fundamentales del marketing. Si no funciona es porque la empresa no tiene voluntad, capacidad, recursos, o conocimiento para aplicar los principios básicos de todos conocidos en sus consumidores de forma individualizada.

- Ya sabemos hace tiempo que los consumidores no son iguales. Quieren diferentes cosas, en diferentes cantidades, con diferente frecuencia, a distintas horas y, para colmo, están dispuestos a pagar diferentes precios por lo mismo. Manejar esta complejidad no es asunto fácil en los mercados globales, porque muchas veces el concepto de globalidad está equivocado. La globalización del consumo es un concepto de empresa, no de consumidores. Así, una franquicia de comida mala estadounidense decorada con guitarras falsamente firmadas por estrellas del rock puede triunfar en cualquier parte del mundo. El origen del triunfo no es porque al consumidor foráneo de Madrid le guste más esta comida que tapear en un bar típico con una caña de cerveza. La principal afluencia está formada por extranjeros con poca imaginación sin ganas de riesgo, que frente a la multiplicidad culinaria del país al que visitan, prefieren decantarse por lugares comunes ya conocidos. Claro que, a partir de aquí, se establece un efecto de mimetismo que contribuye al éxito del negocio, pero en el fondo, todo descansa en la internacionalización de un localismo digno de los habitantes de un pequeño pueblo de Burgos.

- Falta de capacidad de respuesta de los procedimientos clásicos de investigación de mercados frente a los rápidos cambios de los consumidores. Ya se ha explicado anteriormente la situación originada por el acortamiento de los ciclos de vida de los productos y la rapidez con que el actual entorno mediático contribuye a crear una demanda tremendamente inestable. Ya pasaron los tiempos donde el director de marketing se reunía con la consultora de investigación de mercado y planificaba los proyectos con un plazo de entrega de seis meses. En ese tiempo, el 20 % de las empresas *punto com* creadas en España en el año 2001 han desaparecido. En otros seis meses, habrá sido el 60 %. Operativamente, la investigación de mercados convencional como fuente de decisiones empresariales no es compatible con los actuales entornos. Aquella empresa que establezca, de forma automatizada y consolidada, la recogida de información necesaria de sus públicos como un proceso interno tendrá una ventaja competitiva prácticamente imbatible.

- Los medios de comunicación cambian a un ritmo que convierten la tarea de planificación de medios en un proceso tremendamente complejo, donde impera el abuso de información con una buena dosis de intuición. La principal tendencia en los últimos años es el deseo de las audiencias de interactuar y relacionarse con los contenidos de los medios. Internet ha sido el canalizador de esta tendencia, pero un medio por excelencia masivo, como es la televisión, ya comprende que su supervivencia pasa por el desarrollo de una interactividad real con sus audiencias. El marketing relacional busca la integración total de los modos de recibir información y comunicarse con sus mercados. La publicidad continuará siendo una fuente de persuasión, pero está claro que, a corto plazo, para poder reunir simultáneamente unos pocos millones de espectadores delante de un programa de televisión la única posibilidad será con *targets* como los ancianos, sobre los que difícilmente podemos rentabilizar nuestras acciones comerciales.

- Búsqueda de diferenciación de los productos gracias a la diferenciación que se consigue por la prestación complementaria de un servicio. Todos comprendemos que dos coches no son iguales si uno tiene un año de garantía y otro tres años, pero lo que realmente aporta el marketing relacional es que esta diferenciación se conseguirá anticipándose a lo que cada consumidor considerará conveniente como prestación de servicio. No se trata de un servicio eficiente para solucionar un problema, se trata de conseguir el suficiente conocimiento como para tener la prestación de un servicio que permita anticiparse con antelación al problema potencial.

- Participación del consumidor en los procesos de fijación de precios. Pocas empresas se han planteado el auge de los sistemas de fijación de precios variables en las acciones de *B to B*, *B to C* mediante subastas, portales... promovidos por Internet. El consumidor no está dispuesto a pagar por prestaciones de producto que no va a usar, y desea explícitamente hacer saber a la empresa que conoce cuál es el precio real del producto (puesto que tienen al alcance de la pantalla todas las ofertas disponibles) y, por lo tanto, si acepta un determinado precio es porque es consciente de que a cambio se le da un valor justo. Cuando el consumidor reserva una noche de hotel en un establecimiento de cuatro estrellas a mitad de precio, ya sabe que no es porque la empresa le está haciendo un favor, sino porque conoce que la estacionalidad semanal de la demanda hace que ese servicio tenga un coste variable, en este caso cuantificable en la mitad de su precio normal. Este proceso se puede producir a la inversa: también hay consumidores dispuestos a pagar un mayor precio; por ejemplo, por tener el producto en condiciones especiales. Un portal de comercio electrónico de Internet ofreció a un selecto grupo de mil consumidores la posibilidad de adquirir el último lanzamiento discográfico de un grupo musical firmado por sus cuatro componentes. Esta posibilidad se reducía a solamente 500 ejemplares. El precio era variable en un rango prefijado en función de las distintas ofertas. Obviamente, el conocimiento profundo de esos consumidores hizo que se alcanzara un precio máximo diez veces superior al precio base del producto.

- Desaparición de la frontera entre el concepto tradicional de marketing de producto y servicio.

- Evolución de las relaciones de poder en los canales de distribución minoristas. Todavía hay quienes recuerdan las relaciones de poder del fabricante sobre los minoristas, el desorbitado desarrollo de presión del canal hacia los fabricantes, que tantos quebraderos y ríos de tinta ha conllevado a los departamentos de marketing de las empresas. Tras años de enfrentamientos, el siguiente paso es una colaboración integrada al objeto de destinar esfuerzos y recursos al desarrollo de la creación de valor común. En los medios de comunicación ya se empieza a ver acuerdos de pago por resultados entre anunciantes y medio. Por mucho que algunos se lleven las manos a la cabeza, parece lógico que si el medio publicitario y el anunciante tienen objetivos comunes, probablemente los resultados de una estrategia conjunta permitan reducir los efectos de la pérdida de eficacia en los medios publicitarios masivos.

- Desarrollo tecnológico aplicado a la creación de productos. Ciertamente, es posible hacer productos muy complejos en cortos periodos de tiempo, pero la consecuencia lógica es que también son más caros, entre otras cosas, porque los ciclos de vida son más cortos y es difícil amortizar la inversión en I+D. Ello ocasiona frecuentes problemas de planificación o de marketing. Si el producto no está suficientemente perfeccionado, no hay tiempo de reaccionar, por lo que el liderazgo se pierde haciendo inviable un relanzamiento. Por ello, las empresas multinacionales (precisamente las que más invierten en el desarrollo de nuevos productos) tienen graves problemas financieros. La solución es simple, pero difícil de llevar a la práctica: vender el producto antes de fabricarlo, garantizando una demanda cautiva mínima que permita amortizar costes. Nuevamente aparece la necesidad de conocer a nuestros consumidores. Por ejemplo, nos encontramos a una pequeña agencia de viajes de aventura que empieza a llamar a sus clientes en navidades y consigue, seis meses antes de su realización, cerrar el cupo de 20 viajeros para visitar las tortugas azules de la isla de Gorgona.

- Conveniencia de promover acuerdos verticales a medio plazo entre los miembros del canal de distribución. El concepto de *just in time* hace imprescindible una perfecta integración logística entre los diferentes integrantes del canal de distribución, pero éste es un concepto funcional que poco tiene que ver con el marketing relacional. Los acuerdos promovidos por la implantación de esta filosofía transforman el canal en un departamento más de la propia empresa. INCONAL, S. A. (empresa especializada en construcción singular del aluminio) creó, a principios de los ochenta, un costoso departamento cuya única función era realizar el diseño de los perfiles de aluminio de sus proveedores. Como ésta era una función muy costosa y que implicaba economías de escala, la integración departamental se redujo a solamente un proveedor. En un principio, la gerencia no entendía que se estuviera asumiendo un servicio que no era propio del objeto de negocio de INCONAL, S. A. y que además representaba un coste importante. Cuando los constructores empezaron a demandar calidad, singularidad y cumplimiento riguroso de los plazos de entrega, frente a otros aspectos menores, como el precio, solamente esta empresa tenía una operativa integrada que permitía reducir la presentación del plazo de los proyectos a la mitad del tiempo de sus competidores. Esto fue suficiente argumento como para convertir esta empresa en líder de construcción singular en el norte de España.

- El enfoque internacional de las empresas puede hacer perder la perspectiva diferenciada de los consumidores. Se argumentará que una desagregación basada en jefes de producto permitirá la necesaria localización de las estrategias. Pero no olvidemos que las estrategias genéricas se aplican desde un punto común, y lo conveniente no es partir de éste y luego adaptarlas a los distintos países (hay grandes fracasos clásicos), sino lograr una estrategia global común a partir de agregar de forma pormenorizada hasta el último requerimiento de un consumidor individualizado. Sólo un proceso de información vertical de tipo relacional permite trasladar este concepto a un proceso operativo.

• Necesidad de reducir conflictos en el canal. La eterna dinámica de "dame más por menos" ya no sirve, como tampoco es válido "yo soy mejor cuanto más aprieto a mis proveedores". Todos salen perjudicados de este proceso. En España, los hipermercados ya han pagado con creces esta irracionalidad. El proceso es sencillo. Los fabricantes, abrumados por las condiciones de los hipermercados, encuentran más conveniente y rentable invertir en nuevas formas de comercialización: Internet, canales secundarios, alternativos..., los consumidores reaccionan positivamente a este aumento de sus posibilidades de elección de oferta, y se produce una desintegración de la oferta minorista. El efecto para los minoristas es que cada vez es más difícil localizar a los consumidores, con lo cual el índice de fracasos es mayor y el coste de elección de ubicaciones se multiplica. Todos han salido perdiendo.

1.3. CONCEPTO DE MARKETING RELACIONAL

El marketing de relaciones surge como una revisión teórica del concepto tradicional de marketing tras un cuestionamiento generalizado de los procesos tradicionales, al adaptarse éstos a los entornos actuales del mercado. Al igual que ha ocurrido en otras ocasiones en que la doctrina del marketing ha sido revisada, la conceptualización teórica va muy por detrás de la praxis empresarial. Por ello, a pesar de que los procesos relacionales son comúnmente aplicados en acciones muchas veces guiadas más por la intuición empresarial que por la reflexión planificada, la literatura científica no ha conseguido profundizar de forma concluyente sobre la supuesta falta de vigencia del llamado paradigma transaccional. Al no ser éste el objeto del libro, se presenta a continuación un breve repaso a los principales autores que, desde una perspectiva académica, han abordado este fenómeno.

Marketing relacional es un concepto relativamente nuevo, nacido con la literatura del marketing de la década pasada (McKenna, 1991; Christopher *et al.*, 1991; Grönroos, 1994; Gummesson, 1994; Morgan y Hunt, 1994; Bennett, 1996). Desarrollado esencialmente para las teorías del marketing de servicios y para el acercamiento del canal al marketing industrial, el marketing relacional ha sido el responsable del cambio fundamental de dirección en la corriente del marketing (por ej.: Grönroos, 1994; Morgan y Hunt, 1994; Greenberg y Li, 1998, y Gummesson, 1998).

El marketing relacional se ha convertido en un término ampliamente utilizado, aunque el consenso sobre una definición exacta aún está por ser alcanzado (Clarkson *et al.*, 1997; Evans y Laskin, 1994; Grönroos y Standvik, 1997; Lars-Gunnar, 1997). En este contexto, la mayoría de las definiciones del marketing relacional ofrecidas hasta ahora "están dirigidas en términos de *outputs* deseados y no indican los *inputs* requeridos que puedan impedir a un observador determinar si una regla del marketing relacional ha sido seguida" (Blois, 1996, pág. 161).

La teorización del marketing relacional tiene antecedentes confusos, debido a la focalización en aplicaciones de instrumentos concretos más que en los propios conceptos genéricos o bien estratégicos. Así, Morgan y Hunt (1994) centran el concepto de marketing relacional en todas aquellas actividades de marketing dirigidas a establecer, desarrollar y mantener intercambios relacionales exitosos. Esta definición adolece de centrarse en el fin último del marketing relacional más que en el proceso conjunto que la filosofía relacional implica. De este modo, sus aportaciones son poco más que recomendaciones prácticas sobre cómo implantar el concepto de marketing relacional (Grönroos, 1989) y avanza en la comprensión teórica de las aplicaciones del marketing relacional más que en sus propios beneficios.

En el ya lejano 1989 Grönroos destacaba lo que denomina dimensiones del marketing relacional:

• Enfoque en el consumidor a largo plazo.
• Hacer y mantener promesas a los consumidores.
• Involucrar al conjunto de la organización en su sentido más amplio en actividades de marketing.
• Implementar interactividad en los procesos de marketing.
• Desarrollar una cultura de servicio a los consumidores.
• Conseguir y usar información de los consumidores.

Otros autores desarrollan el concepto de marketing relacional a partir del análisis de los principios fundamentales del marketing y más concretamente, la orientación al mercado: Kohli y Jaworski (1990), Narver y Slater (1990) o Cadogan y Diamantopoulos (1995).

En España, Vázquez, Santos y Sanzo (1998) también son partidarios de conceptualizar el marketing relacional a partir de la orientación al mercado de las empresas. Para ello proponen el desarrollo de las siguientes actividades:

- Orientar toda la empresa hacia el mercado buscando un equilibrio entre los objetivos de la empresa y los clientes.
- Analizar y anticipar la evolución del mercado.
- Desarrollar estrategias adecuadas para alcanzar el posicionamiento deseado a largo plazo.
- Negociar con la dirección y demás áreas, con el fin de desarrollar estrategias y cultura de marketing en todos los estamentos de la empresa.
- Fomentar un marketing relacional, integrando al cliente en el diseño, fabricación y venta de productos.

Barroso y Martín (1999), en una de las primeras obras publicadas por autores españoles con aspiraciones académicas, asumen la dificultad de conceptuar el marketing relacional debido a la multiplicidad de propuestas diferentes, pero no contradictorias. En cualquier caso, dejan clara la trascendencia e importancia de las aplicaciones procedentes del marketing industrial y de servicios en la creación de fundamentos para dar entidad teórica autónoma al marketing relacional. Gummesson (1999) simplifica el concepto afirmando que el marketing relacional es simplemente marketing aplicado a relaciones, canales e interacciones. En su obra *Total Relationship Marketing*, desarrolla una farragosa conceptualización (que a primera vista parece bastante razonable) al estar basada en numerosos ejemplos prácticos y situaciones coyunturales que consideramos que no son la mejor base para desarrollar un concepto teórico que aspire a sustituir las reglas fundamentales del marketing transaccional. Gordon (1998) afirma que el marketing relacional se centra en ocho componentes fundamentales:

- cultura y valores,
- liderazgo,
- estrategia,
- estructura,
- consumidores,
- tecnología,

- conocimiento y análisis, y
- procesos.

Su visión está excesivamente centrada en las implementaciones estratégicas en el proceso de gestión empresarial, pero al menos, organiza los procesos de una forma sintética que los hace fácilmente comprensibles. McDonald, Christopher, Knox y Payne (2001) aportan al concepto de marketing relacional lo que denominan "los seis mercados de referencia", innovando a partir del viejo concepto de marketing en todas las direcciones. Para ellos, el marketing relacional debe enfatizar la construcción de relaciones fuertes entre la empresa y los siguientes mercados:

- mercado de proveedores,
- mercados internos (procesos),
- mercados de relaciones indirectas,
- mercados de influencia coercitiva,
- mercados de recursos humanos internos, y
- mercados de consumidores.

A partir de la identificación de los anteriores mercados en cada empresa, propone que las relaciones se deben basar en un nivel apropiado de atención y recursos, que se determinará según el siguiente proceso:

- Identificar los participantes clave en cada uno de los mercados definidos.
- Realizar una investigación profunda para desvelar las expectaciones y requerimientos de los agentes clave.
- Comparar la diferencia ente el actual nivel de influencia y el propuesto para cada mercado.
- Formular la estrategia óptima de relaciones y determinar en qué mercados es necesaria su aplicación.

Dentro de estas conceptualizaciones pragmáticas, Nykamp (2001) centra las relaciones en la comprensión exhaustiva de los consumidores, a partir de conceptos básicos como son el valor y los servicios que son importantes para ellos. El conocimiento del consumidor debe comprender al menos:

- Perfil psicográfico y sociodemográfico amplio y riguroso.
- Segmentación avanzada de los consumidores: es el punto de partida necesario para llegar al consumidor único.
- Investigación sobre las necesidades primarias de los consumidores.
- Cuantificación y valoración de los consumidores para definir su potencial.

Williams (1999) centra el concepto como un proceso continuado de identificar y crear nuevo valor con consumidores individuales, para, posteriormente, compartir estos beneficios entre la empresa y sus consumidores durante un largo periodo de asociación. Esta visión de relaciones basadas en compartir valores, ya fue desarrollada por Weinstein (1999), que aporta tres objetivos primarios en el marketing de relaciones:

- Obtener el máximo valor posible, en el máximo plazo posible, en cada consumidor.
- Incrementar el plazo de vida del valor en cada consumidor.
- Usar cuanto beneficio sea posible, obtenido a partir de los dos primeros objetivos, para conseguir nuevos consumidores sobre los que iniciar el proceso.

MAPA DE TRANSFORMACIÓN CRM

POCO NEGOCIO

| PRODUCTO | VENTAS | CANALES | MARKETING | SERVICIOS | CLIENTES |

ESTRUCTURA ORGANIZACIONAL

| DIRECTOR DE PRODUCTO | DIRECTOR DE DISTRIBUCIÓN | DIRECTOR DE PROMOCIÓN | DIRECTOR DE CANAL | DIRECTOR DE CONTACTO | DIRECTOR DE CLIENTES |

MEDIDAS DE NEGOCIO

| RESULTADO DE PRODUCTO | RESULTADO DE DISTRIBUCIÓN | RESULTADO DE PROMOCIÓN | INGRESOS DE CLIENTES | SATISFACCIÓN DE CLIENTES | VALOR DEL TIEMPO Y FIDELIDAD DEL CLIENTE |

INTERACCIÓN CON CLIENTE

| TRANSACCIÓN DE MASAS | PROMOCIÓN OPORTUNISTA | CAMPAÑAS OBJETIVO | SEGMENTO-COMUNICACIÓN ESPECÍFICA | CLIENTE-INTEGRACIÓN DE CONTACTO | PERMISO INDIVIDUAL INTERACCIÓN BASADA |

TECNOLOGÍA

| PROCESO DE TRANSACCIÓN | MANTENIMIENTO DE DATOS | ACCESO DE DATOS | MANTENIMIENTO DE DATOS | REPOSITORIO DE DATOS | SISTEMAS DE CONTACTO CON EL CLIENTE |

Fuente: Adaptado de Nykamp, M. (2001).

Aunque más adelante se desarrolla con detalle el concepto de valor en la estrategia de marketing relacional, conviene centrar sus principales elementos de una forma sencilla tal y como hace Knox en 1998. Para este autor, los componentes del valor al consumidor serían los siguientes:

INTRODUCCIÓN AL MARKETING RELACIONAL

- información en vez de persuasión encaminada a la venta,
- interacción con sus proveedores,
- personalización de los productos, y
- soluciones integradas a las necesidades individuales.

Aunque posteriormente se aclarará que conseguir la lealtad de los consumidores es sólo uno de los elementos de la estrategia de marketing relacional, Griffin (1995) elogia los beneficios para las compañías en términos de reducción de costes al conseguir consumidores fieles:

- se reducen los costes de marketing,
- se reducen también los costes de transacciones,
- disminuyen los cambios de consumidores,
- incrementa la venta cruzada,
- produce un efecto positivo en la imagen de la empresa, y
- aumenta la eficiencia de los procesos.

Por desgracia, esta visión, sesgada y limitada del marketing relacional, es compartida por numerosos autores que contribuyen poco a ver el proceso mas allá de sus aplicaciones más efectistas. Dentro de esta revisión, destacaremos autores que conceptualizan el marketing relacional a partir de su aplicación en un sector concreto. En contra de lo que pudiera parecer, sus aportaciones consiguen extrapolar conclusiones perfectamente descontextualizadas y que se acercan bastante a planteamientos que aspiran a una cierta cientificidad.

Too, Souchon y Thirkell (2000) proponen conceptos rigurosos a partir de una investigación titulada *Marketing relacional y lealtad del consumidor en el comercio minorista*. Lo sorprendente de su aparentemente modesta aportación es que realizan una perfecta contrastación empírica que busca relacionar científicamente la conexión entre marketing relacional y lealtad del consumidor. Sus conclusiones, aunque frecuentemente obvias, aportan un rigor metodológico en un sector tan dado a la verborrea personalista.

En España, la comunidad académico-científica también se ha inclinado con buen criterio por analizar el marketing de relaciones desde perspectivas sectoriales. Galera, Galán, Valero y López (2000) desarrollan una aproximación descriptiva al fenómeno a partir de las relaciones clásicas que se establecen en los mercados industriales. Afirman que el marketing de relaciones sólo aporta dos principales novedades. Por un lado, "la visión dinámica del marketing", pues considera el tiempo como variable a tener en cuenta en la medida en que busca el mantenimiento a largo plazo de las relaciones que la empresa mantiene con sus clientes. Por otro lado, la interacción, ya que busca la creación de un entramado de relaciones entre los distintos agentes que participan directa o indirectamente en los procesos de intercambio. Asimismo, también interacción interna, pues el desarrollo de estrategias de este tipo exige la participación de todos los estamentos de la empresa con la finalidad última de alcanzar la fidelidad de los clientes hacia nuestra firma o, al menos, de aquellos clientes que aporten valor, de tal forma que la fidelización de estos consumidores suponga una ventaja competitiva con respecto al resto de competidores".

Küster, Aldás, Torán y Vila (2000) centran su aportación al marketing relacional en un análisis de sus efectos sobre la fuerza de ventas de la empresa, afirmando que ésta debe ser uno de los principales elementos de la empresa donde se deba centrar el esfuerzo para mantener clientes. Posteriormente, se desarrollará el concepto que estos autores proponen de venta relacional. También es interesante la revisión teórica que Casquet, Cáceres y Valero (2000) aportan sobre la aplicación de estos conceptos entre las relaciones fabricante y distribuidor. A partir de la síntesis de trabajo de autores extranjeros, concluyen que en este tipo de relaciones fabricante-canal de distribución hay que distinguir entre las llamadas "estructuras relacionales" (basadas en el tratamiento estático de la relación, reflejada en el grado de integración vertical o de contenido de la relación), y "el proceso relacional", el cual demuestra la vertiente dinámica de la relación, el modo en que ésta se desarrolla y evoluciona (analiza aspectos tales como cooperación, intercambio de información, y procesos de control).

Para finalizar este recorrido sobre las reflexiones sectoriales del marketing relacional, cabe destacar el análisis empírico aplicado a las agencias de viajes minoristas, descrito por Suárez, Vázquez y Díaz (2000). Tras una rigurosa investigación, los autores concluyen las ventajas de las estrategias relacionales aplicadas a las agencias de viajes, proponiendo dos claras conclusiones operativas:

- La necesidad de desarrollar una satisfacción global del cliente como fuerza impulsora de la continuidad relacional.

- Dicha satisfacción precisa la percepción de un servicio de calidad en sus aspectos técnicos y funcionales, destacando en estos elementos el trato personal diferenciado.

DEFINICIONES DEL MARKETING DE RELACIONES	
AUTOR	**DEFINICIÓN**
Berry (1983)	Consiste en atraer, mantener y realzar las relaciones con los clientes.
Jackson (1985)	Marketing orientado a preservar fuertemente y a alargar las relaciones con los integrantes de la relación.
Grönroos (1990)	Consiste en establecer, mantener, realzar y negociar relaciones con el cliente (a menudo, pero no necesariamente siempre, relaciones a largo plazo), de tal modo que los objetivos de las partes involucradas se consigan. Esto se logra a través de un intercambio mutuo y del cumplimiento de promesas.
Berry y Parasuraman (1991)	El marketing de relaciones supone atraer, desarrollar y retener las relaciones con los clientes.
Christopher, Payne y Ballantyne (1991)	El marketing de relaciones supone la síntesis del servicio al cliente, la lealtad y el marketing.
Shani y Chalasani (1992)	Es un esfuerzo integrado para identificar, mantener y construir una red con consumidores individuales y fortalecer continuamente la red para el beneficio mutuo de ambas partes a través de contactos interactivos, individualizados y de valor añadido durante un periodo de tiempo largo.
Evans y Laskin (1994)	Es una aproximación centrada en el cliente donde una empresa busca relaciones empresariales a largo plazo con los clientes actuales y potenciales.
Sheth y Parvatiyar (1994)	Es la comprensión, explicación y gestión de las relaciones de colaboración en los negocios entre proveedores y los clientes.
Clark y Payne (1995)	Es el negocio de atraer y realzar las relaciones a largo plazo con los clientes.
Price y Arnould (1999)	Está basado en interacciones regulares y continuadas a lo largo del tiempo, incluyendo algún modo de mutua dependencia.

Una definición integradora se encuentra en Alet (1994); según el autor, el marketing relacional es "el proceso social y directivo de establecer y cultivar relaciones con los clientes, creando vínculos con beneficios para cada una de las partes, incluyendo a vendedores, prescriptores, distribuidores y cada uno de los interlocutores fundamentales para el mantenimiento y explotación de la relación". Recapitulando sobre las aportaciones de los autores anteriores, se puede concluir que una definición que conceptualice el marketing relacional, según los criterios que establece este libro, debe incluir los siguientes elementos:

- Establecimiento de acciones relacionales sobre un grupo de consumidores conseguidos por medio de marketing transaccional.
- El marketing relacional se centra en maximizar el valor de un número reducido y seleccionado de consumidores sobre el total del segmento.
- El marketing relacional tiene como objeto relaciones con un conjunto integrado de agentes que va mucho más allá de los propios consumidores. Es marketing de relaciones en todas las direcciones.
- Finalmente, se integran de forma estructural numerosos elementos antaño autónomos, como marketing, calidad de servicio, y atención y comunicación con los consumidores.

En un sentido amplio, entendemos por marketing relacional las diferentes acciones e iniciativas desarrolladas por una empresa hacia sus diferentes públicos (consumidores, clientes, distribuidores, accionistas, empleados u otros), o hacia un determinado grupo o segmento de los mismos, dirigidas a conseguir su satisfacción en el tiempo, mediante la oferta de servicios y productos ajustados a sus necesidades y expectativas, incluida la creación de canales de relación estables de intercambio de comunicación y valor añadido, con el objeto de garantizar un clima de confianza, aceptación y aportación de ventajas competitivas que impida su fuga hacia otros competidores.

Uno de los autores de mayor reconocimiento internacional en la materia, Manuel Alfaro, afirma que el marketing relacional es "un esfuerzo integrado para identificar y mantener una red de clientes, con el objetivo de reforzarla continuamente en beneficio de ambas partes, mediante contactos e interacción individualizados que generan valor a lo largo del tiempo".

Desde un punto de vista más práctico, Reinares y Calvo (1999) afirman que "el marketing relacional parte de la premisa de que toda actividad comercial es como la vida misma: se basa en las relaciones, y para ello utiliza todas las técnicas a su alcance, incluyendo las últimas tecnologías en comunicación y producción para convertir cualquier contacto con un cliente real o potencial en una relación duradera y satisfactoria para la marca y el consumidor".

Toda relación está basada en el conocimiento mutuo, y por ello el marketing relacional intenta conocer al máximo al consumidor, con el fin de poder "hablar" su mismo lenguaje, personalizando al máximo la relación, de tal forma que el consumidor se sienta tratado de forma exclusiva. El marketing relacional es reconocer que cada consumidor tiene un "valor potencial", y diseñar una estrategia destinada a "realizar" dicho potencial. Para ello el marketing relacional agrupa todos los elementos que se muestran a continuación:

ELEMENTOS INTEGRADORES DEL MARKETING RELACIONAL
• Estrategias de marketing relacional.
• Gestión de bases de datos.
• Alquiler de bases de datos.
• Creatividad en marketing directo y promocional.
• Publicidad de respuesta directa.
• Producción gráfica.
• Manipulación y personalización.
• Comunicación digital.
• Telemarketing.
• Estrategia de medios.

Fuente: Reinares y Calvo (1999).

Para poner en marcha toda esta cadena de relaciones, el marketing relacional utiliza distintas formas de comunicación, con diferentes herramientas, dirigidas a distintos tipos de colectivos.

CONCEPTOS INTEGRADOS EN EL MARKETING RELACIONAL		
	PUNTO DE VISTA ACADÉMICO	PUNTO DE VISTA PROFESIONAL
Marketing relacional	Verdadera orientación de la empresa al cliente. Estrategia de marketing que da respuesta a la necesidad de la empresa de conservar a sus mejores clientes.	Asociación con servicio al cliente, calidad, marketing directo, *partnership* y CRM. Salvo excepciones, orientación al cliente desde la orientación a las ventas.
Marketing directo	Herramientas para el servicio al cliente y control de la organización. En consultoría, materialización de las premisas de la estrategia relacional.	Estructura de empresa orientada a la relación directa con el cliente (distribución directa).
CRM Customer Relationship Management	Recursos de personalización en la comunicación. En general, toda comunicación segmentada que solicita la respuesta del receptor.	Herramientas de comunicaciones e informáticas que posibilitan la estrategia relacional.

MARKETING RELACIONAL UN NUEVO ENFOQUE PARA LA FIDELIZACIÓN Y SEDUCCIÓN DEL CLIENTE

CONCEPTOS INTEGRADOS EN EL MARKETING RELACIONAL *(continuación)*		
	PUNTO DE VISTA ACADÉMICO	PUNTO DE VISTA PROFESIONAL
Marketing One to One	Estrategia individualizada, tratar de modo distinto a los diferentes clientes. Satisfacción y diferenciación por personalización.	Adecuación de la comunicación. Personalización por *targets* o individuos. Nueva forma de llamar al marketing directo.
Micromarketing	Incorporación del concepto segmentación a la estrategia de marketing. Diferenciación con macromarketing o marketing de masas.	Elaboración de planes de marketing para segmentos o grupos de clientes. Escasa diferenciación con *Marketing One to One* y marketing base de datos.
Data Base Marketing (Marketing de base de datos)	Técnicas de marketing basadas en las posibilidades de las bases de datos: conocimiento del consumidor, diferenciación y adecuación.	Aplicación de la base de datos de clientes en las acciones de marketing.
Permission Marketing	Consentimiento del cliente a ser contactado por canales de comunicación directa que suponen el previo conocimiento de datos de carácter personal. Marco legal.	Tras la captura masiva de información personal de escasa validez (Internet) y la saturación del usuario o cliente, necesidad de activar la confianza y cumplir la normativa.
Internet Marketing	Adecuación del marketing al medio Internet.	Adecuación del marketing al fin Internet.
On-line Marketing	*Ídem Internet Marketing.*	La alta interactividad del medio Internet supone ofrecer un nuevo enfoque de marketing para conseguir rapidez de respuesta. Adecuación del negocio a la Red y a un nuevo consumidor.
e-Marketing	Adecuación del marketing a las empresas con modelos de negocio basados en el medio Internet.	*Ídem On-line Marketing*, en este caso especialmente orientado a negocios (*e-business*) y comercio (*e-commerce*).

INTRODUCCIÓN AL MARKETING RELACIONAL

MARKETING RELACIONAL UN NUEVO ENFOQUE PARA LA FIDELIZACIÓN Y SEDUCCIÓN DEL CLIENTE

CONCEPTOS INTEGRADOS EN EL MARKETING RELACIONAL *(continuación)*		
	PUNTO DE VISTA ACADÉMICO	**PUNTO DE VISTA PROFESIONAL**
e-Loyalty	Conjunto de técnicas de marketing para captar la lealtad del consumidor en Internet.	*Ídem* punto de vista académico.
e-CRM	Parte o funcionalidades de las herramientas de CRM orientadas a capturar, procesar y facilitar la toma de decisiones repecto la interacción del cliente en el medio Internet.	En un modelo negocio basado en Internet, el *e-CRM* supone el centro de conocimiento de la empresa, permite ofrecer al cliente respuestas satisfactorias y programar las actividades de marketing.
Telemarketing	Utilización de las telecomunicaciones como medio para relacionarse o contactar con un cliente o potencial comprador.	*Ídem* punto de vista académico. Especialmente se aplica esta palabra para identificar acciones de comunicación basadas en llamadas telefónicas (emisión y recepción) a actuales o potenciales clientes (venta telefónica).
Mailing y *Direct Mail*	Utilización del correo tradicional (no electrónico) como medio para relacionarse o contactar con un cliente o potencial comprador.	*Ídem* punto de vista académico. Suele preferirse el nombre *direct mail* para el envío de comunicaciones personalizadas a clientes conocidos, frente a envíos a potenciales clientes (compra o alquiler de base de datos) para el se utiliza la palabra *mailing*.
e-mailing	Utilización del correo electrónico como medio para relacionarse o contactar con un cliente o potencial comprador.	*Ídem* punto de vista académico. Se diferencia del *spaming* o "correo basura" en que, a priori, el titular de la cuenta de correo muestra su conformidad o se siente predispuesto a recibir los correos de un determinado emisor o empresa.

CONCEPTOS INTEGRADOS EN EL MARKETING RELACIONAL *(continuación)*		
	PUNTO DE VISTA ACADÉMICO	**PUNTO DE VISTA PROFESIONAL**
Mass Media Direct Marketing	Utilización de los medios de comunicación de masas (TV, radio, prensa, etc.) no interactivos para establecer contacto con un cliente potencial (raramente actual). El mensaje tiene que incorporar el medio (teléfono, fax, carta, etc.) por el que se establecerá el contacto	*Ídem* punto de vista académico. Cabe señalar la importante carrera tecnológica en los medios de comunicación de masas para articular procesos de interacción (TV y radio digital, cable, etc.) con sus audiencias.
Task-force	Fuerza de ventas. Apoyo a las acciones de marketing mediante un equipo de vendedores, demostradores de producto o visitadores.	*Ídem* punto de vista académico. En general, equipo de personas que permite la dimusión de un mensaje o apoya la venta de un producto apoyándose en la comunicación oral.
Web-contact	Función habilitada en una *web-site* que permite al internatuta realizar consultas *on-line* sobre los servicios ofertados.	*Ídem* punto de vista académico. Se crea un canal de alta interactividad con el usuario gracias a la conexión con el *contact center*.

Fuente: Elaboración propia.

El objetivo del marketing relacional es convertir el actual monólogo existente entre las marcas y los consumidores en un diálogo, en el que ambas partes se beneficien del intercambio de información convirtiendo lo que antes era una transacción en una relación. De esta manera, la empresa y sus consumidores colaboran en la búsqueda de un beneficio mutuo.

1.4. LO QUE NO ES MARKETING RELACIONAL PERO LO PARECE

El marketing relacional no es un concepto surgido de la nada, representa la evolución lógica de los principios y técnicas de marketing para satisfacer los requerimientos de los actuales mercados. Por ello, es tan difícil conceptualizar y separar las verdaderas aportaciones de lo que simplemente es una modernización de procedimientos derivados del desarrollo de las posibilidades tecnológicas.

El conocimiento derivado de la praxis empresarial, donde prima la funcionalidad a la conceptualización, ha contribuido a equiparar lo que en un futuro puede ser un verdadero paradigma con simples desarrollos, aplicaciones, instrumentos y estrategias parciales.

Aunque los siguientes elementos pueden formar parte de una estrategia de marketing relacional, de forma aislada y en sí mismos no necesariamente lo son. De forma sintética, se intenta aclarar los elementos que dan lugar a mayor confusión. El marketing relacional no es:

- *Marketing one to one.* Pone énfasis en recursos de personalización y adaptación (tanto de la comunicación como de los productos o servicios). Aunque algunos de sus principios se asemejan significativamente a los del marketing relacional, desarrolla principalmente los procesos operativos y prácticos del marketing individualizado. Plantea un escenario basado en la identificación de las diferencias entre los clientes y en la creación para la empresa de ventajas competitivas a partir de las mismas. Es sumamente ambicioso al proponer la creación de programas de marketing para cada cliente en concreto. Su desarrollo se debe, fundamentalmente, a figuras como Don Peppers o Martha Rogers, y a la apuesta realizada en este sentido por grandes agencias o compañías de servicios de comunicación, que han visto en el *marketing one to one*, una forma de evolución lógica y necesaria de sus divisiones de marketing directo. En nuestra opinión, el *marketing one to one*, aporta soluciones tácticas para la empresa recogidas, en su inmensa mayoría, por el marketing directo, y carece de la suficiente base teórica propia como para lograr distanciarse del marketing relacional. Sin embargo, es preciso reconocer su influencia sobre el CRM y su habilidad para aproximar a la realidad de la empresa actual algunas de las aportaciones del marketing de relaciones.

- *Marketing directo.* La confusión es lógica, puesto que tradicionalmente el marketing directo era el único instrumento de comunicación que permitía una retroalimentación del proceso comunicativo, una personalización de los mensajes basados en un conocimiento previo de los *targets* y una personalización de las acciones que pueden llegar a ser bastante sofisticadas. Además, gran parte de las estructuras de marketing relacional se crean a partir de proyectos y departamentos de marketing directo. A mediados de los años noventa, prácticamente todas las agencias de marketing directo cambian su denominación, para apuntarse a la moda estratégica, por agencias de "marketing relacional". Un estudio de Reinares y Calvo (1998) aplicado sobre veinte empresas que en 1998 se denominaban de marketing relacional, concluía que en un 75 % de ellas las estructuras y los procedimientos continuaban siendo básicamente de marketing directo. Esto no es de extrañar, puesto que la aplicación de esta filosofía implica una integración a todos los niveles en la empresa que difícilmente puede ser satisfecha a través del *outsourcing* estratégico en las agencias de marketing directo-relacional.

- *Programas de fidelización.* Es destacable la proliferación de este tipo de programas en las empresas; de hecho, para gran parte de las mismas, los primeros pasos en la interacción con sus clientes han residido o están apoyándose en tarjetas de clientes (de pago, puntos o servicio postventa) u otros soportes de características similares. Los programas de fidelización, aunque pueden formar parte de una estrategia dirigida a favorecer la relación con los clientes, sólo cubren una parte de la totalidad del fenómeno relacional. Factores tales como la adaptación del producto a las demandas particulares de los clientes, la personalización de los mismos, o el desarrollo de una política integradora de las relaciones con otros públicos diferentes al consumidor o cliente, no son cubiertos (o lo son de forma muy débil) por este tipo de programas.

- *Customer Relationship Management*. En el capítulo de este libro dedicado a CRM se realiza un desarrollo detallado sobre las diferencias y convergencias entre marketing relacional y CRM.

- *Marketing transaccional*. Las diferencias entre el marketing relacional y transaccional ya han centrado un apartado de este libro. No es necesario reconocer la existencia de un nuevo paradigma para entender que, sin comprender del todo las consecuencias finales, sí que estamos frente a unos fundamentos de marketing que guardan notables diferencias con el concepto clásico de intercambios basados en transacciones.

- *Gestión de base de datos*. Este proceso es un elemento básico, pero no único de las acciones de marketing relacional. Éstas implican la

INTRODUCCIÓN AL MARKETING RELACIONAL

recopilación, procesamiento y análisis de un alto volumen de información generado por todos los elementos y niveles en donde se establecen relaciones. Este proceso exige un conocimiento y manejo de sofisticadas aplicaciones que en sí misma sólo implican la posesión de una determinada estructura. Gordon (1998) razona que los gestores de bases de datos enfocan sus acciones más a orientar la consecución de un beneficio directo (por ejemplo, venta cruzada), establecer modelos predictivos o realizar análisis que a, por ejemplo, dirigir acciones que permitan la identificación de públicos objetivos para realizar acciones de marketing directo.

- *Acuerdos de partenariado*. Este aspecto se desarrolla en el capítulo referente a los públicos del marketing relacional.

- *Venta relacional*. El origen de la venta relacional se produce en las gestiones comerciales *business to business*. La venta relacional busca facilitar y simplificar el proceso de compra por medio de la estandarización de los procedimientos. En los últimos años, estas aplicaciones están teniendo gran aceptación en los mercados de consumos masivos. Por esta razón, es conveniente centrar específicamente la diferenciación entre un proceso de venta relacional y el marketing relacional puro.

En el mundo empresarial se sabe a ciencia cierta que conseguir nuevos clientes cuesta mucho y que, además, en numerosas ocasiones el beneficio de esos nuevos clientes es casi nulo. Según un estudio realizado en 1997 en Estados Unidos por Cranfield School of Management, "Survey of Managers in Service Businesses", un 80 % de los empresarios piensan que se invierten demasiados recursos en conseguir nuevos clientes, el 10 % piensa que se invierten demasiados recursos en mantener a los clientes actuales, y el otro 10 % piensa que los recursos están equilibrados. Las soluciones para evitar el sobre-coste de la captación indiscriminada de nuevos clientes son, básicamente, dos:

- realizar una captación selectiva y a mejor coste, y
- reducir el número de "bajas" o clientes que abandonan.

Y es que reducir la fuga de clientes que nos abandonan en un 5 % puede aumentar los beneficios entre un 25 y un 85 %. Según *Harvard Business Review*, en informática, este aumento es de un 36 %; en inmobiliarias, supone un 41 %; en la distribución industrial, llega a un 47 %; en las tarjetas de crédito, a un 74 % y, en depósitos bancarios, alcanza el 84 %. Estas cifras dan una idea aproximada de la importancia de la inversión en

MARKETING RELACIONAL UN NUEVO ENFOQUE PARA LA FIDELIZACIÓN Y SEDUCCIÓN DEL CLIENTE

COMPARACIÓN ENTRE LA VENTA DE TRANSACCIONES Y LA VENTA DE RELACIONES		
	VENTA DE TRANSACCIONES	VENTA DE RELACIONES
Perspectiva principal.	El vendedor y la empresa.	El cliente y los clientes del cliente.
Enfoques de venta personal.	Estímulo-respuesta, estados mentales.	Satisfacción de necesidades, solución de problemas, consultiva.
Resultados deseados.	Ventas cerradas, volumen del pedido.	Confianza, planificación conjunta, beneficios mutuos.
Papel del vendedor.	Hacer visitas, cerrar ventas.	Consultor y aliado a largo plazo. Persona clave en la empresa del cliente.
Naturaleza de la comunicación.	Una dirección, del vendedor al cliente.	Dos sentidos y colaborativa.
Grado de compromiso en el proceso de toma de decisiones del cliente.	Aislada del proceso de toma de decisiones del cliente.	Activamente implicado en el proceso de toma de decisiones del cliente.
Conocimiento requerido.	Productos propios de la empresa, competencia, aplicaciones, estrategias del cliente, costes y oportunidades.	Productos propios de la empresa, competencia, aplicaciones, estrategias del cliente, costes y oportunidades. Conocimiento de la industria y de la empresa. Productos del cliente, competencia y clientes.
Habilidades necesarias.	Habilidades de venta.	Habilidades de venta. Obtención de información, escuchar y preguntar, solución de problemas estratégicos, crear y demostrar soluciones únicas de valor añadido, trabajo en equipo.
Seguimiento postventa.	Poco o ninguno.	Continuado a fin de asegurar la satisfacción del cliente, mantenerlo informado, ofrecerle valor añadido y controlar las oportunidades.

Fuente: Küster y otros (2000).

INTRODUCCIÓN AL MARKETING RELACIONAL

27

fidelización y, por lo tanto, del valor de las técnicas de marketing relacional con los propios clientes. No obstante, el marketing relacional no es la herramienta adecuada a utilizar con todos los clientes, sino que, después de un riguroso análisis de la cartera de clientes, se debe identificar a aquellos sobre los que hay que trabajar.

LA PIRÁMIDE DE LA FIDELIZACIÓN

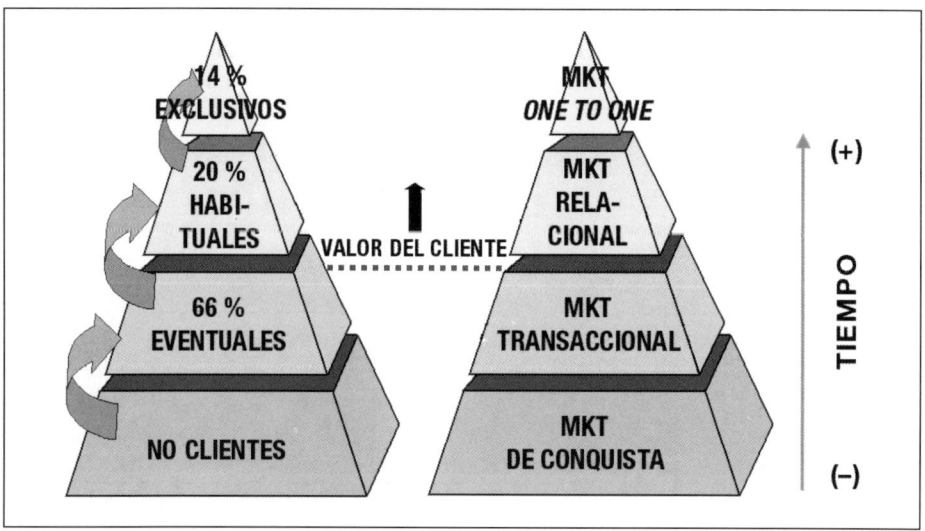

Fuente: Elaboración propia, basada en diferentes autores.

Como muestra el gráfico, éstos son los mejores clientes o clientes de alto valor. Los esfuerzos iniciales del marketing relacional se deben centrar en estos consumidores de alto valor (los que más consumen y, además, prescriben el producto), pero en etapas posteriores se deben desarrollar acciones específicas sobre el resto de los consumidores, para incorporarlos al grupo de alto valor (*upgrading*). Sáinz de Vicuña (1997) propone áreas clave para conseguir una relación a largo plazo entre el cliente y la empresa:

- Identificar y cualificar a los clientes actuales y potenciales, actualizando continuamente la base de datos para almacenar información relevante que permita un aprendizaje sobre las necesidades de cada uno.
- Adaptar los programas de marketing y los productos y servicios para que se adecuen a esas necesidades individuales específicas.
- Integrar el plan de comunicación dirigido al consumidor individual para establecer un diálogo efectivo.

- Controlar y gestionar la relación con cada cliente a lo largo de su vida, mejorando su valor para la empresa.

Es importante hacer hincapié en que fidelidad no es igual a satisfacción. Por ejemplo, en el sector del automóvil, el 85 % de los clientes está satisfecho pero solamente un 32 % repite con la marca en sus compras posteriores. Por su parte, en productos de gran consumo, dos de cada tres personas que declaran tener una marca preferida, admiten consumir otras. Muchas empresas no han llegado nunca a calcular el coste de captación de un cliente, comparándolo con los ingresos que genera un cliente fiel.

No hay que olvidar que aunque la praxis empresarial del marketing relacional se centra principalmente en los consumidores finales, esta filosofía se sustenta, tal y como destaca Esteban Talaya (1999, pág. 206), en considerar las relaciones según una dimensión múltiple con los siguientes elementos:

- grupos internos (empleados, departamentos, unidades de negocio, etc.),
- proveedores,
- grupos horizontales (competidores, organizaciones no lucrativas y gubernamentales),
- canal de distribución (intermediarios), y
- compradores y consumidores.

En el cuadro de la página siguiente se sintetizan las principales diferencias teórico-operativas entre el marketing de transacciones y el de relaciones.

1.5. ALGUNAS DUDAS RAZONABLES SOBRE EL MARKETING RELACIONAL

Las anteriores acciones no son la panacea estratégica definitiva y su aplicación depende en primera instancia de unos condicionantes perfectamente lógicos y delimitados, que se concretan en los capítulos posteriores sobre aplicaciones. Sin embargo, algunos autores ya plantean la necesidad de reflexionar sobre los siguientes elementos:

- El marketing relacional busca incrementar las relaciones en una progresión de selección y reducción de sus actuales consumidores. Ello supone aumentar la dependencia sobre un menor número de ellos. Es posible que la empresa quede más vulnerable frente a acciones de la competencia o a cambios inesperados de estos consumidores.

DIFERENCIAS ENTRE MARKETING DE TRANSACCIONES Y MARKETING DE RELACIONES	
MARKETING DE TRANSACCIONES	**MARKETING DE RELACIONES**
Perspectiva temporal corta.	Perspectiva temporal larga.
Meta: conseguir clientes. Obtener beneficios a corto plazo.	Meta: mantener y fidelizar clientes por encima de conseguir otros nuevos. Generar beneficios a largo plazo.
Búsqueda de transacciones puntuales.	Desarrollo y mantenimiento de una relación continuada con valor para las partes.
Escaso o nulo contacto con el cliente.	Contacto directo con el cliente.
Orientado al producto. Escasa diferenciación.	Verdadera orientación al mercado.
Su marco de actuación es la empresa.	Su marco de actuación es la Red (es más una consecuencia).
Dirigido a las masas.	Personalizado. *Mass customization.*
Relaciones distantes entre comprador/vendedor.	Relaciones interactivas (amplitud de públicos).
Escasa presencia e importancia del compromiso hacia los clientes.	Alto nivel de compromiso hacia la relación con los clientes.
Filosofía de rivalidad y conflicto con proveedores, competidores y distribuidores.	Filosofía de relaciones y cooperación mutua entre organizaciones.
Papeles claramente establecidos del comprador (parte pasiva) y vendedor (parte activa).	Papeles del comprador y vendedor borrosos. Colaboración.
Necesidad de intermediarios.	Comprador y vendedor acometen funciones tradicionalmente desarrolladas por intermediarios.
Busca el resultado en la transacción del intercambio económico.	Recursos y capacidades estratégicos orientados a la creación de valor y satisfacción.
La función de marketing se desarrolla dentro de un departamento.	La función de marketing se desarrolla por toda la organización.
Escasa importancia estratégica de la interconexión entre funciones.	La interconexión entre funciones de la empresa tiene una importancia estratégica para el éxito.

MARKETING RELACIONAL UN NUEVO ENFOQUE PARA LA FIDELIZACIÓN Y SEDUCCIÓN DEL CLIENTE

DIFERENCIAS ENTRE MARKETING DE TRANSACCIONES Y MARKETING DE RELACIONES *(continuación)*	
MARKETING DE TRANSACCIONES	MARKETING DE RELACIONES
Necesidad de marketing interno limitada.	Necesidad de un marketing interno completo y continuo.
Búsqueda de clientes satisfechos con una transacción.	Búsqueda de cada cliente satisfecho con una relación.
Poco énfasis en el servicio al cliente.	Gran énfasis en el servicio al cliente.

Fuente: Adaptado y ampliado de Martín, Payne y Ballantyne (1994).

- Asimismo, concentrarse en el porcentaje de consumidores más rentables puede suponer un menor esfuerzo en términos de marketing sobre un grupo mayor, que pueden ser los consumidores potenciales futuros. Ante el abandono de nuestras acciones, ese numeroso grupo fácilmente puede reaccionar frente a acciones de nuestros competidores. Tampoco menospreciemos la posible mala imagen creada entre los grupos de consumidores sobre los que explícitamente realicemos acciones que pueden ser percibidas como discriminatorias. La estrecha relación con el consumidor da lugar a un profundo conocimiento recíproco. A largo plazo, es perfectamente posible una reducción de los márgenes de beneficio, si el consumidor se siente identificado como una pieza fundamental de nuestra estructura, y abusa de su posición para solicitar un precio o un trato preferencial que supere el beneficio originado.

- Tampoco hay que obviar la posibilidad de que al centrar nuestras acciones en un *target* cuantitativamente reducido éstos se acostumbren progresivamente a ese trato preferencial y especializado en productos y servicios. Ello origina una espiral donde, para mantener viva la relación, cada vez es necesario prestar mejor servicio. En último extremo (no está todavía demostrado) esto puede ser una situación insostenible. Sí está contrastado que hay un mayor porcentaje de problemas trasladables directamente a costes económicos para la empresa sobre los consumidores nuevos, y que éstos disminuyen proporcionalmente a lo largo del desarrollo temporal de la relación.

- También Burnett (2001) parece anticipar igualmente la posible complacencia empresarial que se deriva de una estrategia relacional consolidada. Esto puede preceder a una crisis, que, debido a esta situación de acomodo, puede no tener en la empresa instrumentos de resolución a corto plazo. Podemos encontrar esta situación en algunas franquicias (integración vertical fabricante-minorista), que tras un largo periodo de estabilidad no han sabido sobreponerse a un cambio del entorno de aparente fácil solución. Aunque sin ser el paradigma de acciones de marketing relacional, el fabricante de ropa de moda Adolfo Domínguez tuvo graves problemas derivados de mantener una posición de liderazgo en un determinado segmento durante varios años.

- Otro aspecto interesante, pero de difícil contrastación, son los efectos que la implantación a escala estructural interna producen las aplicaciones relacionales. Directamente, se produce una disolución de las funciones típicamente departamentales. La empresa pasa a ser un todo integrado con un objetivo común, donde los logros y los traspiés se difuminan. Por ello es preciso prever que esta nueva situación, puede ser el caldo de cultivo para el absentismo, la desincentivación y el fin de la proactividad para liderar acciones y asumir responsabilidades.

El reputado autor Jose Luis Nueno (1994), siempre por delante en la teorización de tendencias, ya anticipó tempranamente las posibles discrepancias sobre la aplicación universal y estandarización de los métodos relacionales.

- No existe una conceptualización teórica definitiva sobre el marketing relacional. Esta divergencia todavía es mayor si comparamos la praxis empresarial con las propuestas académicas. Ello crea, como luego se destacará, confusión a la hora de establecer qué medidas e instrumentos deben estar incorporados a las acciones relacionales. No existen bases conceptuales contrastadas empíricamente sobre las posibles ventajas de establecer relaciones. Nueno afirma: "la teoría de las relaciones ha sido llevada a la práctica con desiguales resultados, lo que no ayuda a sustentar la idea de la creación indiscutible de valor al aumentar las relaciones. Existen casos en que la relación se ha polarizado tanto hacia un extremo que éste prácticamente tenía todo el poder de negociación. En otros casos, la ruptura de estas relaciones o compromisos a largo plazo por una de las partes lleva de una situación extrema a la otra".

- Otro problema conceptual es que la mayor parte de las aplicaciones científicas relacionan directamente rentabilidad y aplicación del marketing relacional. Estas modelizaciones, demasiado optimistas, no tienen en cuenta un gran número de costes, como los derivados de la construcción de dichas relaciones, o los costes de oportunidad derivados de la posible pérdida de negocio por actuar sobre una parte del *target* menospreciando otro.

- Cualquier afirmación sobre cuantificación de la rentabilidad obtenida es una pura especulación no extrapolable fuera de un determinado contexto absolutamente coyuntural. Queda un largo camino hasta trasladar estas acciones a modelos matemáticos que permitan confiabilidad tras incorporar variables anticipar resultados.

- Por supuesto, cualquier tipo de estrategia, por muy contrastada que esté, siempre se aplicará de una forma cualitativamente diferente, dependiendo de factores que hacen que a partir de los mismos instrumentos, unas empresas tengan éxito y otras desaparezcan: la cuota de mercado previa, el entorno, las características del mercado y del público objetivo, la experiencia de sus gestores...

- Por último, ya se ha citado la tendencia actual al rápido cambio de conducta y necesidades de los consumidores. Es posible que a lo largo del tiempo en que la empresa tarda en consolidar la relación las necesidades hayan cambiado. Esto recuerda el conocido concepto de "miopía de marketing". Todavía es pronto para establecer en su justa medida las consecuencias negativas, pero, por ejemplo, en el sector de las telecomunicaciones y telefonía móvil (sector que sigue con más vehemencia que rigor los postulados del marketing relacional) ya se encuentran buenos ejemplos de crisis reales originadas por la movilidad en las conductas de los *targets* más jóvenes. Estos malos resultados se camuflan por los espectaculares crecimientos de un mercado donde hasta los errores se transforman en beneficio.

A continuación, se exponen una serie de ideas básicas para introducir el concepto de marketing relacional en la gestión comunicativa de la empresa. Cualquier profesional que se acerque a esta disciplina deberá tener presentes todas ellas y, a partir de las mismas, formarse su propio decálogo de actuación adaptado a sus necesidades de cada momento.

1.6. LA DICOTOMÍA LIBERTAD-SEGURIDAD

Antes de comenzar a adentrarnos en los procesos de planificación de las relaciones, y para completar lo anteriormente expuesto, resulta interesante realizar una reflexión sobre los procesos de toma de decisiones que afectan tanto a la empresa como al cliente.

Probablemente, un investigador social o un psicólogo pueden reprochar una excesiva reducción del fenómeno si aseveramos que la mayor parte de nuestras decisiones (ya tengan lugar en nuestra vida profesional o personal, como clientes, o como vendedores) se mueven entre el deseo de "actuar libremente", sin contar con las experiencia de otros (anteponiendo nuestra propia experiencia, inteligencia o intuición), y la "seguridad" que nos otorga delegar o contrastar nuestras actuaciones con segundos o terceros (valorando su experiencia por encima de nuestro deseo de autoafirmación), desplazando así nuestras responsabilidades (pero no evitándolas).

Este fenómeno incide con suma importancia en la creación y desarrollo de relaciones. Delegamos la compra semanal en nuestra pareja, la realizamos nosotros, o se convierte en una experiencia compartida donde parte de las decisiones son tomadas por uno u otro. Solicitamos a nuestra agencia de publicidad un nuevo eslogan para la campaña del próximo año, lo decidimos nosotros o aceptamos la propuesta de nuestro responsable de comunicación. Tomamos la decisión de involucrarnos en el proceso de selección de un nuevo puesto creado en el departamento de informática, delegamos en un consultor de recursos humanos, lo hacemos en nuestro director de personal o creamos un proceso compartido. Preferimos vivir solos o decidimos hacerlo en pareja. Decidimos crear nuestra propia empresa o trabajar por cuenta ajena. Un largo etcétera de decisiones que juegan entre la búsqueda de la satisfacción personal desde la individualidad, ya sea en el auto-reconocimiento o en el reconocimiento de otros y la complicidad con los demás, ya sea por la optimización de nuestro tiempo, por el deseo hedonista de intercambio de experiencias, por la debilidad de carácter, por el reconocimiento de falta de información para nuestra toma de decisiones o por simple costumbre.

El marketing relacional se esfuerza por actuar sobre los mecanismos de construcción y toma de decisiones de las personas, respetando su individualidad, identificando la ausencia de información y las creencias no fundamentadas (formadas a partir de sus propias reflexiones, mediante la

LA DICOTOMÍA LIBERTAD/SEGURIDAD

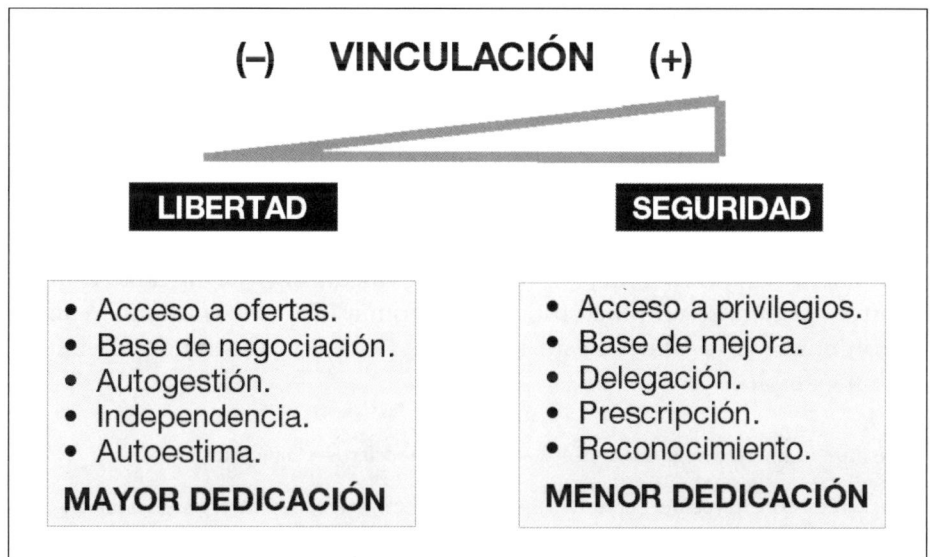

Fuente: Elaboración propia.

intervención del marketing masivo desarrollado por la empresa o por sus competidores o por medio de la información recibida por círculos de individuos u organizaciones próximas a éste), contemplando aquello que les resulta motivador, e incidiendo sobre su satisfacción mediante el intercambio comunicativo y la interacción con la oferta.

En este sentido, se pretende provocar, mediante una visión ampliada de las relaciones entre empresa y cliente, un refuerzo de los posibles beneficios de la "libre elección" en las decisiones de compra, tomando un papel activo en los mismos. Dicho refuerzo comienza con la identificación de cada cliente como un individuo, continúa situando a nuestra empresa dentro del círculo de aquellos que reconocen la valía de sus decisiones (incluido el auto-reconocimiento), se desarrolla mediante el paulatino desplazamiento de las decisiones de compra no compartidas con la empresa suministradora hacia las sí compartidas (mediante la conquista de la confianza del cliente) y finaliza mediante la demostración de la fidelidad del mismo (cuya mayor expresión puede ser la delegación en sus decisiones).

Desde la mayor de las introversiones a la menor de las extroversiones todos necesitamos ser escuchados. Desde el íntimo reconocimiento de una labor bien realizada o una decisión con éxito, hasta la divulgación a toque de trompeta de las mismas, todos necesitamos un refuerzo positivo de nuestro esfuerzo. Las empresas decidieron hace tiempo tratar a sus clientes como entes pasivos, a los que no es necesario escuchar o reconocer, muchas de ellas comenzaron a realizarlo sólo después de que sus clientes decidieran abandonarlas y comprobaron sorprendidas los resultados. Escuche y sea agradecido con sus clientes, ya lo hace con sus hijos, de esta forma siempre tendrá un cierto control sobre los mismos.

El cuadro adjunto refleja la diferente vinculación de un cliente a la empresa basándose en función de la dicotomía libertad-seguridad. Vamos a profundizar algo más en esta importante cuestión ilustrando el cuadro con un ejemplo.

La dicotomía libertad-seguridad en los servicios financieros y bancarios

Dos clientes con diferente "cultura financiera" y motivaciones divergentes reciben una herencia de 100.000 euros; ambos han decidido ahorrar íntegramente dicha cantidad y por diferentes motivos (entre los que se incluyen algunas conversaciones mantenidas con amigos, inversiones similares realizadas en el pasado, perfil de riesgo, implicaciones fiscales, plazo y rentabilidad) consideran los fondos de inversión de renta inmobiliaria como su mejor opción.

Conozcamos un poco más de Ricardo, el primero de ellos. Se trata de una persona de 30 años, con estudios universitarios, hábil con el ordenador y frecuente usuario de Internet; es soltero y convive con una mujer con un perfil socio-económico similar al suyo, no tiene familia a su cargo, trabaja en una agencia de publicidad como ejecutivo de cuentas, practica deporte los fines de semana y comparte amistad con un círculo de amigos entre los que se incluye un perito industrial en paro, una azafata de vuelo y un auxiliar administrativo de una importante multinacional. Entre sus motivaciones destaca su afán por la planificación a futuro de su vida (desea una madurez sin excesivos sobresaltos) y la creación de una familia de uno o dos hijos; planea comprarse un piso dentro de unos cuantos años, aunque se siente feliz viviendo en alquiler.

Veamos cómo es Sara, la otra persona afortunada con una herencia. Es abogada, aunque trabaja como educadora en un centro de enseñanza especial para niños y tiene 42 años, nunca le ha preocupado "lo de los ordenadores"; en realidad tiene cierta habilidad utilizando un procesador de textos y poco más, lo de Internet le parece una pérdida de tiempo, ella prefiere leer un buen libro antes de navegar por la Red; está casada y tiene dos hijos; su marido también es abogado; comparte amistad con un "selecto" grupo, algunos de ellos son empresarios y a la vez clientes de su marido; tiene un amigo (antiguo compañero de estudios) que es *broker*, éste insiste en describir lo que hace cada vez que se juntan a tomar un café, ella nueve la cabeza como si estuviera interesada pero, en realidad, no logra entenderle, nunca le ha preocupado "eso de las finanzas". Entre sus prioridades está su familia, desea comprarse una casa en el pueblo en el que nació y que sus hijos tengan una carrera universitaria; ha pensado que el dinero ahorrado le servirá para pasar una jubilación "a la sueca" con su marido y para seguir ayudando a sus hijos cuando éstos se independicen.

Ricardo piensa lo siguiente sobre los bancos: "... para mí lo importante es no recibir un extracto lleno de comisiones y no soportar colas en las oficinas bancarias, no tengo tiempo ni paciencia para pedir la vez en una fila en un sitio donde voy a ingresar dinero, bastantes colas aguanto cada mañana en el metro y bastante espero en las salas de los clientes de la agencia, además los gestores y operarios de los bancos siempre te venden lo que a ellos les viene bien, prefiero informarme por mi cuenta, revisar alguna revista, oír la radio o ver algo en Internet...; menudo invento lo de Internet, yo ya hago algunas de mis transacciones bancarias desde mi ordenador, con otras no me queda más remedio que ir al banco".

Oigamos ahora a Sara hablar sobre el asunto: "... yo la verdad es que pocas veces veo un extracto con detenimiento, a mi marido le pasa lo mismo, nos espanta tanto número; además, al final no te enteras de casi nada, una vez recibí...; en mi sucursal bancaria son muy atentos, siempre le dan algo a los niños y además son muy profesionales, me lo demostraron cuando hicimos la hipoteca, se ocuparon de todo. Rosa, la directora, siempre me recibe en su despacho y me informa de lo último que tienen... vamos que estoy encantada".

Puede que existan multitud de tipologías de clientes, en detalle tantas como personalidades; de hecho, en el ejemplo hemos intentado aproximar en lo básico a Ricardo y Sara para que el lector logre identificar lo verdaderamente importante en lo que se refiere a su actitud.

¿En qué se diferencian Ricardo y Sara en lo que respecta a su relación con el banco?

Ricardo es un desvinculado (en argot bancario), no concentra todas sus necesidades en una mismo banco, de hecho se está planteando tomar una decisión de inversión fuera de su sucursal habitual. Lo que está buscando es una **oferta** que mejore sustancialmente la que el banco le ofrezca, poder discutir de tú a tú con el operario de la oficina o el director (quizás éste le reciba si lleva el talón de los 100.000 euros y con éste en la mano será la "hora de la verdad", de contarle que su oferta es mejorable); le preocupa conseguir la mejor rentabilidad posible y no confía en que su banco sea capaz de dársela, quiere disponer de información para **negociar** con el banco. Adiestrado por su desafortunada experiencia, buscará en revistas especializadas y en Internet la mejor opción, quizás hable con algún amigo que disponga de información al respecto, tal vez intente imitar sus decisiones, cree que la **autogestión** es una buena solución para disminuir las comisiones y controlar de cerca la inversión, "¿por qué pagar a alguien para que haga lo que yo puedo o me siento capaz de hacer?". Con todo ello está buscando disponer de una apreciada **independencia** de la que carece en otros ámbitos de su vida (obligaciones profesionales, familiares, etc.) y que ejercita en la mayoría de sus decisiones de compra; "me costó elegir un coche, pero al final la decisión fue la más acertada, paseé por concesionarios, me empollé unas cuantas revistas y utilicé un comparador de coches en Internet, luego pregunté a un taxista (éstos saben mucho de coches) y al final acudí al concesionario que mejor precio me hizo, el vendedor no hizo nada, ya sabía lo que quería, se quedó asombrado"; además, un reto de semejante dimensión puede reforzar su **autoestima**, una decisión mal tomada por el empleado de la sucursal nunca se la perdonaría, pero una decisión tomada por él mismo siempre estará justificada, si es mala la baja rentabilidad se deberá a "coyunturas del mercado", si es buena será debido a su inteligencia, labor de documentación y conocimiento sobre el asunto: "podré contárselo a mis amigos, incluso puede que mi compañera reconozca cuán astuto, perspicaz y listo soy". Eso sí, muy probablemente necesite algún tiempo para tomar su decisión e incluso **una especial dedicación** para mantenerla en el tiempo: "tendré que estar atento con lo que ocurre con los fondos de inversión seleccionados", de cualquier forma, es mucho mejor leer papeles en casa o en el trabajo que esperar colas en la oficina.

Sara está vinculada a su banco (éste así la considera, tiene nómina domiciliada, colegios, teléfono, agua, luz, VISA, 4B...). Decidió delegar en su encantadora asesora financiera todo "es siempre tan atenta, incluso me llama por teléfono cuando pasa algo raro", como hemos dicho, no entiende mucho, pero cuando en la televisión escucha "tipo de interés preferencial" y a continuación el presentador del telediario explica "el que los bancos aplican para sus mejores clientes", piensa que eso va con ella, que su banco le ofrece **acceder a privilegios** que otros clientes no tienen. De hecho el talón de la herencia será, si cabe, una **base de mejora** para el trato, los intereses y "todo lo demás" que el banco le ofrece. A ningún miembro de su casa le han interesado nunca las finanzas; como muestra un grado de satisfacción bastante alto con el banco confía en el mismo, especialmente confía en las personas, así las cosas, prefiere **delegar** en sus gestores, piensa: "¿por qué voy a desconfiar si siempre lo hacen todo bien, ya sé que cobran, pero no me importa si me quitan un problema de encima?". De hecho su actitud es la de escuchar a su **prescriptor** de finanzas y de hacer lo que éste le aconseje: "cuando estoy enferma voy al médico y cuando quiero invertir dinero voy a un banquero", dice. Su autoestima se llena cuando en la oficina la **reconocen** físicamente y como una buena cliente, cuando no tiene que esperar colas y pasa directamente al despacho de dirección o cuando llaman por teléfono para recordarle que tiene que pagar un impuesto cuyo plazo vence, todo esto y algunos otros detalles hacen que se sienta conforme y satisfecha. De hecho, prefiere **dedicar menos tiempos** a estos asuntos, piensa que lo resta de otros más importantes, como la dedicación a su familia, por ejemplo.

Ricardo y Sara son igualmente válidos como personas y clientes para comenzar o enriquecer relaciones avanzadas. Cada uno necesita diferentes tratamientos, indiscutiblemente. Ésta es la base de partida de cualquier estrategia tendente hacia el cliente: el conocimiento y respeto de sus diferencias..., quizás meses más tarde nos encontremos con una sorpresa al identificar que tales diferencias no son tan enormes; la mayoría de los clientes buscan y esperan lo mismo de cualquier empresa: una inagotable fuente de promesas capaces de hacer mejor sus vidas.

Libertad y seguridad no viven de forma pura o se muestran como tal al investigador de comportamientos de consumo. El peso de cada una de ellas en la toma de decisiones depende del tipo de producto o servicio, de los procesos de aprendizaje de los individuos o clientes, de las influencias externas, de modas, del contexto en el que la elección se ejercita y de un innumerable conjunto de variables tan rico como la propia esencia humana. La determinación clásica, el conductismo y la manipulación de las masas son historias del pasado, cada mujer, cada hombre en una sociedad desarrollada es un mundo en sí mismo (como lo es en una sociedad sin desarrollar, aunque desafortunadamente esté más preocupado por asuntos más tangibles que la expresión de su propia individualidad). Un mundo al que nos podemos acercar con menor o mayor éxito, con toda nuestra fuerza seductora para comenzar a formar una pequeña parte de su vida, es aquí donde reside el reto del que desea relacionarse, es así como comienza un nuevo camino para la evolución de la empresa: en la seguridad que aporta al cliente la confianza de que la empresa nunca interferirá en lo más íntimo de su libertad.

1.7. TRANSACCIONES EN LAS RELACIONES

El origen de las relaciones es el intercambio. Desde el trueque hasta la operativa de derivados financieros de alta complejidad, desde una simple mirada, hasta la lectura del Quijote..., ya sean bienes, ideas, sentimientos, aficiones, experiencias..., tangibles e intangibles..., vanos o necesarios..., cualquier índole de cosas, excepto la propia esencia humana y la vida son susceptibles de ser compartidas.

Las empresas, las organizaciones no lucrativas o las instituciones se sitúan como intermediarias de gran parte de los intercambios. Adquieren una relativa especialización en algo que los demás requieren o necesitan y obtienen un beneficio a cambio; traducido en beneficios económicos, difusión de ideas, bienestar social, etc. Se produce así una doble satisfacción: la del oferente y la del demandante.

El intercambio no pertenece únicamente a la esfera humana, aparece de múltiples formas en la naturaleza. Sin embargo, no es el momento ni el lugar de profundizar en un asunto que, si bien resulta esencial para entender los orígenes, las formas y lo verdaderamente sustancial de las relaciones (y por extensión al mundo de la empresa y del marketing junto a ella) acabaría convirtiendo a este libro en uno de biología, sociología o de cualquier otra ciencia, ya que no se nos ocurre ninguna que sea ajena al fenómeno.

Para que exista un intercambio necesitamos al menos dos partes: una que da y otra que recibe o una que ofrece y otra que toma, o mejor aún, una que necesita algo y otra que lo tiene. Pero con ello, ¿se ha provocado una relación? Depende de la observación que realicemos del fenómeno. Si analizamos únicamente el fenómeno de forma acotada, como si fuera una fotografía, y nos atenemos únicamente al proceso, al del cambio de manos (en un trueque), al de la interiorización de un mensaje (al leer este libro), al de coger el producto de una estantería (cuando vamos al hipermercado) la respuesta es no. Si, por el contrario, analizados el proceso en toda su amplitud, desde la primera conversación que establecieron los dos campesinos que cambian grano por ganado, hasta la visita de uno y otro a sus respectivas granjas, si asistimos al regateo previo al trueque, y después al momento en que uno ofrece grano y toma ganado y el otro ofrece ganado y toma grano, para acompañar finalmente a los paisanos hasta la bodega donde brindan por su trato, la respuesta es sí.

El salto de lo transaccional a lo relacional no presupone que en lo transaccional no exista un mínimo de relación y, por el contrario, que en lo relacional no existan transacciones. El blanco y el negro reflejan y absorben todos los colores del arco iris. La diferencia estriba en la proporción e intensidad en que unas y otras se dan. Si es usted una persona educada y cada mañana saluda a su vecina del cuarto, de quien desconoce absolutamente todo excepto su cara y el perfume que deja en el ascensor, ¿puede decirse que mantiene una relación con ella? Si, por el contrario, acude a su casa y tiene en su contestador telefónico una llamada de su hija a la que no ha visto ni conversado con ella desde que se marchó hace tres semanas acompañando a una misión humanitaria a Etiopía ¿puede decir que no mantiene una relación con ella? Pues bien, desde un punto de vista totalmente purista con el que estamos también totalmente en desacuerdo, usted se ha realizado con su vecina y no con su hija. Según nuestra opinión, y así lo argumentaremos a continuación, usted mantiene una relación básica con su vecina y, cuando ella (antipática por las mañanas, como casi todos) no le saluda, se provoca una transacción dentro de la relación básica; respecto al ejemplo de la hija solidaria, padre e hija mantienen una relación avanzada (quizás no exenta de polémicas) y dentro de ésta también se ha producido una transacción.

Así las cosas, parece que queremos dar a entender que las transacciones no existen o en todo caso "toman vida" dentro de las relaciones. Nada más lejos de nuestra intención y convencimiento. Cuando observa desde su coche una valla publicitaria que le invita a comprar un nuevo perfume, se produce una transacción (de información en este caso); usted no le ha pedido a nadie que le cuente nada y, sin embargo, atraído por un texto de grandes dimensiones o por una bella fotografía, alguien (una empresa probablemente acompañada por su respectiva agencia de publicidad) acaba de situar una imagen, una frase, un nombre, en su mente. Perfecto, acaba de conocer (en el mejor de los casos) algo nuevo, veinte mensajes más tarde lo conocerá mejor, incluso si acaba comprando el producto en el supermercado, podrá verlo cada día, olerlo, tocarlo, jugar con él o saborearlo, estableciendo así una relación (en la forma más amplia y menos apropiada del término) con éste. Desde la valla hasta que el envase acabe en el cubo amarillo de reciclaje la empresa que lo fabrica, distribuye o comercializa se ha limitado ha tener diferentes tipos de transacciones con usted: primero informativas, posteriormente económicas y, por último, las derivadas de las propias cualidades o características del producto. Llame al número 900 que aparece en el envase y habrá comenzado a relacionarse con la empresa (con los hombres y mujeres que la representan o dan soporte a las representaciones que otros han previsto). Antes, todas las preguntas se las ha hecho y contestado la empresa por usted, excepto una, la importante, aquella que ha motivado su llamada.

Los procesos de información pueden ser unívocos o biunívocos. Si pronuncia ¡Hola! y la vecina del cuarto no le contesta, el proceso será unívoco. Si el que no contesta es usted, también será unívoco. ¡Hola!, y ella también ¡Hola!, biunívoco: cada pregunta o afirmación tiene su oportuna respuesta. Por supuesto, ¡Hola! y ella saluda con la cabeza también biunívoco (comunicación no verbal).

Cuando estos procesos son unívocos (también conocidos como unidireccionales), les llamamos procesos de información (no queremos entrar en si la información se da o no en función de si destruye entropía o aporta conocimiento) y son puramente transaccionales.

En cambio, cuando son biunívocos (también conocidos como bidireccionales) les llamamos procesos de comunicación o relacionales, lógicamente incorporan, a su vez, procesos de información porque sin ésta no hay intercambio y sin intercambio no hay relaciones. Veámoslo a través del cuadro adjunto:

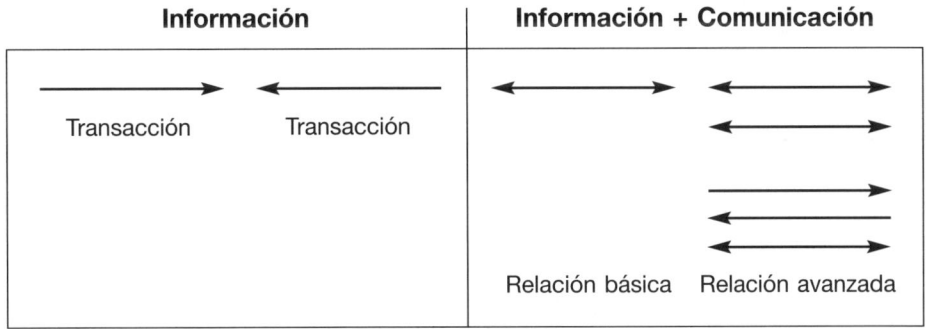

Información	Información + Comunicación
Transacción Transacción	Relación básica Relación avanzada

Fuente: Elaboración propia.

INTRODUCCIÓN AL MARKETING RELACIONAL

Obsérvese que, a propósito, se ha incluido en la parte derecha del gráfico y encima del texto una flecha que indica únicamente un sentido. Ésta marca una transacción dentro de una relación; más adelante explicaremos este tipo de situaciones con detalle.

Se diferencian, además de las transacciones y relaciones, dos tipos de relaciones: unas básicas, como la de la vecina o vecino del cuarto (perdón por la reiteración en el ejemplo) en las que no se llega a conseguir un nivel mínimo de profundización o incremento de intercambios bidireccionales, y otras avanzadas, en las que el flujo de intercambios de información es grande, en los dos sentidos. Cuando hablamos de marketing relacional (y se realizarán más adelante alusiones múltiples a este concepto), nos referimos única y exclusivamente a la creación de relaciones avanzadas entre la empresa y el cliente (o clientes), y viceversa. Transacciones y relaciones básicas están próximas y, por lo tanto, referenciadas en contraposición a las relaciones que sí muestran una determinada entidad para su consideración (bajo el punto de vista del marketing relacional), salvo cuando una relación básica sea el comienzo de una relación avanzada, en dicho caso, serán relevantes para su análisis, ciertamente importantes. Es preciso recordar que en los procesos de relación (y en la aplicación del marketing relacional) uno de los factores clave, que marcará tanto el desarrollo de los futuros intercambios como el éxito de los mismos, estriba precisamente en los inicios de la relación (piense en su pareja, en un amigo o en una empresa con la que mantiene relaciones avanzadas). Superar la barrera inicial ("romper el hielo" en términos coloquiales) supone una maniobra en la que se entremezclan imaginación y técnica. El pretexto comunicativo (no confundir con contexto) entendido como un débito de información ("le llamaremos para informarle más detenidamente sobre el producto"), la información básica aportada en los primeros contactos ("me dijo que estaba interesado en un Omega clásico... tenemos una nueva colección"), el canal utilizado ("perdone que le llame a su teléfono móvil") y la propia codificación del mensaje o presentación del mismo ("No abra esta carta, si ahora no tiene tiempo") desempeñan un papel fundamental. Déjese siempre un "as en la manga" que le permita que su cliente le acabe abriendo su puerta o le coja el teléfono, aplique al marketing las premisas básicas de cualquier manual de ventas. Seducir es convencer con argumentos; piense en éstos antes de intentar comenzar una relación.

A continuación, se detallan las principales características que identifican un contexto de relación avanzada.

Un contexto de relación avanzada se caracteriza por el intercambio fluido, que implica:

- *Retroalimentación del sistema*:   Estímulo - Respuesta   ⎫
  Respuesta - Estímulo   ⎬ Bidireccionales

- *Frecuencia y calidad de contactos*:   Comunicación verbal, gestual, escrita, visual...
  Compras, asistencia, contratación...
  Respuestas a promociones, incentivos, eventos...
  Interacción con la empresa, sala de ventas, producto, servicio...

- *Adecuación*:   Oferta (productos, servicios, ideas...).
  Mensajes (tono, lenguaje, personalización...).
  Canal o medio (*e-mail*, teléfono, carta...).

Fuente: Elaboración propia.

En los cuadros siguientes ilustramos una triple clasificación de las relaciones en función de la complejidad y del número de actores (individuos, grupos, empresas, públicos, etc.) que intervienen en las mismas:

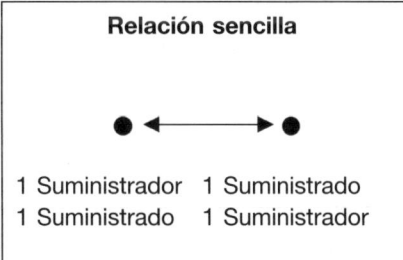

Relación sencilla

1 Suministrador   1 Suministrado
1 Suministrado   1 Suministrador

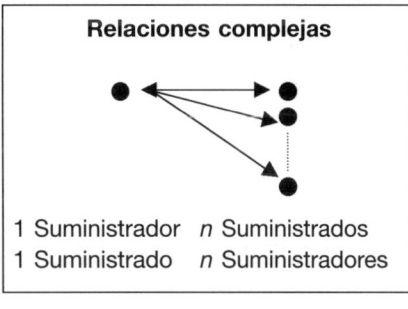

Relaciones complejas

1 Suministrador   *n* Suministrados
1 Suministrado   *n* Suministradores

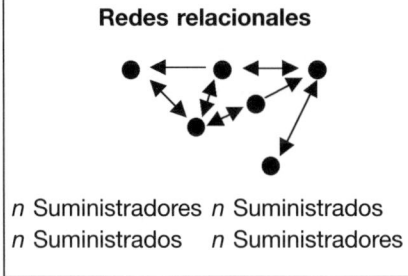

Redes relacionales

n Suministradores   *n* Suministrados
n Suministrados   *n* Suministradores

Fuente: Elaboración propia.

La relación sencilla supone un sistema en el que intervienen únicamente dos individuos que logran mantener una relación avanzada. Son ejemplo de este tipo de relaciones: la mayoría de las relaciones personales y profesionales (entre marido y mujer, jefe y empleado, profesor y alumno, amiga y amigo, etc.) o las que se establecen entre una empresa y un cliente a través de un interlocutor único (ejecutivo de cuenta y jefe de marketing, jefe de ventas y jefe de compras, responsable de área y director de tienda, etc.).

En un sistema de relaciones complejas varios actores (en los cuadros anteriores están identificados como suministradores o suministrado, en función del sentido del intercambio), se relacionan con un único suministrado o suministrador (ya sean de información, productos, ideas, etc.) y viceversa. No se establecen relaciones, a su vez, entre los actores situados en uno de los lados del intercambio (en los cuadros se han representado a la derecha). Son ejemplo de relaciones complejas las mantenidas por un cliente con diferentes empresas competidoras que ofrecen productos alternativos (selección de una compañía consultora por parte del director general de una empresa, propietario que decide contratar diferentes compañías inmobiliarias para la venta de su piso), la relación mantenida por el director de una empresa con sus diferentes clientes, la establecida por un marido o una mujer infiel, las generadas por una persona con diferentes amigos que no se conocen entre sí, etc. Se caracterizan porque el actor único (a la izquierda de los cuadros) recibe informaciones múltiples que no suele compartir con los actores múltiples; los actores múltiples, a su vez, se desconocen entre sí, no pueden, no deben o no quieren mantener relaciones. El juego de la relación, en este caso, exige condicionantes para evitar la permeabilidad entre el grupo de actores y el actor principal (dado que aglutina la mayor parte de información en el sistema); de no existir dichos limitadores de relación estaríamos ante el tercero de los casos.

Las redes relacionales incluyen sistemas de relaciones sencillos, complejos y dentro de las mismas transacciones (el cuadro de redes relacionales intenta representar, como si de una instantánea se tratase, las relaciones y transacciones de un grupo de actores). Se diferencian de las anteriores por el complejo entramado de la malla, en la que cada uno de los actores puede establecer relaciones con otros actores que, a su vez, establecen relaciones entre sí. Cualquier organización o empresa puede ser representada mediante un diagrama de redes relacionales (en el capítulo próximo el lector puede encontrar un desarrollo más amplio de las redes, así como un ejemplo ilustrado de éstas). Son ejemplos de redes relacionales las creadas por un sistema de servicio al cliente que involucra a diferentes (o la totalidad) departamentos de la empresa; se provocan así intercambios entre los departamentos de logística, comercial, financiero y un cliente, a la vez que en las diferentes áreas se generan relaciones con base al cliente o éste no está representado por una única persona sino por una multiplicidad de ellas. La coordinación interna de la empresa desempeña aquí un papel importante que se manifiesta al evitar la pérdida de información sobre el cliente, al compartir la que sea relevante, en el mantenimiento de una clara dirección única o con escasas contradicciones. En la vida privada, o fuera del contexto de la empresa, una familia compuesta por diferentes miembros (madre, padre, hijos, abuelos, etc.) sería también un ejemplo válido para ilustrar una red relacional.

Como indicábamos anteriormente, en las relaciones avanzadas pueden producirse actos transaccionales. A continuación, identificamos los siguientes tipos:

Transacciones iniciales

Son aquellas que se establecen en las fases previas a la relación; suelen basarse en prejuicios (imagen sobre marca, empresa o persona, reputación, asociación con competidores, publicidad, información aportada por otros consumidores, etc.) y en la propia interacción con la empresa o con los productos y ofertados por ésta. Son sumamente importantes desde la perspectiva del éxito del establecimiento de la relación (pueden suponer un freno o un dinamizador de ésta) y desde el mantenimiento de la misma (el prejuicio previo puede impedir o facilitar la relación en el tiempo)

Son ejemplos de transacciones iniciales: la solicitud a diferentes compañías de precio y características de seguros tras la compra de un vehículo, la primera visita a un médico recomendado por un amigo, la oferta de nuestros servicios a un familiar de uno de nuestros clientes, la respuesta a un cupón promocional encontrado en el envase de una nueva marca de bombones...

Transacciones por inadecuación

Son aquellas que, dándose dentro de la relación avanzada (una vez que consideramos que dicha relación está ya establecida), son puramente unidireccionales y carecen de retroalimentación en el tiempo. Surgen por falta de adecuación en la oferta, mensaje o medio utilizado para su difusión o transmisión. Es preciso identificarlas correctamente e intentar valorar las causas que han originado una transacción por inadecuación, con un doble objetivo: evitar que dicha situación se repita o consolide en el tiempo (mejorar nuestros procesos relacionales) y diferenciar si es una situación aislada o está originada por la pérdida de interés del interlocutor o receptor (es, en realidad, el detonante de transacciones finales).

Son ejemplos de transacciones por inadecuación: el envío de una carta a un cliente o a una empresa, perdida por el servicio de reparto de correspondencia; la puesta en marcha de una campaña de telemarketing para información sobre un nuevo producto sobre una base de datos erróneamente segmentada, que incluye teléfonos de clientes a los que en campañas anteriores no habíamos podido contactar; un *e-mailing* presentando un nuevo instrumental para odontólogos dirigido a podólogos...

Transacciones por saturación o apatía

Son aquellas que se originan por exceso de oferta informativa, promocional o comercial, por desactivación transitoria de los mecanismos de relación, por cambios en el contexto relacional, o por simple apatía o desidia del interlocutor cliente o proveedor. Pueden suponer un estadillo anterior a las transacciones finales, pero, normalmente, se deben a estados de ánimo del receptor, quien opta por no descodificar los mensajes o no ofrecer una respuesta a los mismos.

Puede que un manifiesto interés inicial por la relación se convierta en desinterés con el paso del tiempo. La jerarquía de prioridades en las relaciones obedece a estímulos (necesidades, hábitos de consumo, políticas de empresa, intereses económicos, amistosos, informativos, de promoción profesional,...) difícilmente ponderables. Despertar nuevamente el interés por la relación es tan importante como crearla desde cero, pudiendo requerir incluso un mayor esfuerzo. Descubrir cuáles son los frenos o dificultades que entorpecen las relaciones, los contextos que resultan propicios para que las mismas funcionen, variar los canales, las pautas de comunicación, la persona o personas encargadas de mantener dicha relación... y hacer que nuevamente la relación estimule a nuestro interlocutor son acciones que suponen un derroche de creatividad y paciencia. Descubrir los mecanismos que pueden romper estas situaciones e incorporarlos a nuestros procesos relacionales va a generar, sin lugar a dudas, un importante valor para el proveedor y el cliente.

Son ejemplos de transacciones por saturación o apatía: la ausencia de respuesta a una invitación a nuestras nuevas instalaciones a un jefe de compras con el que hemos conseguido varios contratos de material de oficina y con el que nuestro equipo de ventas ha mantenido una relación fluida; un cambio en sus responsabilidades y la lenta cesión de las mismas a una nueva persona nos está impidiendo seguir manteniendo relaciones avanzadas con su empresa; el envío a una mamá de tres invitaciones en los últimos seis meses para asistir a la apertura de tres nuevas tiendas de ropa y complementos infantiles en Valencia; nuestro agresivo plan de expansión y el deseo de demostrar a nuestros franquiciados el potencial de nuestra estrategia relacional ha hecho que el cliente pierda el interés y se sienta saturado.

Una joven cliente ejecutivo en una empresa de distribución venía asistiendo de forma regular a la fiesta mensual que nuestra empresa de licores organiza en una conocida discoteca de Barcelona, y, sin embargo, no lo ha hecho en las tres últimas ocasiones; una oportuna señal de alarma en nuestro sistema relacional que controla dichas asistencias, nos ha hecho ponernos en contacto con ella: se casó hace unos meses y está esperando un hijo. Intentaremos enviarla un ramo de flores cuando nazca su hijo.

Falsas transacciones

Son aquellas que nacen de forma unidireccional, pero poseen una carga de información que es considerada *a posteriori* en el sistema de relación. Se consideran como falsas porque no consiguen una respuesta (de comunicación, acción, compra, suministro, contratación, recomendación, etc.) de forma inmediata, o dentro del umbral espacial y temporal que el emisor estima adecuado para no considerar como fallido su intento de relación (respuesta), y, sin embargo, tendrán repercusiones futuras en la relación (son tenidas en cuenta por el emisor, el receptor o por ambas partes). La información aportada es recordada o incorporada en el sistema de relación o comunicación, ya sea para la codificación de los mensajes o propuestas, ya para la elección del canal o, incluso, para la selección del emisor o receptor (en un contexto amplio de relaciones no estrictamente interpersonales).

Las falsas transacciones pueden incorporar información basada en prejuicios o visiones parciales o sesgadas dentro del proceso de comunicación que las futuras relaciones confirmarán o desestimarán. Son sumamente comunes en los procesos de relación, suelen ser inesperadas y fácilmente confundibles con el resto de transacciones que pueden darse dentro de las relaciones avanzadas.

Son ejemplo de falsas transacciones: la respuesta a una encuesta de clientes en la que descubrimos que una información que *a priori* pensábamos que no había sido considerada o recibida por nuestro interlocutor, está pesando sobre su decisión de contratar nuevos productos. La inclusión de una nueva aplicación informática en la oferta de un proveedor al que meses antes habíamos pedido un diseño *ad hoc* de la misma sin recibir respuesta (lo que creíamos que podía ser una transacción por inadecuación ha resultado una falsa transacción). La inclusión de un nuevo ejecutivo de cuentas con conocimientos de medicina por parte de nuestra agencia de publicidad, tras haber informado al director de nuestros planes de diversificación y lanzamiento de productos farmacéuticos.

Transacciones finales

Son aquellas que anuncian la finalización de la relación avanzada. La duración de las relaciones es indefinida. Suelen surgir con la necesidad de llevar a cabo un proyecto común (la construcción de una casa, la decoración y habilitación de una oficina, la realización de un reportaje sobre los flamencos enanos en el lago Nakuru (Kenia), o el mapa del genoma humano) y finalizar cuando el proyecto se da por acabado. El escenario de necesidades varía (se prefiere invertir el tiempo o el dinero en otros proyectos, personas, empresas, actividades), las partes entienden que es imposible seguir juntas (diferencias, enfrentamientos, visiones alejadas sobre los objetivos, falta de flexibilidad en la negociación, desconfianza, etcétera), varía el contexto (mejor tecnología de un competidor, lejanía física, mejores garantías, está más de moda, etc.), o simplemente "las cosas ya no son igual que antes" (cansancio, hastío, falta de motivación, pérdida de interés, repetición de transacciones de apatía, saturación o inadecuación, etc.).

La finalización de las relaciones puede surgir de una última relación en la que las partes entienden explícita o implícitamente que dicha relación ha finalizado. Sin embargo, suele ser a menudo un momento "traumático" en el que una o varias de las partes (en caso de relaciones complejas) entiende que dicha relación ha finalizado, prefiriendo no transmitir clara y abiertamente dicha situación a la otra, o bien la más interesada se niega o resiste a aceptar que dicha relación ha finalizado o puede finalizar. Se generan en dicha situación una serie de transacciones finales en las que se solicita de nuevo el mantenimiento de la relación no encontrando respuesta.

Tan importante será en el programa relacional incluir propuestas motivadoras capaces de hacer que estas transacciones, supuestamente finales, marquen el inicio de una renovada relación, como evitar que dichas transacciones sean numerosas y sigan sin adecuarse a las expectativas del destinatario, haciendo que éste refuerce su decisión de abandono y cerrando posibilidades de retomar la relación en el futuro.

Son ejemplos de transacciones finales:

- Las llamadas telefónicas de nuestro director general sin respuesta a uno de nuestros mejores clientes, que hace unas semanas nos invitó a participar en un concurso para elegir la agencia de publicidad que llevará las campañas del próximo año.
- El envío de diferentes cartas ofreciendo descuentos y promociones por compras a un cliente de nuestro banco, usuario de tarjetas de crédito y débito, que dejó de utilizar nuestros sistemas de pago hace unos meses y sigue sin hacerlo tras comprobar que ha recibido dichas comunicaciones.
- Los diferentes mensajes que hemos dejado en el teléfono móvil del jefe de compras de una empresa cliente al que equivocadamente remitimos la factura con los precios de compra (sensiblemente más bajos) de su competidor directo.
- Las llamadas de teléfono, faxes y correos no contestados en los que solicitábamos urgentemente a nuestro proveedor de utillaje las especificaciones técnicas de una de sus máquinas, tras haber sido anunciada en prensa la compra por parte de nuestra compañía de un competidor director de dicho proveedor.

La calidad de las relaciones avanzadas puede medirse por el número de actos transaccionales (unidireccionales) respecto al de relacionales (bidireccionales). Por ejemplo: intentos de entrevistas frente a encuentros mantenidos, presentación de nuevos productos frente a prueba de los mismos, sugerencias de clientes respecto a modificaciones llevadas a cabo por la empresa, invitaciones a una feria frente a número de asistentes, lanzamiento de una oferta de tarifas telefónicas para empresas respecto a empresas que solicitan información o contratan dicha oferta, etc.

Las transacciones que se dan dentro de las relaciones avanzadas nos tendrán que permitir ir adaptando y mejorando el sistema de relaciones, aprendiendo de las equivocaciones cometidas y valorando los aciertos en la resolución de los mismos. Uno de los grandes valores de la estrategia

INTRODUCCIÓN AL MARKETING RELACIONAL

49

relacional es la experiencia que una persona u organización puede ir acumulando para la superación de los momentos críticos de la relación, anticipándose a los mismos y estableciendo medidas correctoras para evitar desencadenantes y resultados no deseados.

Las medidas anteriores no son nada sencillas cuando se trata con un número amplio y heterogéneo de clientes o interlocutores, por lo que es necesario establecer procesos de alerta o respuesta automática en la base de datos relacionales.

CAPÍTULO II
LOS PÚBLICOS DEL MARKETING RELACIONAL

2.1. CONCEPTO DE PÚBLICOS

Una de las principales diferencias de una estrategia de marketing relacional integrada, frente a acciones que no sobrepasan el campo del marketing directo o de la gestión más o menos tecnificada de las bases de datos, es la visión de las relaciones de la empresa con una amplitud de públicos objetivos, que sobrepasan las acciones meramente dirigidas a los consumidores finales.

En el primer capítulo del libro ya se ha descrito que, desde el punto de vista teórico, la correcta visión del marketing relacional abarca acciones dirigidas a diferentes públicos, en las que todos ellos son estrictamente necesarios para crear una relación perfectamente integrada y que aporte un valor diferencial. Como se comprobará, esta visión no está ni mucho menos desarrollada desde el punto de vista del mundo empresarial.

Ni siquiera desde el punto de vista teórico, los principales autores coinciden en definir correctamente el concepto de público objetivo relacional en su sentido más conveniente. En un rápido repaso a los principales autores, encontramos una visión absolutamente centrada en los consumidores finales, como la de Peppers y Rogers (2001), que olvida totalmente la importancia de relacionarse a un mismo nivel cualitativo con públicos más amplios que los consumidores finales (no podía ser de otra forma, pues en realidad estos autores no asumen los verdaderos postulados del marketing relacional). Como mucho, se aproximan a la importancia de las relaciones con el canal de distribución, pero, en un alarde de oportunismo teórico, estos sobrevalorados autores publican en una obra específica, *One to One B2B*, lo que consideran que debe ser un compendio de acciones para relacionarse de forma directa con el canal de distribución. Sobra decir por qué esta visión de relaciones como una estrategia compartimentada está alejada de la visión integral y realista que proponemos en este libro.

Otros autores, como Day (2000), plantean una detallada publicación acerca de cómo desarrollar acciones relacionales con los consumidores finales y potenciales. Por desgracia, esta visión queda absolutamente sesgada, al olvidar expresamente a los restantes públicos.

En el extremo contrario se encuentra Gummesson (1999), el cual selecciona hasta treinta públicos diferentes sobre los que considera conveniente iniciar acciones relacionales. Sin embargo, este reconocido autor, aunque plantea un exhaustivo análisis del conjunto de elementos de influencia sobre una estrategia relacional, falla en explicarnos cómo desarrollar de una forma operativa las relaciones sobre tan gran número de elementos. Y es que, frecuentemente, muchos autores pecan de plantear conceptos absolutamente irrealizables en la práctica. En el desarrollo actual de las estrategias relacionales, donde éste es muchas veces un mero planteamiento de intenciones no realizadas, parece ciencia ficción dedicar un libro a pormenorizar, más allá de lo conveniente, treinta públicos diferentes, sin aportar posteriormente más que un conjunto de intenciones imposibles de llevar a la práctica.

Centrándonos ya en autores más pragmáticos, encontramos a Gordon (1999), quien considera necesarias las acciones relacionales sobre cinco públicos diferentes: instituciones financieras, canal de distribución, empleados, proveedores y *partners*. Desde luego, sería poco pragmático plantear una acotación cerrada sobre los públicos que debe comprender una acción relacional.

Desde un punto de vista operativo, el autor que más concreta un procedimiento para identificar y relacionar bajo estrategias relacionales los diferentes públicos, es McDonald y otros (2001). Los seis públicos sobre los que propone centrar acciones (consumidores actuales y potenciales, proveedores, público interno, mercado de referencia, de influencia, y de selección de personal) son bastante ajustados a lo que debería ser una estrategia realista de aplicación integrada de las tareas relacionales en una empresa de mediano tamaño. Su verdadera aportación es la propuesta de un método que representa gráficamente los distintos niveles de relación entre los públicos expuestos anteriormente, tal y como muestra el gráfico (*véase* página siguiente).

A partir de la determinación de unos valores homogéneos que cuantifican la intensidad de la acción relacional con ese público, queda representada de una forma visualmente simple cuál es el estado de la estrategia global relacional en un periodo de tiempo concreto. Sin embargo, el modelo adolece de los típicos problemas de las representaciones promovidas desde un punto de vista teórico.

En la práctica, resultará bastante complejo determinar, de una forma objetiva y homogénea, el valor específico de la relación con los distintos públicos (elemento indispensable para el funcionamiento del modelo). Ese valor no puede estar compuesto solamente por una variable; ya sabemos que la estrategia relacional es una acción compleja y funcionalmente multidimensional, y, en la práctica, concretar ese valor precisaría de una alta coherencia y conocimiento sobre las acciones desarrolladas.

VISUALIZACIÓN DEL VALOR DE LAS RELACIONES
CON LOS PÚBLICOS DE UNA EMPRESA

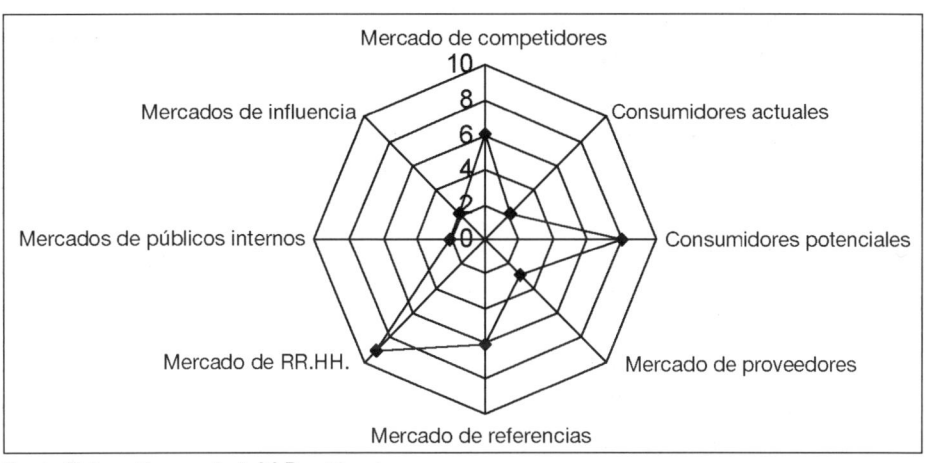

Fuente: Elaboración a partir de McDonald y otros.

Una vez identificados los diferentes públicos específicos para cada empresa y sector sobre los que se desarrollarán las acciones relacionales, será necesario desarrollar valor añadido y ventajas competitivas a partir de otorgar un determinado nivel de recursos e integración dentro de la planificación, de acuerdo a unos objetivos planificados. Básicamente, se deberían cumplir los siguientes desarrollos:

- Identificar los diferentes públicos objetivos que corresponden a ese mercado específico.
- Realizar un exhaustivo proceso de auditoría e investigación para identificar y comprender las potenciales expectativas y requerimientos de los públicos anteriormente identificados.
- Cuantificar y valorar la relación existente entre el nivel actual de relaciones y el nivel óptimo para cada uno de los públicos.
- Formular la estrategia relacional más conveniente para desarrollar los objetivos de una forma integrada optimizando los recursos.

La siguiente y escueta descripción de las acciones a desarrollar con los públicos objetivos descritos busca equilibrar teoría y práctica, limitando el campo de acción de las acciones relacionales sobre públicos en los que será realmente operativo aplicar recursos. Cada empresa podría identificar, de acuerdo a condicionantes específicos, otros públicos diferentes de los aquí propuestos. Sin embargo, para la mayor parte de las empresas será necesario relacionarse de una forma u otra con la siguiente relación de públicos:

LOS DIFERENTES PÚBLICOS OBJETIVOS PARA UNA ACCIÓN RELACIONAL DE UNA UNIVERSIDAD PRIVADA

Público objetivo actual (consumidores):

- Estudiantes de pregrado.
- Estudiantes de posgrado.
- Familias de los actuales estudiantes.

Público objetivo potencial (consumidores potenciales):

- Estudiantes de secundaria y sus familiares.
- Estudiantes licenciados de otras universidades.
- Estudiantes pre-posgrado extranjeros.
- Estudiantes no licenciados procedentes de otras universidades.

Mercado interno:

- Profesores.
- Becarios.
- Personal administrativo.
- Profesores invitados y conferenciantes.
- *Staff* y equipo gestor.
- Personal de servicios.

Mercado de referencia:

- Universidades extranjeras.
- Universidades públicas y privadas con titulaciones no competidoras.
- Consultores en materia de educación.
- Investigadores.
- Empresas.

Proveedores:

- Contratas.
- Consultores.
- Proveedores de material docente.
- Constructoras.
- Auditoras.
- Editoriales.

Mercado de recursos humanos:

- Agencias de empleo.
- Consultora de recursos humanos y *headhunters*.
- Antiguos alumnos.
- Antiguos empleados.
- Mercado de promoción interna.
- Foros científicos y académicos.

Mercado de influencia:

- Instituciones educativas secundarias.
- Prensa especializada en educación.
- *Mass media*.
- Consejo de universidades.
- Competidores públicos y privados.
- Ministerio de Educación.
- Organismos de relaciones de intercambio de estudiantes.
- Autoridades locales.
- Analistas bursátiles.

Fuente: Elaboración propia.

2.2. CANAL DE DISTRIBUCIÓN

Las relaciones entre la empresa y su canal de distribución han sido históricamente condicionadas por las relaciones de poder que entre ambos se mantenían. Cuando este poder estaba en manos de fabricantes (hay que retroceder muchos años para recordar esta situación), el canal de distribución era considerado como un mero intermediario necesario, por razones logísticas, para poner en contacto a la empresa con sus consumidores.

La concentración y modernización del canal de distribución (especialmente en sector minorista) conllevó una progresiva pérdida de poder de, incluso, los fabricantes con mayor valor de marca. El canal de distribución asumió su nuevo papel en el mercado desarrollando un férreo y desigual proceso de relaciones, donde el fabricante era considerado como un elemento sobre el que repercutir la tremenda competitividad de los mercados minoristas.

A partir de los años ochenta, la reacción inevitable de los fabricantes para contrarrestar estas relaciones desiguales fue promover el concepto de *trade marketing*. El fabricante lograba así ventajas competitivas desarrollando acciones de marketing de forma individualizada, acorde con las necesidades del propio canal de distribución. Aunque algunos se empeñen en ver en el *trade marketing* un precedente de las acciones de marketing relacional hacia el canal de distribución, son obvias las diferencias entre ambos planteamientos. El *trade marketing* parte de una relación de desigualdad entre el fabricante y el canal, y las relaciones que se crean están directamente encaminadas a satisfacer necesidades específicas de marketing en el canal, logrando de esta forma una ventaja competitiva.

La literatura española sobre el tema tiende a simplificar en exceso las relaciones a meros acuerdos de mejora logística o de ahorro de costes de aprovisamiento, cuyos beneficios relacionales están totalmente superados en el actual entorno, donde estas acciones son sólo un elemento básico de supervivencia. La verdadera aportación será la consideración del canal como público objetivo de acciones del marketing relacional como parte de relaciones igualitarias, cuyo diálogo y colaboración tienen como objetivo dar un mayor valor añadido al conjunto de relaciones. De esta manera, la estrategia relacional dirigida hacia el canal busca crear oportunidades y valor de forma conjunta, centrando las acciones más allá de la mera ventaja competitiva directa con relación a con otros fabricantes, o con otros minoristas. El medio Internet, que ha favorecido la popularización de acciones *B to B*, contribuye al exceso de optimismo sobre el nivel de integración de las propuestas recomendadas.

Para el éxito de un marketing de relaciones es muy importante la confianza y el compromiso en vías de un comportamiento cooperativo, puntualizado en Morgan y Hunt (1994):

a) Incentivar a las empresas a trabajar para preservar las inversiones en la relación.

b) Fomentar una orientación a largo plazo y resistirse a la tentativa de un horizonte temporal más corto.

c) Actuar bajo la creencia de que sus socios no lo harán de forma oportunista.

Casquet *et alii.* (2001) sintetizan las principales aportaciones sobre las citadas relaciones. Anderson y Weitz (1992), en lo que se refiere a las ventajas de la cooperación entre los fabricantes y los distribuidores, encuentran las siguientes:

- Ventajas de la cooperación para los fabricantes:

  — Mayor acceso a la información de mercado.
  — Mayor asistencia por parte del intermediario en el lanzamiento de nuevos productos.
  — Menor interés del distribuidor o agente a promocionar marcas competitivas.
  — Mayor disposición de los intermediarios a llevar a cabo actividades de las que sólo se consiguen rendimientos a largo plazo, o a responder a contingencias imprevistas con flexibilidad y buena fe.

- Ventajas para los intermediarios:

  — Mayor accesibilidad a los productos requeridos por sus clientes.
  — Posibilidad de diferenciarse de otros distribuidores.
  — Mayor apoyo por parte de los fabricantes.

Las relaciones con el canal tienden a ser descritas como alianzas. Sin embargo, una visión más acertada será la que desde un punto de vista práctico las describa como relaciones. ¿Cómo se pueden crear estas relaciones? Éstas pueden ser tan variadas como la multiplicidad de canales existentes en los actuales mercados. Gordon (1998) concreta diferentes elementos de las relaciones que pueden ser considerados de una forma genérica:

- Respeto mutuo: en una visión no relacional, el respeto es muchas veces condicionado por el grado de influencia coercitiva entre ambos elementos. Éste no es un buen punto de partida para acciones relacionales. Para el fabricante, cualquier elemento de su canal de distribución, por pequeño que sea, puede ser vital en el proceso relacional. Este objetivo obliga a consolidar objetivos comunes, más allá de los meramente económicos. Para la empresa, será importante cuantificar la importancia de cada miembro del canal en la estrategia relacional, al igual que se hace con el mercado de consumidores. A partir de esta categorización, las acciones estarán basadas en objetivos previamente planificados, y no en el valor estrictamente económico que cada uno de estos elementos nos aporta.

- Desarrollar un plan relacional específico para el canal perfectamente integrado en la estrategia relacional global. Dicho plan no debe ser muy diferente en su contenido innovador al de la estrategia desarrollada sobre los consumidores finales. Sus principales elementos serán:

  — Categorización y clasificación de los diferentes elementos que componen el canal de distribución en función de los objetivos relacionales.
  — Desarrollo de información cualitativa que permita la medición de la calidad de las acciones anteriormente descritas.
  — Desarrollo de un plan específico que permita acciones diferenciales con los distintos agentes.
  — Creación de elementos de medición objetiva de medición de los elementos que conforman la relación.
  — Formalización de los procesos de relación.

- Asumir un desarrollo de acciones relacionales sobre el canal de distribución al mismo nivel de integración que las realizadas con los consumidores finales.

- Promover un desarrollo de las relaciones, favoreciendo la independencia de los miembros del canal: sólo desde una implantación de la estrategia basada en elementos no coercitivos se conseguirá desarrollar en toda su potencialidad los beneficios del plan relacional.

- Integrar de forma consolidada, desarrollando procedimientos conjuntos, al canal de distribución en el proceso de planificación. Un claro antecedente de este planteamiento fue la implantación de sistemas EDI (*Electronic Data Interchange*) entre el fabricante y el canal

LOS PÚBLICOS DEL MARKETING RELACIONAL

de distribución. Estos procedimientos de automatización de los procesos logísticos suponen realmente un valor añadido para consolidar relaciones con el canal. El EDI se ha visto frecuentemente como un proceso para excluir competidores desarrollando relaciones que tienden a limitar el número de proveedores. Sin embargo, en una estrategia relacional, dicho sistema debe ser visto como una fuente de cooperación basada en compartir información en términos de igualdad, más que como un simple procedimiento de ahorro de costes con beneficio para sólo una de las partes.

- Aceptar la importancia de las aportaciones del canal de distribución como una fuente continua de innovación. No reconocerlo puede suponer transformar el canal en un muro opaco que no permite acceder fluidamente a las valiosas sinergias informativas generadas entre los consumidores y la empresa.

- Integrar al canal en los beneficios económicos creados a partir de la aplicación del proceso relacional.

- Redireccionar los canales de distribución siguiendo la evolución continuada del mercado de los consumidores.

- Desarrollar servicios diferenciales asociados a productos específicos: ésta puede ser una de las mayores aportaciones de consolidar relaciones con el canal. Los actuales mercados permiten una escasa diferenciación de aspectos tangibles relacionados con el producto. En este entorno, aspectos de servicio relacionados con el producto y gestionados de forma adecuada a las expectativas de los consumidores por parte del canal pueden proporcionar mayor satisfacción al consumidor que el propio producto en sí. Podemos encontrar numerosos ejemplos: garantías, servicios financieros, servicio postventa, devolución del producto... Será preciso tener un conocimiento detallado de qué elemento de servicio puede otorgarnos realmente una ventaja diferencial. A partir de este análisis, será preciso determinar qué elementos del canal de distribución estarán más dotados para desarrollar dichas acciones. Para ello, no basta con los procedimientos de investigación de mercados clásicos, muy poco operativos en este contexto. Un análisis detallado de los diferentes flujos de información obtenidos en el proceso de relaciones nos dará las directrices para integrar el canal de distribución en el desarrollo de elementos diferenciales.

- El elemento final de este proceso será la aplicación de los anteriores principios con rigor y consistencia. Las estrategias relacionales con el canal son acciones que necesitan un mayor plazo para su consolidación. Sin embargo, muchas veces se tiende a utilizar el canal como un elemento táctico de relación frente a situaciones absolutamente coyunturales. Pensemos, por ejemplo, en el uso indiscriminado de la promoción de ventas en el canal minorista. El fabricante tiende a utilizar este notorio instrumento de comunicación con una peligrosa visión a corto plazo. En ella primarán, seguramente, objetivos del fabricante frente a su competencia, los cuales probablemente sean contradictorios con las propuestas relacionales que el fabricante debería crear con el canal.

2.3. MERCADO INTERNO: LOS EMPLEADOS

Este público resulta novedoso por la escasa aplicación práctica que las empresas españolas otorgan actualmente a la posibilidad de crear valor añadido en las estrategias relacionales por medio de considerar a los empleados de una compañía como un objetivo. Así, se realizarán acciones de tipo relacional de un modo similar al que se llevan a cabo habitualmente con los consumidores finales. Sin embargo, la mayor parte de la literatura y de los desarrollos prácticos recopilados en las empresas que aplican las estrategias relacionales sitúan éstas en los centros de beneficios directos, consumidores finales, actuales y potenciales.

Esta homogenización de las estrategias hace viable que una visión más amplia e integrada del concepto relacional sea el elemento que finalmente otorgue una ventaja competitiva definitiva a la empresa. A pesar de que no se discute que el conjunto de recursos humanos de la empresa es un elemento central indispensable de la estrategia relacional, sorprende el escaso desarrollo de las acciones relacionales hacia este público. Lógicamente, no se está hablando de instruir escuetamente a nuestros empleados sobre el manejo de determinadas aplicaciones informáticas de CRM, o sobre la correcta utilización de un *call center*. Más allá de la formación específica, los empleados deben ser considerados centros de creación de valor añadido y, exactamente igual que se hace con los consumidores, será preciso identificarlos y segmentarlos de acuerdo a unos objetivos, para optimizar las capacidades de la compañía con los requerimientos del consumidor, incentivando y promoviendo la potencialidad de aquellos que dan más valor al conjunto de la estrategia relacional.

En esta situación quedan totalmente inhabilitadas hasta las más modernas técnicas de gestión de recursos humanos. En la implicación relacional, las empresas necesitan aportar, de forma continuada, valor diferencial a sus empleados.

Esto puede suponer una verdadera revolución interna. El desarrollo tecnológico nuevamente facilita la integración del proceso, desde aspectos tan imprescindibles como la circulación de los flujos informativos por absolutamente toda la estructura empresarial de forma bidireccional, hasta para facilitar un verdadero proceso de realimentación para la correcta asimilación de los conocimientos requeridos para una estrategia relacional, que facilite el entrenamiento de los empleados de una manera homogénea y no traumática.

Sintetizando cuáles deben ser los elementos mínimos para integrar a los empleados y público interno dentro de una estrategia relacional, se deberán desarrollar los siguientes elementos:

- Determinar quiénes serán los empleados con una implicación fundamental en la estrategia relacional y cuál será el nivel de conocimientos necesarios para aportar el valor requerido deseado. Aunque se afirma que la estrategia relacional debe estar integrada en el conjunto de la empresa, en la práctica, y por razones operativas, es preciso comenzar la aplicación en aquellos elementos humanos que están en situación de otorgar un mayor valor. Esto puede producir un efecto mimético, que facilite un posterior proceso de integración generalizado.

- Establecer los procedimientos formativos adecuados para lograr el nivel de habilidad requerido. Este elemento es trascendental; frecuentemente, la empresa realiza una auditoría basada en cuestionarios largos, aburridos y poco realistas, cuya escasa flexibilidad aporta información poco objetiva tras un largo periodo de análisis, y que, cuando finaliza, presenta un escenario demasiado obvio para promover el desarrollo de acciones inmediatas. Evidentemente, será necesario establecer procedimientos de comunicación absolutamente bidireccionales en tiempo real (Internet e Intranet facilitan extraordinariamente esta integración), que expliciten de forma objetiva los puntos débiles de aplicación interna de las acciones relacionales.

- En este momento, tiene validez el popular refrán "el movimiento se demuestra andando" ya que, gracias a la tecnología, será viable realizar simultáneamente una implantación de las acciones que, además, permita el progresivo aprendizaje y la corrección de aquellos elementos que no se ajustan adecuadamente a los parámetros prefijados.

Por desgracia, es frecuente encontrar numerosos ejemplos de los efectos negativos de no considerar parte fundamental de la estrategia relacional a los públicos internos.

Esta consideración es vital en los actuales mercados, donde los pequeños matices inherentes a la prestación de servicios asociados al producto serán los que nos otorguen una ventaja diferencial. Imaginemos que un joven de 17 años acude con su familia a una universidad privada para realizar estudios universitarios de tipo técnico, debido a que la enseñanza pública parece que no cuenta con una dotación de recursos y laboratorios suficiente como para ser considerada una posible opción. Las universidades privadas laicas, debido a su relativa juventud, no gozan de una imagen ni posicionamiento diferenciado que permita a los potenciales clientes tomar una decisión basada en distintos aspectos intangibles generados por políticas de marketing consolidadas. En este contexto, y, dado que el factor de elección no se puede simplificar al precio (el precio por crédito es prácticamente similar en el conjunto de universidades privadas), el factor de decisión final vendrá condicionado por factores aparentemente inexplicables e incontrolables para los responsables de marketing de la universidad elegida-no elegida. Esta afirmación no sería cierta bajo los condicionantes de una estrategia relacional.

Veamos cómo: el núcleo familiar del alumno contactó allá por el mes de mayo con un eficaz departamento de relaciones externas cuyo *front office* es un recientemente inaugurado *call-contact center*, orgullo del departamento de marketing, por la capacidad de automatización de los procesos, ahorro de costes y, sobre todo, por el control de la información que proporciona. El alumno, primero contactó por Internet, para comprobar la oferta de la universidad y, posteriormente, con un teléfono 900. En este contacto se aprovechó para aplicarle un CATI (*Computer Assisted Telefonic Interviewed*) e incorporar numerosa información a la base de datos. En solamente unos días, el alumno recibió en su domicilio una amplia, lujosa y atrayente información sobre la universidad requerida. Posteriormente, se le envió una invitación personalizada para que el alumno y su familia visitaran el campus y tuvieran la oportunidad de acogerse a una promoción que consistía en la realización de las pruebas de preadmisión sin coste alguno. Además, se hizo un seguimiento telefónico para confirmar la asistencia del alumno. La familia estaba realmente impresionada por las acciones que, además, coincidieron en el tiempo con una notoria campaña publicitaria de dicha universidad en medios masivos.

El día de la visita al centro universitario un sol radiante invitaba a pasear sosegadamente por las amplias y acondicionadas instalaciones del campus universitario. Lamentablemente, la percepción positiva cambió en espacio de unas pocas horas. El servicio de seguridad desatendió de una forma ostensiblemente maleducada la solicitud de información del padre de familia sobre a cuál de los siete edificios debía dirigirse (quizás porque éste conducía un modesto utilitario alquilado al tener que haber dejado su flamante berlina alemana en el aeropuerto de Gran Canaria para desplazarse en avión con el resto de su familia). La ley de Murphy hizo que aparcaran justamente en el edificio opuesto al de admisiones. Así, encontrar el edificio donde se iba a mantener la entrevista supuso llegar media hora con retraso a la cita prevista. A lo largo de los pasillos preguntaron dónde dirigirse a caballeros que, por lo encorsetado de sus vestimentas, parecían profesores. Si lo eran, estaban muy ocupados con la ciencia, porque decían desconocer dónde se realizaban las pruebas de admisión. Uno de ellos dijo con seguridad que el padre de familia estaba en un error, éstas no se realizaban hasta un mes después. Al llegar tarde a la cita, se había pasado el turno para la prueba y la única solución aparentemente posible era esperar hasta el siguiente turno a las 4 de la tarde. El padre explicó que el avión partía a las 7, con lo cual pidió ciertas garantías de finalizar dentro de los tiempos límites. No importa, pensó la familia, aprovecharemos las horas de espera para conocer las instalaciones y quizás charlar con algún profesor. Por desgracia, cuando se localizaron los despachos de la facultad requerida, ya era la una y media de la tarde. Preguntando a un conserje si había algún profesor disponible para realizar aclaraciones acerca de los planes de estudio, éste contestó: "No creo, tenemos el aire acondicionado roto y con este calor se habrán ido todos seguramente a comer, tengo instrucciones de no moverme de aquí, pruebe a entrar en los diferentes despachos...".

La entrevista vespertina comienza con 20 minutos de retraso, porque la responsable ha encontrado un monumental atasco. A pesar de haber estado esperando más de media hora en un pasillo, y haberse cruzado con numerosas personas, nadie les ha preguntado si se les podía prestar algún tipo de ayuda.

La prueba se realiza a tiempo, pero la responsable cree que será necesario volver para confirmar resultados, quizás en otras dos ocasiones (pero no está muy segura de esto). Al recoger el vehículo, para salir con el tiempo justo hacia el aeropuerto, lo encuentran con una ostentosa pegatina en el parabrisas, que, además de recordarles que han aparcado en un lugar indebido (no han encontrado otro y llegaban tarde a la entrevista) hace prácticamente imposible conducir sin riesgos. Mientras esperan para embarcar, el padre de familia comunica por móvil a su secretaria que confirme una visita a la universidad de los curas que parecía, en principio, tan poco recomendable por las escasas ideas religiosas de la familia.

Este ejemplo real ilustra la terrible importancia de identificar y formar adecuadamente a los distintos públicos internos para hacerlos partícipes de nuestras estrategias relacionales. Uno de estos públicos, sobre los que frecuentemente no se presta mucha atención, es el compuesto por propietarios y accionistas. Por supuesto que ellos serán los últimos responsables de la aprobación de todos los procesos relacionales y, quizás por esa razón, debamos considerarlos como objetivo prioritario. Para los inversores, centrados generalmente en consolidar un beneficio a corto plazo, el coste económico y los largos plazos necesarios para implantar esta filosofía les puede convertir en una barrera infranqueable. Desarrollar unos procedimientos de información específicos que expliciten los objetivos buscados y que los impliquen como algo imprescindible en el proceso de creación de valor será el paso indispensable para incorporar al accionariado dentro de nuestras posiblemente costosas acciones relacionales.

2.4. LOS PROVEEDORES

El conjunto de elementos que permiten el proceso de prestación de productos y servicios debe ser considerado único objetivo preferencial, en especial en aquellos mercados donde las ventajas competitivas se crean a partir de elementos tangibles reconocidos por los consumidores.

Tradicionalmente, las empresas han descargado, en el peor de los sentidos, sobre los proveedores la tremenda presión a la que eran sometidos por el canal de distribución. Una relación basada en aspectos puramente económicos, donde la moneda de intercambio era el ahorro de costes conseguido tras provocar el enfrentamiento entre los distintos competidores, no es el clima más propicio para consolidar relaciones como las aquí propuestas. Al realizar una auditoría de las relaciones que mantienen las empresas con sus distintos públicos, siempre aparece que, aunque de forma conceptualmente equivocada, éstas afirman con orgullo mantener algún tipo de relación con sus proveedores. Generalmente, estas relaciones no son las que, desde el punto de vista operativo, una estrategia relacional busca implantar. Es necesario tener una tremenda imaginación, recursos y visión a largo plazo para desarrollar una propuesta conjunta de beneficio mutuo que sobrepase los ineficaces criterios de tipo económico.

Comencemos con un ejemplo:

El conocido problema de las "vacas locas" comenzó a principios de los años noventa en el Reino Unido, un mercado con enormes diferencias con respecto al español en cuanto a la estructura de su distribución minorista. Resulta difícil explicar por qué allí la competencia se ha desarrollado basándose en la calidad y diferenciación de los productos entre las diferentes enseñas. Ello ha permitido mantener el margen de beneficio razonablemente alto. Entre los efectos sorprendentes cabe destacar que sus marcas de distribución (luego veremos su papel en las relaciones fabricante-proveedor) tienen una cuota de mercado de hasta el 80 %, y su precio puede ser incluso superior al de la marca líder del fabricante. En este contexto, es imprescindible buscar nuevos elementos de colaboración con nuestros proveedores.

En plena polémica por el problema de salud de las "vacas locas", TESCO consiguió canalizar durante bastante tiempo el total de ventas de ganado vacuno en el mercado británico. Mientras sus competidores reaccionaban intentando homogeneizar sus sistemas de control de calidad para garantizar el producto a sus consumidores, TESCO demostró que su carne tenía todas las garantías, pues toda ella procedía de granjas escocesas que producían en exclusiva para este minorista. La calidad se garantizaba al estar integrado en las granjas continuamente un equipo veterinario y de control de procesos perteneciente a la plantilla del minorista, y no del productor. En su día, se habían realizado acuerdos para desarrollar procedimientos de elaboración de productos perecederos de elementos conjuntos, donde TESCO proporcionaba los costes de I+D, además de los recursos humanos; mientras que el productor facilitaba la información para aplicar una contabilidad analítica encaminada a una reducción de costes, además de adaptar su cartera de productos a las necesidades específicas de los consumidores de TESCO.

Para los granjeros supuso, en su día, vender con un menor beneficio, dejar de trabajar con otros proveedores y eliminar la producción de carne de cerdo. Para TESCO supuso un mayor coste de producto, por los costes de desarrollo del proyecto, además de por la eliminación de competencia entre proveedores. El resultado era una mayor calidad demostrable de forma inmediata. Ningún minorista pudo garantizar que el 100 % de la carne vendida estaba alimentada con pastos naturales, como así demostraron posteriormente los análisis del Ministerio de Sanidad. TESCO lo garantizó notarialmente y, además de ganar toda la cuota de mercado, su imagen como minorista de elevada calidad quedó tremendamente reforzada.

El problema que frecuentemente se encuentra en la implantación de acciones relacionales con los proveedores es la mutua desconfianza entre ambas partes, ya que se exigen inversiones y acuerdos que alejan a las empresas participantes de la dinámica del descenso de precios originada por la competencia vertical entre los distintos proveedores. La peculiar idiosincrasia de los empresarios españoles les hace ser tremendamente vulnerables a este condicionante. Resulta difícil convencer al jefe de compras de una empresa de construcción singular sobre la conveniencia de fomentar acuerdos consolidados con un único proveedor de vidrio, argumentando los beneficios derivados de los desarrollos de mercado conjuntos, de los ahorros logísticos, y de la mejora de calidad en los procesos. Éste, seguramente, argumentará que siempre son necesarios al menos dos presupuestos diferentes para conocer quién está suministrando el producto más barato. Probablemente sea la implicación en la cuenta final de resultados toda la gestión económica con los proveedores lo que hace tan complejo promover estrategias como las que a continuación se plantean. Un análisis riguroso e imaginativo del desarrollo mutuo de beneficios será la solución para olvidar los condicionantes económicos. Una propuesta de relación puede tener los siguientes elementos:

- Desarrollar los procesos que faciliten la implantación de una contabilidad analítica compartida por ambas partes. Un punto de partida donde se descubran oportunidades y desequilibrios económicos entre ambas partes es un buen principio para el inicio de otras propuestas relacionales.

- Al igual que se hace con el análisis estratégico de los distintos consumidores finales, será preciso determinar la diferencia entre el beneficio reportado por los distintos proveedores y el potencial beneficio proporcionado tras la aplicación de los principios relacionales. Esta decisión implicará seleccionar aquellos que nos pueden proporcionar mayor valor. Por supuesto, este valor no es estrictamente económico (éste sería un proceso de selección de proveedores convencional). Pensemos en la competencia que se establece entre los proveedores de marcas de distribuidor para las enseñas minoristas. En general, dichas marcas son percibidas como de calidad inferior por los consumidores, y esto se traslada directamente de forma negativa a la imagen global de la enseña.

  Algunos minoristas, como Eroski o El Corte Inglés, han sido hábiles en reconocer estas asociaciones, y han seleccionado a sus proveedores de marcas de distribuidor fomentando acuerdos relacionales. Por ejemplo, Eroski garantiza un doble control de calidad de sus productos con laboratorios propios e independientes. Esto supone un alto coste, que se reduce al abastecerse de productos procedentes en exclusiva del País Vasco. Además de reducirse los costes de transporte, el consumidor identifica lo autóctono con calidad, generándose un conjunto de sinergias positivas difícilmente valorables en términos económicos.

- Sobre cada proveedor se deben desarrollar objetivos relacionales específicos y diferenciales que potencien la creación de un valor equilibrado para ambas partes. CISCO desea liderar la introducción de la tecnología informática *wireless* en España. Son conscientes de que los altos costes de desarrollo y lanzamiento se pierden, si no se consigue un rápido posicionamiento. Elegir como *partner* una universidad privada con 40.000 alumnos, que se posiciona en la educación de alto nivel basada en las nuevas tecnologías, puede ser un rápido camino para ahorrar esfuerzos de marketing. Para la universidad supone implantar la más moderna tecnología a un menor coste y con la exclusividad temporal durante un plazo razonable. Para CISCO, incorporarse de forma gratuita a una campaña publicitaria masiva, a todas las acciones de marketing relacional de la universidad, y, además, acceder a la información contrastada sobre 40.000 familias prescriptoras de alto nivel adquisitivo es un valor añadido que satisface de forma equilibrada a ambas partes.

- La relación entre proveedores y empresas requiere la alineación de un gran número de procesos. Esto puede ocasionar situaciones críticas en las estructuras internas de ambos elementos, pero es un paso necesario para crear el marco estructural adecuado que permita las relaciones. Ambas partes deben promover y compartir las oportunidades de expansión y desarrollo creadas. No sólo se habla de crear valor, sino también de favorecer el clima de creación de un futuro valor. Pensemos en los procesos de expansión multinacional de las empresas minoristas españolas en Hispanoamérica. Estos mercados están generalmente vetados por cuestión de recursos para los pequeños fabricantes (no poseen estructuras que permitan la exportación). Participar en los costes del proceso de desarrollo del minorista en esos mercados es una forma asequible y garantizadora de éxito al incorporar estrategias anteriormente irrealizables.

- El proceso relacional conllevará inherentemente conflictos. Establecer una metodología operativa, no coercitiva, que de forma fluida permita una dinámica de resolución de los inconvenientes generados, es el broche final para continuar avanzando en los beneficios desarrollados en la relación con nuestros proveedores.

2.5. LOS *PARTNERS* O COLABORADORES

En los últimos años, las empresas han comenzado a desarrollar una flexible e imaginativa política de acuerdos de colaboración que, aunque en su origen no responde a planteamientos estrictamente relacionales, sus inercias y el proceso de aprendizaje que conllevan los acuerdos, entroncan directamente en la consideración de una empresa colaboradora como público objetivo de la estrategia relacional. La principal diferencia de estos acuerdos de colaboración (*partnership*) con las relaciones desarrolladas con proveedores y miembros del canal de distribución es que estas rela-

EL BENEFICIO DE LA GESTIÓN POR CATEGORÍAS EN LA GESTIÓN RELACIONAL CON LOS PROVEEDORES

PROVEEDOR

⬇

Aspectos relevantes en la colaboración con el fabricante			
Conocimiento del mercado y del consumidor	Innovación de productos	Realización del plan promocional	Rotación y gestión de *stock*

⬆

GESTIÓN DE CATEGORÍAS

⬇

Aspectos relevantes en la colaboración con el fabricante			
Conocimiento del mercado y del consumidor	Innovación de productos	Realización del plan promocional	Rotación y gestión de *stock*

⬇

CLIENTE

Fuente: Elaboración propia.

ciones se originan a partir de un objetivo común externo a ambas empresas y a las que previamente no unía ningún tipo de relación a las anteriormente descritas.

El planteamiento es establecer sinergias positivas entre las empresas colaboradoras para avanzar en la creación del valor proporcionado a los consumidores de ambas. Se puede argumentar que este proceso cuenta con una larga tradición en la empresa española, fundamentalmente por acciones desarrolladas por entidades financieras. Sin embargo, los proce-

LOS PÚBLICOS DEL MARKETING RELACIONAL

69

dimientos de venta cruzada desarrollada por los bancos guardan relación con la necesidad de desarrollo de éstos en un entorno legal muy restrictivo, más que en la voluntad de dar un paso más allá en las relaciones para satisfacer con más calidad los requerimientos de sus consumidores. En cualquier caso, estos acuerdos para venta cruzada entre empresas han creado un buen caldo de cultivo para promover verdaderas acciones relacionales de "partenariado".

Estas alianzas pueden revestir muchos aspectos formales: *joint ventures*, alianzas, licencias, creación de equipos conjuntos, acuerdos de franquicia, y acuerdos con empresas competidoras directas. También es variopinta la forma de reflejar la colaboración en los aspectos funcionales referidos a la marca de ambos. No existe todavía un análisis histórico suficientemente contrastado sobre la gestión adecuada de este tipo de relaciones que permita determinar de forma teórica los aspectos básicos de dichas relaciones. Veamos algunos ejemplos concretos de relaciones de "partenariado":

- *Acuerdo entre empresas directamente competidoras:* cincuenta de las más grandes compañías multinacionales de alimentación, entre las que se encuentran Procter & Gamble y Unilever, Nestlé y Kraft Foods, han promovido un mercado electrónico donde converger los recursos de distintos proveedores en aras de facilitar un mayor dinamismo y transparencia de la información.

- *Acuerdo entre empresas no competidoras.* Un ejemplo paradigmático sería el desarrollado por el minorista inglés TESCO. Gran parte del valor creado al consumidor final, y de su acertado posicionamiento competitivo, guarda relación con el complejo sistema de relaciones creado con empresas no dedicadas a la distribución alimentaria, con el objetivo de convertirse en un ente que aporte valor a sus consumidores desde un amplio abanico de servicios y relaciones, tal y como muestra el gráfico siguiente.

En España, minoristas como Carrefour o El Corte Inglés son pioneros en desarrollar acciones similares: tarjetas bancarias para fidelización y servicios financieros, agencias de viajes, asociaciones de consumidores, medios de comunicación (revistas), acuerdos de colaboración en materia educativa, cursos de educación a consumidores, seguros...

LISTADO DE ACCIONES RELACIONALES DE TESCO U.K.

Programa *Rewards* (puntos)

Club de
Madres Tesco

Tarjeta estudiantes

Venta por
catálogo

Gasolina Tesco

Tarjetas crédito
Affinnity

El marketing relacional de TESCO

Internet Entrega en casa

Tesco Banco y
Servicios financieros
(Ponnd-a-day Pension)

Internet Club vinos

Tesco revistas
personalizadas

Servicio
al consumidor

Llamadas
personales
del gerente

Programa de
viajes y
vacaciones

Fuente: Reinares y Calvo (1999).

Establecer los términos de acuerdo con empresas competidoras, que tradicionalmente operan en mercados diferentes y con procedimientos heterogéneos, precisa tener en cuenta las siguientes consideraciones:

- Determinar previamente un análisis riguroso de los beneficios detallados de la relación para cada uno de los *partners*. El mismo plan debe prever el desarrollo conjunto y planificado de futuras potenciales oportunidades.

- Al igual que en el resto de relaciones, ambos colaboradores tienen como objetivo la creación del nuevo valor conjunto. Si el acuerdo se basa en un mero intercambio, no estaríamos hablando de estrategias relacionales de "partenariado".

- No es conveniente apoyar los acuerdos en rígidos controles formalistas. En su lugar, será necesario desarrollar una densa red de relaciones, tanto personales como de infraestructuras, que favorezcan el aprendizaje desde la mutua confianza.

Las oportunidades de estrechar relaciones entre empresas de sectores aparentemente no sinérgicos es infinita:

LOS PÚBLICOS DEL MARKETING RELACIONAL

Una pequeña empresa riojana de servicios turísticos ha conseguido especializarse con gran éxito en un segmento muy específico, donde, con un variado sistema de relaciones, han cerrado las puertas a potenciales competidores. El segmento son turistas catalanes de alto poder adquisitivo de entre treinta y cincuenta años y sin pareja estable. Tras años de recopilar datos sobre este público objetivo en acciones que a veces no proporcionaban el resultado debido, se ha conseguido crear una pequeña base de datos que, además de proporcionar una clientela fija que garantice una demanda mínima y permita pequeñas acciones de marketing relacional, facilita el desarrollo del proceso que se explica a continuación.

Las características del *target* definido le hacen ser susceptible de un producto de ocio radicalmente diferente a los convencionales. El punto de partida es la libertad del *target* para coger una semana de vacaciones en periodos no convencionales, como por ejemplo noviembre. Pero, ¿qué se puede hacer con cuarenta catalanes maduros de ambos sexos un lunes de noviembre en Logroño? A nadie le sorprenderá que este *target* lo que busca son experiencias diferentes. El variado sistema de relaciones de la imaginativa empresa de ocio permite crear un producto que satisface plenamente sus expectativas.

Para ello, los turistas se alojan en una rudimentaria casa de campo sin apenas comodidades y necesariamente con grandes zonas de uso común (lo que favorece las relaciones interpersonales). La situación de la casa permite la práctica de un extraño y arriesgado deporte: la recogida de setas. Durante dos días dejarán sus energías recorriendo el monte para recolectar ejemplares frecuentemente venenosos. Durante la tarde un micólogo les asombrará con sus vastos conocimientos sobre la materia. El tercer y cuarto día se dedica a recorrer distintas bodegas riojanas (donde, además, se puede adquirir vino a un precio ventajoso) y a gozar de la gastronomía riojana en lugares poco frecuentados (generalmente en las casas del pueblo de las abuelas de nuestros empresarios, donde, a pesar de ello, nuestros turistas se deshacen en elogios sobre lo verdaderamente rústico y diferente de la experiencia vivida). ¿Qué tal, además, un poquito de caza y pesca? (No fue demasiado complicado conseguir los permisos administrativos pertinentes para realizar estas actividades dentro de un municipio con el que se había realizado un ventajoso acuerdo con el alcalde.) El viernes se visitaban distintos complejos monumentales. Un acceso sin tiempo de esperas y las explicaciones de guías especializados eran el argumento diferencial. El sábado, la gran juerga en una típica bodega riojana. Nuestros turistas aprendían a hacer chuletas mientras bebían litros y litros de vino de Rioja extraído directamente de las barricas. Ya en este momento muchas de las relaciones entre nuestros turistas eran algo más que diálogos de compromiso. La resaca del domingo se aminoraba con la visita a un tradicional herbolario donde un anciano impartía una magistral lección sobre los beneficiosos efectos de numerosas plantas que se podían recoger en el entorno.

El lunes por la mañana, nuestros felices invitados comentaban felices con sus trajeados compañeros de oficina, entre otros pormenores de la experiencia, que, además de haber conocido gente interesante, se habían traído dos bolsas de setas (de esas que cuestan a 30 euros el kilo en el Mercado Central) y cuatro cajas de vino compradas a un precio de antes de la guerra. El beneficio neto medio por turista es el doble con respecto a la empresa competidora, y nuestros amigos ya tienen lista de espera para la mitad de las semanas del otoño-invierno.

Este ejemplo, aparentemente rudimentario, desarrolla las cualidades que debe tener un sistema de relaciones de "partenariado":

- Ambos *partners* deben ser los mejores en su respectiva área de especialización. De esta manera, la contribución al valor conjunto es equilibrada.
- El acuerdo relacional se produce de una forma lógica, tras la comprensión de que éste beneficia por igual a ambas partes.
- En la relación, es preciso olvidar aspectos de poder que puedan crear diferencias entre las empresas: tamaño, volumen de facturación o notoriedad de marca. La relación debería ser semejante a la de un matrimonio donde no existe separación de bienes gananciales.
- La comunicación será abierta, fluida y totalmente bilateral. Se deben habilitar, con contrastada operatividad, procedimientos de integración donde se compartan recursos y métodos de trabajo.
- El acuerdo formal entre ambas partes se reforzará, más que por una relación contractual, por la continua construcción de beneficios comunes.
- Obviamente, el comportamiento de ambos debe ser íntegro y coherente. Es muy difícil crear una relación de confianza verdadera y muy fácil destruirla por un mínimo desacuerdo.

Éstos son algunos de los procedimientos más utilizados por las empresas españolas para promover acuerdos relacionales:

- Una de las compañías debe poseer un elevado conocimiento (sobre) de los consumidores, sobre los que se dirigirán las acciones (de acuerdo) entre ambas empresas. El acceso a estos datos puede reducir enormemente los procesos de introducción de nuevos productos.

- En muchos sectores y mercados (especialmente los tecnológicos y los internacionales) es frecuente compartir los gastos de investigación y desarrollo. Esto no es sólo un ahorro de costes, fundamentalmente produce una reducción de los riesgos, al (contrarrestarse) sumarse el *know how* de ambas empresas. En algunos sectores, por las altas implicaciones de las estrategias, son inviables las acciones individualizadas. El éxito de lanzamiento del formato DVD responde a una profunda reflexión de las compañías implicadas sobre los efectos fratricidas del desarrollo de nuevas tecnologías de forma individualizada. El fracaso del DCC, de LaserDisc o del DAT obliga a las multinacionales electrónicas a considerar como objetivo prioritario establecer relaciones con empresas competidoras del sector.

- En estos acuerdos entre empresas directamente competidoras, cada uno de los participantes puede desarrollar diferentes roles, acordados para optimizar la calidad de la relación, de tal forma que las compañías dejan de ser competidoras para ser colaboradoras.

ELEMENTOS DE DESARROLLO DE ACUERDO CON RELACIONALES DE "PARTENARIADO"

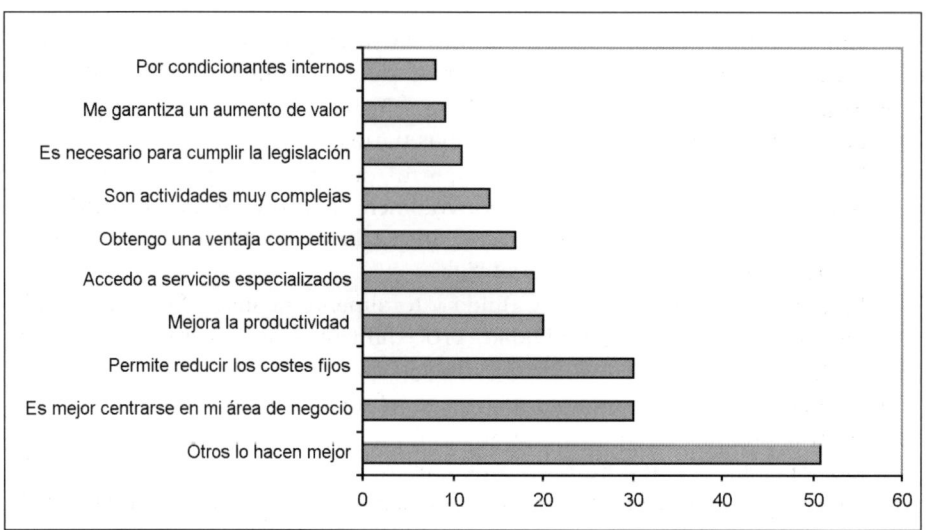

Fuente: PA Consulting (1999).

Un ejemplo sintetiza los planteamientos anteriores: dos empresas competidoras de la construcción singular, la española INCONAL y la alemana SCHÜCO, se han presentado conjuntamente al concurso para la construcción de la torre de la feria de muestras de Bilbao. El edificio de 100 metros de altura tiene tal complejidad técnica que ninguna de las empresas por separado lo podría realizar garantizando las rigurosas condiciones planteadas por los arquitectos. Ambas empresas son tradicionalmente competidoras y, en un principio, plantearon presentar sus propuestas de forma individualizada. Dos meses de negociación han evidenciado la coherencia de un acuerdo que implicará los recursos de ambas partes durante un año. Los alemanes aportan unas patentes y procesos tecnológicos avanzados, los españoles una estructura de producción masiva, flexible y de calidad a costes competitivos. Las sinergias creadas entre ambas marcas originan un halo de garantía que les hace obtener fácilmente el proyecto, a pesar de que los costes propuestos son un 15 % más caro que el siguiente competidor.

2.6. MERCADOS DE INFLUENCIA

Se puede definir el mercado de influencias como aquellos individuos u organizaciones que pueden tener un impacto positivo o negativo sobre las actividades de la compañía, a pesar de no estar directamente relacionados con ella. El listado de públicos objetivo de influencia puede ser interminable y tendrá más o menos importancia, en función del mercado que estemos analizando. Este público no tendrá la misma importancia para una empresa como Telefónica, S. A. (por sus evidentes implicaciones sociales) que para un pequeño comercio minorista de León. Tradicionalmente, las relaciones con estos públicos específicos se han desarrollado por medio de procedimientos de relaciones públicas. En los actuales condicionantes, probablemente este instrumento de comunicación sólo sea un punto de partida para el inicio de acciones relacionales. No es conveniente menospreciar la influencia de este público sobre nuestra empresa. Por ello, una correcta auditoría de sus distintos elementos y una adecuada asignación de recursos permitirán consolidar relaciones cuyos beneficios se pueden contrastar en situaciones imprevisibles para la empresa.

El problema será limitar la frontera entre la acción relacional con el público y la gestión de acciones coyunturales encaminadas a conseguir una ventaja a corto plazo. Veamos el siguiente ejemplo: cuando una industria se establece en un ámbito geográfico nuevo, existe un conjunto de públicos a los que generalmente no se les suele prestar demasiada importancia

PROPUESTA DE VALORES DE MEDICIÓN DE LAS ACCIONES DE MARKETING RELACIONAL
Coste:
• Ciclo total de demanda. • Determinación del coste por departamento o función. • Coste por consumidor.
Tiempo:
• Tiempo de respuesta del ciclo de demanda. • Tiempo de respuesta transcurrido entre la orden del consumidor y la entrega. • Tiempo de respuesta con respecto a variables clave en las acciones relacionales.
Beneficio:
• Retorno del ciclo de demanda establecido. • Ratio de los costes de inventario. • Beneficio bruto por consumidor. • Beneficio real por consumidor.
Valor del consumidor:
• Variables de medición de los consumidores actuales: acceso, disponibilidad, calidad, flexibilidad en la comunicación, calidad de información... • Porcentaje de consumidores perdidos. • Valor neto actual por consumidor.

Fuente: Elaboración propia a partir de Gordon (1998).

(vecinos, autoridades locales, pequeños empresarios, asociaciones vecinales...). Una planificada gestión de estas relaciones puede marcar la diferencia en la resolución de conflictos, que finalmente se acaban trasladando hacia los consumidores finales. Una planta de fabricación de pinturas vio paralizado su proyecto de ampliación de la superficie de producción durante dos años por la tremenda oposición de los vecinos a dicho desarrollo. La pérdida competitiva de la empresa, debido a su largo tiempo de reacción, fue definitiva. Sin embargo, en otros casos, el entorno físico directo de la empresa no solamente ha dado el visto bueno al desarrollo, sino que lo ha favorecido con infraestructuras y ayudas económicas. Ello repercute en una mayor productividad, y, finalmente, en una mayor calidad y menor coste para los consumidores finales. El valor añadido creado en la relación con los mercados de influencia no supone una ventaja primaria, pero, ante situaciones donde el conjunto del sector entra en crisis, las relaciones consolidadas marcarán la diferencia en operatividad, eficacia, calidad y coste de resolución de la situación coyuntural imprevista.

2.7. CONSUMIDORES FINALES Y CLIENTES

Gran parte de este libro está dedicada a describir la dinámica para establecer relaciones beneficiosas con los consumidores finales. Aunque un tanto sesgado de acuerdo con los conceptos que se consideran óptimos, esto es un reflejo del estado actual de las relaciones a nivel empresarial. Como esta publicación aspira a un equilibrio correcto entre teoría y práctica, entre lo que se hace y lo que se debería hacer, será necesario desarrollar en profundidad la estrategia relacional con los consumidores finales.

DE LAS TRANSACCIONES A LAS RELACIONES EN LA GESTIÓN DEL CLIENTE

Transacción	➜			Relación
Comprarlo	**Satisfacerlo**	**Optimizarlo**	**Retenerlo**	**Mejorarlo**
Gestión orientada a ventas	Gestión de la calidad	Negociación comercial	Gestión de la retención	Gestión de la colaboración
Volumen	Repetición Repetición	Explotar potencial cliente	Mantener cliente	Incrementar valor

Fuente: Alfaro, M. (2000).

Son muchos los conceptos a manejar para obtener una visión adecuada del proceso relacional. Pero en este punto de partida nos centraremos en las ventajas genéricas que se consiguen al establecer relaciones con nuestros consumidores, tal y como se ha hecho con los públicos anteriores. Ya se ha demostrado la relación directa entre fidelidad y rentabilidad. Éstos son algunos de los beneficios directos:

- El cliente fiel tiene una menor sensibilidad a los precios. Esta afirmación conviene matizarla, no es que la lealtad le haga ser ciego a la existencia de otros competidores y que, por lo tanto, la empresa pueda fijar sus precios con el convencimiento de que éstos nunca serán valorados por el consumidor. El consumidor le prestará una menor importancia al precio, siempre que encuentre otros valores más importantes. Ello ocasiona, muy al contrario de lo que se piensa, que el consumidor siempre tendrá una visión analítica de nuestros competidores, produciéndose una continua retroalimentación de información, donde, si el valor creado por nosotros se desarrolla correctamente, el consumidor reafirmará sucesivamente su decisión de lealtad al comprobar que nuestra empresa satisface sus expectativas. Efectivamente, puede que el precio deje de ser una preocupación para la empresa, pero mantener relaciones que construyan a lo largo del tiempo mayor valor que el de nuestros competidores implica esfuerzos que no están al alcance de cualquiera.

EL VALOR DE LOS CONSUMIDORES EN EL TIEMPO

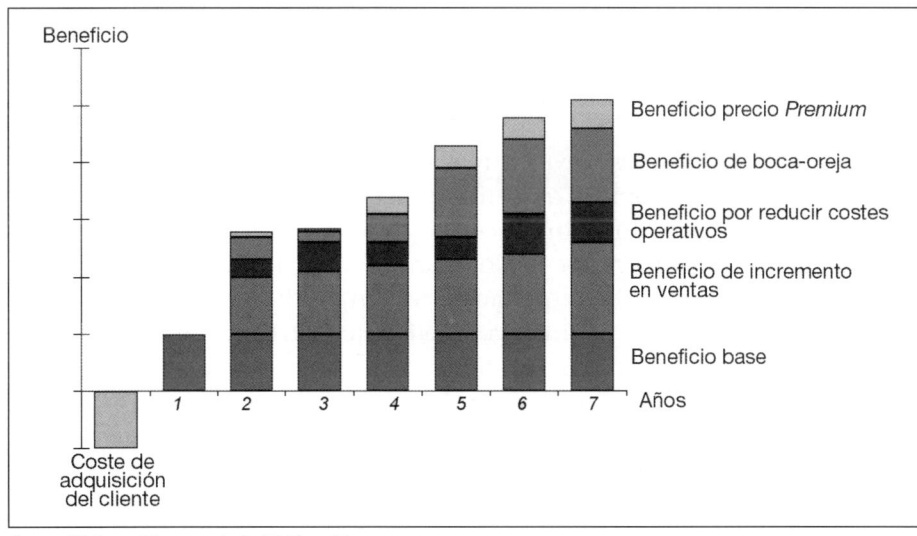

Fuente: Elaboración a partir de McDonald y otros.

- Se produce un mayor beneficio neto por cada consumidor. Tampoco es del todo exacto pensar que esto es solamente debido a que el consumidor compra más conforme su relación temporal se alarga, o porque extiende sus compras a otra gama de productos complementarios. Esto solamente se producirá si se ha desarrollado una correcta adecuación de lo ofertado a las características específicas del consumidor. Esto no siempre guarda relación con el poder adquisitivo. La banca privada dirigida a clientes de alto poder adquisitivo conoce perfectamente cómo hay casos de clientes con un saldo medio de 1.800.000 euros que deben ser "amablemente invitados a buscar otra entidad", ya que producen más pérdidas que beneficios.

- La relación permite reducir los costes de servicio: sí es verdad que es más sencillo y tiene un menor coste dar servicio a clientes fidelizados. También es cierto que, con una buena especialización logística, esto se puede conseguir con acciones meramente transaccionales. Por ello, conviene reflexionar sobre que el ahorro de costes se produce porque la calidad y el volumen de la información generada con la relación permiten un ahorro general de los costes de todo el proceso, no solamente de los logísticos. Es muy importante el beneficio generado por la prescripción generada por nuestros clientes satisfechos. Se dice que el mejor marketing es aquel que nuestros consumidores realizan por nuestra empresa. El efecto de un consumidor satisfecho es fuente de credibilidad. Si las empresas establecieran procedimientos de control sobre cuál es la eficacia y el coste de una buena recomendación de nuestra empresa entre consumidores, frente al coste de un contacto publicitario utilizando un medio masivo, probablemente las empresas despedirían inmediatamente a sus departamentos de publicidad y de comunicación.

¿Por qué Audi insiste en invertir más de seis millones de euros todos los años en publicidad, mientras que en la práctica da nula importancia a las reclamaciones de sus consumidores? Seguramente, entre otros muchos errores, cometen un error de cálculo sobre el valor del ciclo de vida de un consumidor. Un consumidor que adquiera un Audi del segmento que le corresponda a su poder adquisitivo y edad (con treinta años), y si está satisfecho y se establecen los procedimientos relacionales adecuados, puede comprar a lo largo de su ciclo de vida entre cinco y ocho vehículos de la misma marca. ¿Cuál es su valor entonces? ¿Veinticuatro mil euros o seis millones? No sólo eso, todos conocemos familias en cuyo garaje encontramos cuatro vehículos diferentes de la misma marca. ¿Cuál es la cuantificación de ese valor...?

Por el contrario, una mala experiencia con la marca hará que no solamente ni ese consumidor ni su familia vuelvan a adquirir a lo largo de su vida un vehículo de esa marca, sino que este consumidor realizará con todas sus fuerzas y recursos una labor de prescripción negativa con amigos, vecinos, novias, compañeros de trabajo, y con cuantas personas se relacione en los próximos veinticinco años. Entonces, llegan los directores de marketing afirmando que la pérdida de cuota es un problema de costes y de la situación de los mercados internacionales. Si yo fuera el presidente del Consejo de Administración, al escuchar esas tonterías, les despediría inmediatamente. Después le recomendaría que en su tiempo libre se leyesen este libro, y pensasen el porqué los autores no necesitan recurrir para ilustrar sus propuestas a complejos modelos teóricos indefinidos.

LA CAPACIDAD DE ORIENTACIÓN CON EL MERCADO

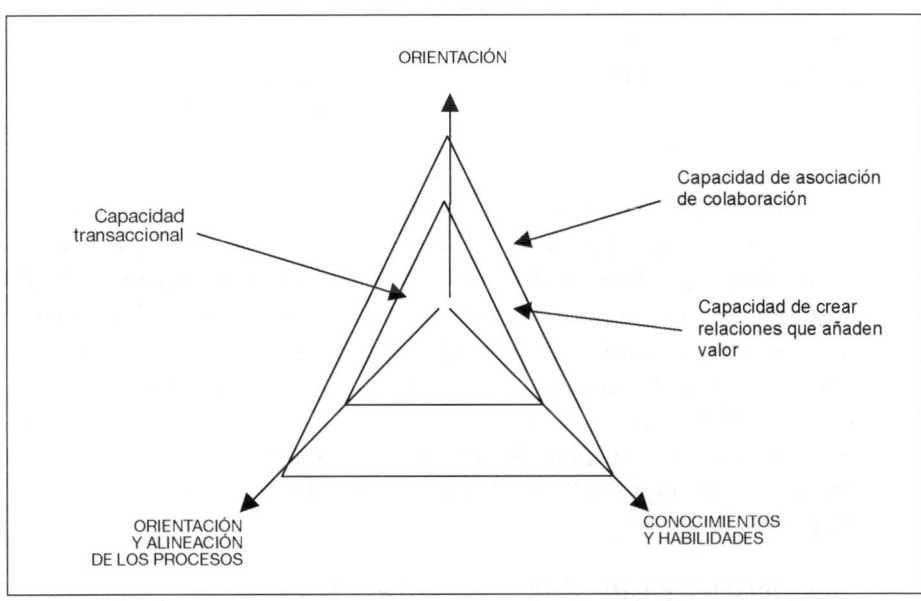

Fuente: DAY (1999).

El gráfico situado encima muestra una primera aproximación a los elementos fundamentales para la construcción de relaciones con los consumidores. Una sólida construcción de la relación implica complejos procedimientos que deben ser desarrollados en un largo periodo y que frecuentemente no se consolidan. Por eso, precisamente, imitar relaciones entre empresas competidoras es una tarea prácticamente imposible. Para DAY (1999) los principales elementos serían:

LOS PÚBLICOS DEL MARKETING RELACIONAL

- *La orientación*: "Una orientación a las relaciones se extiende por todas las partes de la actitud, valores y normas de organización y, por lo tanto, influencia todas las interacciones con el cliente, antes, durante y después de la venta." Éste no es un concepto etéreo o filosófico. Pensemos en la orientación a la venta de los fabricantes de automóviles o en la orientación a la relación que muestran otros fabricantes, como, por ejemplo, la marca de audio de alta gama Link. Este prestigioso fabricante inglés es líder en el segmento de consumidores de alto poder adquisitivo. Sus precios, con respecto a marcas con prestaciones similares, son entre dos y tres veces más caros. Su secreto es una orientación hacia la relación: cada equipo está fabricado de acuerdo a condicionantes específicos del comprador (por ejemplo, la potencia del amplificador variará dependiendo del tamaño del salón donde se instalará), los equipos se instalan por personal especializado que, a menudo, emplea días en optimizar acústicamente la sala de audición. En caso de avería, existe un único teléfono de atención directa, donde el fabricante repara directamente el producto y, mientras tanto, reparte en el plazo de 24 horas un equipo de gama superior para que la espera se convierta en un elemento de satisfacción. Continuamente, se realizan actualizaciones y mejoras en las prestaciones de los equipos, pero mientras está vigente esa gama de productos, éstas se incorporan de forma gratuita por medio de un moderno software a los equipos anteriormente adquiridos. Existe un ventajoso compromiso de recompra en el momento en que el consumidor desee. Además, constantemente se realizan incentivos que revalorizan la marca y el deseo de posesión, como: visitas a la fábrica, premios de calidad, sorteo de equipos entre los clientes, e incluso hay un plan de prescripción que transforma a los consumidores de la marca en auténticos vendedores de ésta con sus allegados directos.

- *Conocimiento y habilidades*. No pensemos que las anteriores acciones relacionadas sólo son propias de marcas y productos con un reducido *target* y alto poder de adquisición; marcas como Nestlé demuestran que es posible realizar acciones verdaderamente relacionales en mercados masivos y con productos de consumo inmediato. Nestlé encontró la evidencia para promover acciones de marketing relacional tras un análisis de sus ventas: entre el 2 y 6 % de los hogares le proporcionaban del 19 al 28 % de las ventas. En las marcas, esta situación era todavía más evidente: del 1 al 3 % de los hogares le proporcionaban del 29 al 43 % de las ventas. A partir de aquí, el procedimiento consistió en identificar quiénes eran esos consumidores intensivos para relacionarse más directamente con ellos. El sencillo, pero efectivo, programa relacional constaba de los siguientes pasos:

— Identificación de consumidores de productos Nestlé.
— Determinación del valor de los consumidores identificados.
— Construcción de la base de datos.
— Identificación de los segmentos prioritarios para Nestlé.
— Definición de la marca del programa y de sus valores.
— Diseño del plan de comunicaciones individualizadas.
— Análisis de los resultados del programa.

Esta empresa ha desarrollado una base de conocimiento que le permite aplicar un proceso continuo de aprendizaje sobre habilidades concretas en la relación, que le proporciona una ventaja competitiva difícilmente imitable por empresas competidoras. El planteamiento puede ser un tanto simplista, pero su aplicación lleva a procesos con efectos directos sobre la calidad de la relación.

• *La integración y alineación de las actividades.* Ya se han puesto numerosos ejemplos en los que el desarrollo relacional fracasa por no integrarse adecuadamente en el conjunto de la estructura empresarial. Es una lástima que, finalmente, el proceso no funcione por rencillas de poder entre departamentos, por no haber sabido transmitir adecuadamente los objetivos, o por no haber desarrollado procedimientos de aprendizaje coherentes. El problema es que no existen dos organizaciones iguales; por consiguiente, la alineación de estos procesos es mucho más un arte, y a veces un cierto grado de suerte al encontrar a las personas adecuadas, que el cumplimiento de unos rígidos organigramas planteados por un consultor. Es verdad que la tecnología (Internet e Intranet) puede facilitar los procesos, pero a veces esto solamente es un espejismo. Existen empresas donde hasta la mujer de la limpieza tiene claves de acceso al sistema informático. Sin embargo, es tal el volumen de información indiscriminada y direccionada en caminos inadecuados que, ante tal saturación, los empleados son incapaces de diferenciar lo importante de lo accesorio, y así continúan tomando decisiones guiados por la intuición.

En los siguientes capítulos se desarrollan detenidamente los procedimientos para identificar y desarrollar el valor relacional de nuestra carte-

LOS PÚBLICOS DEL MARKETING RELACIONAL

MARKETING RELACIONAL UN NUEVO ENFOQUE PARA LA FIDELIZACIÓN Y SEDUCCIÓN DEL CLIENTE

ra de clientes de una forma cuantitativa. Una primera aproximación a estos planteamientos queda representada en el siguiente gráfico, donde se plantea una sencilla estructuración de la cartera de clientes según la categorización creada por el canal de relación y la orientación al cliente.

HACIA LA RELACIÓN AVANZADA CON LOS CLIENTES

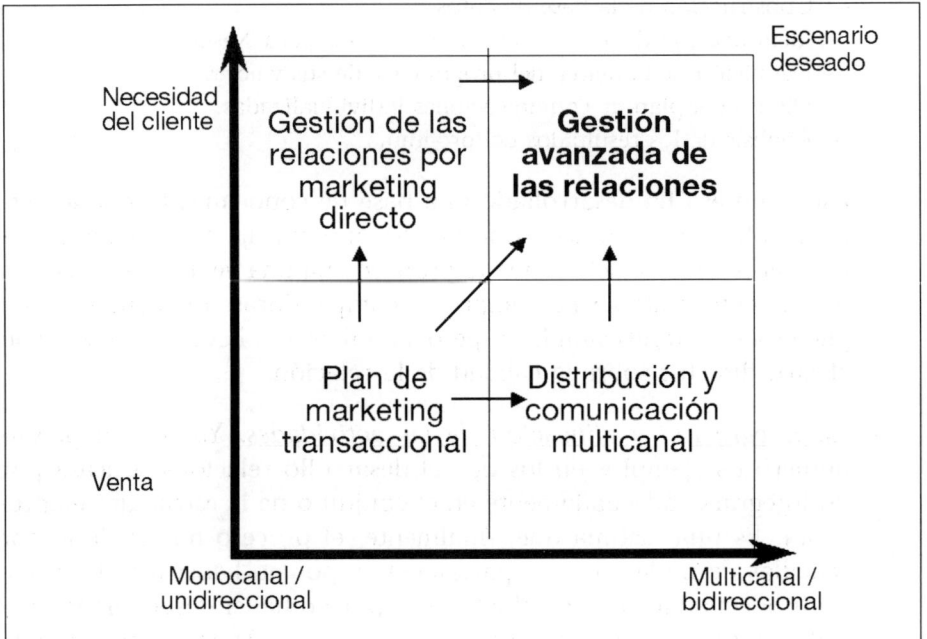

Fuente: Elaboración propia.

2.8. REDES RELACIONALES

El cuadro adjunto (*véase* pág. 85) presenta las diferentes redes relacionales establecidas por una empresa tipo con sus diferentes públicos. Aunque pueden existir diferencias importantes de unas empresas a otras, en función del tipo de actividad que desarrollan, de los propios productos o servicios que comercializan, de los clientes a los que se dirigen y de un largo etcétera de variables, el modelo adjunto intenta sintetizar la compleja red de interacciones que se producen en la empresa.

Las redes de relacionales son uno de los principales activos de la organización. Configuran un sistema compuesto por toda una serie de elementos (en este caso, públicos) unidos mediante relaciones sencillas, complejas y avanzadas (*véanse* transacciones en las relaciones en el Capítulo I).

Siguiendo el ejemplo adjunto (representado en la figura de la pág. 85), se representa en el centro del mismo un cuadrado que delimitaría las relaciones internas de las empresa, compuesta por los diferentes departamentos que la integran, no tan sólo a nivel central, sino también mediante todo el entramado geográfico del que la empresa disponga. Marketing se sitúa en el epicentro del sistema, al tener que planificar, coordinar y dinamizar la mayoría de las relaciones existentes en la red.

Un segundo nivel estaría compuesto por los *partners*, colaboradores más directos, servicios subcontratados por la empresa y *outsourcing*, las personas que integran estas organizaciones trabajan de forma muy directa, hasta tal punto que, en muchos casos, es difícil diferenciar por parte del cliente o de otros públicos del sistema si en realidad pertenecen o no a la empresa matriz que ofrece productos y servicios. Un buen ejemplo de estas situaciones puede ser el *call center* de la empresa, cuyas personas responden utilizando el nombre o la marca de la misma cuando en realidad, en la mayoría de los casos, son personas ubicadas físicamente y contratadas por una empresa especialista en telemarketing o atención telefónica que presta servicios a la empresa en cuestión. La mayoría de los servicios de especialización en organizaciones con un cierto nivel de desarrollo se dejan en manos de compañías expertas en la materia, salvo cuando el componente técnico o de especialización es muy alto (agencias de viajes, servicio postventa para ordenadores, etc.), casos en los que las empresas suelen decidir disponer de una plataforma de atención o servicio propia.

Otro nivel estaría compuesto por todas aquellos públicos que interactúan con la empresa por imperativos legales o sociales. Es el caso de sindicatos y auditores externos (por ejemplo), organismos, oficinas y agencias de las diferentes administraciones públicas, asociaciones de consumidores, grupos ecologistas, organizaciones no gubernamentales, universidades, etc. Su intervención en el sistema de relaciones es de suma importancia desde la perspectiva de aporte de credibilidad, reputación e imagen a la empresa y desde el propio control de sus actividades y compromisos.

El conglomerado de empresas que cubren necesidades técnicas, de desarrollo, investigación, búsqueda y optimización de recursos, actualización y

LOS PÚBLICOS DEL MARKETING RELACIONAL

un largo etcétera de fuentes de nuevo conocimiento para la empresa podrían considerarse como un nuevo conglomerado en la red. Éste se caracteriza por su nivel de implicación en el negocio, por compartir con la empresa diferentes niveles de responsabilidades y por aportar, desde un punto de vista externo a la misma, y normalmente más global (al no estar inmersos en su problemática del día a día), visiones alternativas que permiten mejorar en las debilidades y tomar las oportunidades que el mercado puede brindar.

Un nuevo grupo estaría compuesto por todo en entramado financiero, que incluye desde los accionistas hasta el Consejo de Administración de la compañía. Este grupo se caracteriza por el poder de decisión que ejerce sobre las mismas y por la propia idiosincrasia de las relaciones que mantiene con ésta (o con el conjunto de individuos dedicados a gestionar las finanzas y a transmitir solvencia, seguridad y "buenas noticias" al mercado financiero). Los medios de comunicación especializados ocupan, en este sentido, un papel muy destacado, influyendo en las relaciones que la empresa mantiene con sus pequeños y grandes accionistas e incluso con los clientes que requieren una empresa sólida con la que poder establecer relaciones duraderas, especialmente si el servicio post-venta ocupa un papel central en la decisión de contratación (nadie quiere comprar un electrodoméstico o un automóvil de una empresa en proceso de desaparición o quiebra; esto puede implicar quedarnos sin repuestos o asistencia técnica en el futuro).

Por último, hablamos nuevamente del consumidor y de su círculo de relaciones, que incluye amigos, compañeros de trabajo, familiares, prescriptores y un largo etcétera de sujetos y empresas de las que recibe y a las que envía información, con las que dispone de relaciones fluidas que interfieren, determinan o influencian sus decisiones de compra. En efecto, hoy cualquier empresa es conocedora de que las decisiones de compra están cada vez más divididas o compartidas entre diferentes personas y departamentos; la simple compra de ordenadores portátiles para los diferentes delegados de ventas no es sólo decisión del director de informática, del jefe de compras o de la dirección general; los propios usuarios, el director financiero, el de personal u otros muchos actores pueden intervenir en dicha decisión.

Para finalizar, cabe resaltar que, probablemente, las redes relacionales más complejas de la empresa se den en las redes de distribución de los productos, especialmente si ésta utilizada una plataforma multi-canal para la

ESTRUCTURA DE LAS REDES RELACIONALES DE UNA EMPRESA

Fuente: Elaboración propia.

venta o distribución de los mismos. Conocer con detalle los actores, identificando sus relaciones y grado de intervención en el sistema de una compañía multinacional, puede llevar años de trabajo.

Veremos más adelante cómo las bases de datos y las soluciones CRM pueden apoyar sensiblemente el conocimiento y mejora de las redes relacionales, aproximando al cliente a la empresa y haciendo que el resto de los públicos se involucren activamente en dicho acercamiento.

CAPÍTULO III
LA ESTRATEGIA RELACIONAL

3.1. INTRODUCCIÓN

No existe una única forma de hacer negocios; en principio, cualquiera puede ser válida, si se ajusta al contexto ético y legislativo, y cumple o excede los objetivos que la organización o empresa se ha marcado. Hablar de estrategia relacional supondrá, según los casos, generar un modelo de negocio orientado plenamente a las relaciones, (tras considerar a las mismas como parte fundamental de nuestra ventaja competitiva), revisar parte de la estrategia existente (después de haber identificado la necesidad de incluir vínculos relacionales con uno o varios segmentos de clientes o en determinadas unidades de negocio), o, de forma menos ambiciosa y explícita, incorporar en la estrategia tradicional objetivos relacionales con la suficiente entidad como para ser formulados y diferenciados, orientados a incrementar y mejorar los intercambios de ideas, bienes y servicios con alguno o la totalidad de los públicos (internos y externos) con los que la empresa interactúa.

La estrategia no está solamente definida por la dimensión del cambio de orientación de los objetivos, ni por el nivel de recursos aplicados a dichos objetivos o por el grado en que la misma incidirá en la misión de la compañía. El propio concepto de estrategia incluye la necesidad de dimensionar los cambios a realizar, valorar los resultados obtenidos, adecuar o modificar los objetivos y tácticas en función de los resultados, reforzar las ventajas, identificar las oportunidades, minimizar las debilidades y, muy especialmente, mantener una visión clara y continuada en el tiempo del lugar donde queremos llegar (misión organizacional) y la forma en que vamos a hacerlo.

Day (2000) identifica dos características importantes en las organizaciones orientadas al mercado:

- *Utilizan un proceso de planificación adaptable.* "Contrariamente a lo que sucede con la planificación estratégica orientada al presupuesto y a los ciclos, utilizada por las organizaciones orientadas internamente, las organizaciones orientadas al mercado utilizan un proceso de planificación adaptable centrado en los asuntos en tiempo real. Esta planificación tiende a mantener a la organización al corriente de los eventos que suceden en el mercado y le ayuda a evitar que caiga en la planificación estratégica a corto plazo y centrada en el coste."

Se trata, por lo tanto, de organizaciones que tienen un alto grado de adaptación a su entorno competitivo, con procesos de planificación flexibles, orientadas al medio y largo plazo. Este tipo de empresas no permite que las presiones derivadas de los objetivos presupuestarios (expresados principalmente en ventas por periodos) desvíen la atención de la compañía sobre sus objetivos de mayor índole (tales como beneficios e inversiones futuras, número de clientes satisfechos, transmisión de imagen o posicionamiento coherente). Minimizan los posibles errores motivados por cambios de orientaciones radicales (que confunden a los diferentes públicos con los que interactúa). En las organizaciones con "un proceso de planificación adaptable" el cambio es entendido como la adaptación para seguir ofreciendo una respuesta renovada y ajustada a las necesidades de sus consumidores, más que como la búsqueda de nuevas vías para la consecución de ingresos extra con las que suplir la pérdida de facturación, o incrementar las ya existentes. Se trata de empresas innovadoras y dinámicas, que luchan en entornos altamente competitivos. A buen seguro, la introducción de técnicas de personalización (*one to one*), desempeña un papel destacado dentro de las mismas.

Algunas de las compañías más destacadas en el sector de las telecomunicaciones, tales como BT, Vodafone o la propia Telefónica, han incluido estos modelos de planificación. La pugna por la innovación tecnológica y por ofrecer servicios de valor añadido para el cliente está suponiendo la base sobre la que articular su oferta competitiva. El ritmo con el que los clientes incluyen en su forma de vida dichas innovaciones obliga a procesos de adaptación en el corto plazo. Las grandes inversiones acometidas para convertir alta tecnología en gran consumo obligan a accionistas y analistas a manejar nuevos ratios de valoración económica con los que valorar los resultados de este tipo de compañías. El valor de la estrategia no es tanto el valor de los resultados obtenidos de acciones puramente de captación de clientes o empresas, como el de la adaptación y la capacidad de seguir convenciendo a clientes actuales y potenciales. La falta de adaptación suele ser penalizada por el mercado (nos referimos especialmente a la Bolsa) mucho más que unos resultados cuatrimestrales que están "por debajo de las expectativas".

- *"Se anticipan al mercado*. Las organizaciones orientadas al mercado combinan una comprensión inteligente de sus capacidades y limitaciones con un punto de vista ampliamente informado sobre el futuro de sus mercados. Esto les da una fuerte capacidad para ser sensibles al mercado y, de este modo, poder entablar una comunicación de gran alcance, que incluye a los clientes rebeldes e insatisfechos, y utiliza el escenario del pensamiento para conocer una serie de futuros posibles en el entorno. Estas firmas ven más posibilidades, y además las ven antes que sus rivales."

Nuevamente, Day (2000) destaca el valor de la adaptación, ahora entendido como anticipación a necesidades o respuesta a insatisfacciones.

MARKETING RELACIONAL UN NUEVO ENFOQUE PARA LA FIDELIZACIÓN Y SEDUCCIÓN DEL CLIENTE

Sin duda, la capacidad de las organizaciones en adelantarse a sus competidores en la oferta de valor ofrecida al cliente supone una ventaja competitiva ganadora. El riesgo es minimizado mediante la planificación ordenada de las alternativas posibles en cada uno de los escenarios que marca el mercado, en el que el cliente es situado como epicentro del mismo.

La toma de decisiones en el corto plazo es retroalimentada por el propio mercado de una manera rápida y eficiente, sin perder por ello la llamada "visión estratégica". De esta forma, se evoluciona desde un concepto "estratégico estático" a otro "dinámico". La organización es ahora pro-activa y conocedora de sus limitaciones. El marketing relacional adquiere una importancia destacada, ha de ser capaz de canalizar la información con mayor calidad y en menor tiempo.

Anticiparse al mercado tiene una doble lectura; la derivada de la intuición del emprendedor o arriesgado, y la derivada de la planificación de aquel que posee el conocimiento. Hemos seleccionado para el lector esta clasificación de Day (2000) porque convenimos con él en asociar planificación y conocimiento. El esfuerzo de la organización por conocerse a sí misma y a su entorno supone el camino del éxito. A lo largo de este capítulo presentaremos al lector cómo la aplicación de la estrategia relacional permite profundizar en el conocimiento y minimizar el posible riesgo derivado de la anticipación. En realidad, dicha anticipación sólo puede entenderse como la posibilidad de visionar oportunidades de negocio antes que nuestros competidores, nunca antes que nuestros clientes o por encima de los intereses de los mismos.

Un ejemplo de planificación adaptable y anticipación al mercado ha sido el llevado a cabo por el grupo Danone. A mediados de los años ochenta sus yogures y derivados lácteos estaban sufriendo un proceso de deterioro desde el punto de vista de los jóvenes consumidores. Aunque el liderazgo de la empresa en estas categorías de productos era indiscutible en un amplio número de países, y especialmente en España, el cambio de los hábitos de consumo de un segmento de individuos de edad intermedia, que asociaba el yogur con niños y adolescentes en edad de crecimiento y con ancianos (para los que la aportación extra de calcio era importante), suponía una amenaza para Danone.

Con una comunicación de producto basada en las cualidades naturales, frescura y tradición, reforzada por un posicionamiento en precio en la banda alta que incidía sobre la calidad del producto, el yogur natural Danone y sus ampliaciones de gama en sabores y con adición de frutas (principalmente), se habían convertido en un producto de consumo diario, al que era difícil dotar de valor diferencial. La aparición de nuevas marcas (incluidos los desarrollos realizados por las marcas privadas o del distribuidor) y la colocación sistemática del producto en las ofertas de hipermercados y supermercados como producto "de enganche" para atraer clientes a sus establecimientos, limitaban, a su vez, los esfuerzos de marketing orientados a justificar un precio superior al de sus competidores.

En esta coyuntura, la estrategia de Danone supo recoger, y posteriormente incorporar al desarrollo de sus productos, un nuevo fenómeno social que, proveniente de Estados Unidos, se lograba afianzar en el mercado europeo. El llamado "culto al cuerpo", que enfatizaba la necesidad de trabajar, desde el deporte y con el cuidado en la alimentación, el aspecto físico, venía acompañado de una avalancha de productos *light* renombrados en España y para los productos lácteos como "bajos en calorías", "desnatados", "ligeros" o "semidesnatados".

Más allá de la reducción calórica o de materias grasas, Danone supo aprovechar "los eventos del mercado" y "anticiparse" al mismo. Con su ya histórico "cuerpos Danone", incidió sobre un segmento de la demanda capaz de permitirse un mayor precio. Actuó sobre un grupo de consumidores de edades comprendidas entre los 18 y los 40 años, nada despreciables, por su potencialidad de compra, por su capacidad de prescripción, y mucho menos por la transmisión de valores y canalización de tendencias.

La empresa había preparado el marco adecuado que le permitiría apostar por la innovación como elemento transmisor de la calidad a sus clientes, superando el concepto de tradición ya afianzado entre los públicos maduros y los consumidores más fieles.

La comercialización de los yogures licuados, que se ajustan a un ritmo de vida rápido y dinámico en el que no es preciso renunciar a una alimentación sana, el lanzamiento de los yogures Bio capaces de "renovar" el organismo gracias al "bifidus activo"(presentado como un descubrimiento innovador, a medio paso entre "lo natural" y "lo químico"); y, por último, la aparición de Actimel en un envase diferente, alejado de cualquier referencia en el mercado, conseguido a partir de leche fermentada con "L. Casei Imunitass", un producto "inteligente" capaz de ayudar al organismo a defenderse contra las agresiones externas.

Son tres ejemplos de una estrategia basada en la "sensibilidad" hacia el mercado, de un riesgo calibrado capaz de generar un distanciamiento efectivo con la competencia por anticipación a la misma, y, en definitiva, suponen la orientación de la empresa al cliente. Un cliente que ya vive en el siglo XXI y que requiere productos y servicios de este siglo.

Es preciso reconocer que la planificación e implementación de una estrategia relacional excede las responsabilidades propias del departamento de marketing. Sólo con el convencimiento y apoyo de la alta dirección, y con la implicación de la totalidad de las áreas de la organización, es posible construir relaciones.

A menudo, los profesionales, académicos e investigadores del marketing caemos en la tentación de considerar el marketing como el núcleo sobre el que gira toda la actividad de la empresa. La realidad es muy diferente, especialmente en las pequeñas y medianas empresas, eje de la economía y del comercio en los países con un cierto grado de desarrollo. El marketing crece lentamente en las empresas, la orientación al cliente se enfrenta con los resultados económicos a corto plazo, y la estrategia relacional suena más a curso de formación o a título de presentación en *power-point* que a ventas y beneficios.

Ofrecer grandes planteamientos teóricos, para el diseño e implementación de una estrategia relacional, puede llevar implícito no reconocer la realidad de la empresa. La mayor parte de las organizaciones ni tan siquiera definen cuál es su misión organizacional; muchas de ellas no han puesto por escrito dónde quieren estar dentro de cinco años; aquellas que sí "han hecho sus deberes" están sometidas a continuos procesos de fusiones, adquisiciones, salida de los profesionales que gestaron y promovieron los planes, cambios de equipos directivos que anuncian su presencia "renovando" equipos, negocios y "visiones estratégicas".

Todo ello se une, con frecuencia, a importantes cambios del contexto competitivo, en el que la reacción por la supervivencia de la empresa canaliza todas las energías, no dejando lugar para la planificación o haciendo que ésta se vuelva obsoleta antes de su aplicación. La implantación, por ejemplo, de nuevas herramientas de gestión de bases de datos implica inversiones de difícil planificación, incide sobre el perfil de los equipos gestores de las mismas, propiciando la demanda de investigadores, sociólogos y estadísticos, frente a programadores, ingenieros o matemáticos, y plantea problemas de formación y adiestramiento en las mismas que generan pérdidas importantes de horas efectivas de personal. "Invertir para mejorar" es perfecto siempre que la aplicación de la mejora llegue antes que su obsolescencia. Una consultora de marketing que se precie de serlo habrá de ganarse la confianza de su cliente ofreciendo soluciones tácticas que reporten resultados en el corto plazo, antes de empezar a diseñar planes estratégicos para la misma. Aunque la medicina preventiva anuncia una nueva forma de enfrentarse a los problemas de salud, lo cierto es que pocas veces acudimos al médico antes de sentirnos enfermos.

Vivir con la realidad no supone abandonar la estrategia, de hecho ésta ha de ser lo suficientemente flexible como para incorporar o superar el dinámico día a día, por muy diferente que se nos antoje a la previsión que del mismo hayamos realizado. Sólo una gran catástrofe puede modificar lo sustancial de nuestros planes, e incluso esto puede estar contemplado mediante un plan de crisis o de contingencia. La improvisación solamente es enemiga de la planificación si hace que su existencia sea imposible, es decir, si decidimos planificar que nos enfrentaremos a las decisiones y a la realidad de forma espontánea. Es innegable que todo queda mucho más claro para todos si está sujeto a objetivos, los mismos que denotan si nuestro trabajo es el adecuado en cualquier nivel de la empresa. Sin embargo, dicha asignación regular y controlada parece limitar la capacidad creativa e innovadora. Nada más lejos de la realidad. En una partida de ajedrez, las normas son claras y estrictas, cada movimiento de un jugador plantea un nuevo escenario de posibilidades infinitas; pero gana quien mejor estrategia ha desarrollado (en la que se incluye, por cierto, la detección de la estrategia del contrario) y quien mejor aplicación ha realizado de la misma, utilizando la creatividad para confundir al contrario y la inteligencia para no caer en nuestra propia trampa o en la de nuestro contrincante.

La planificación de marketing recibe los objetivos definidos en la estrategia de empresa, incluyéndolos y adecuándolos en sus propias estrategias globales de marketing, identificando qué estrategias son relacionales y cuáles transaccionales, y estableciendo planes de marketing y comunicación diferenciados para cada una de ellas. Es importante establecer dicha diferenciación (contemplando las zonas comunes posibles), desde las primeras fases de gestación y diseño de las estrategias de marketing: gran parte del éxito en la implementación de la estrategia relacional dependerá de ello.

Esta estructuración de las funciones de marketing tiene su representación en la propia organización de los departamentos de marketing, en los que, con un amplio número de definiciones, se diferencian las posiciones o empleos de marketing que implican canales o actividades relacionales. Dicho proceso evoluciona en la medida en que lo hace el conocimiento de marketing y la aplicación de las estrategias relacionales. Los intentos de creación de unidades departamentales dedicadas a establecer relaciones con los clientes, más allá de las fases iniciales o primitivas del servicio postventa, proliferan en todos los sectores de actividad económica, llegando a calar de forma importante en las organizaciones no lucrativas, que han descubierto cómo la estrategia relacional supone una de las mejores fórmulas de difusión de sus valores e ideas.

Tan arriesgado es negar la existencia de un nuevo marco competitivo para la empresa, donde la generación y mantenimiento de relaciones aportan un alto valor a la misma, como afirmar todo lo contrario. Uno de los errores más frecuentes al diseñar una estrategia relacional suele derivarse de la excesiva focalización hacia las relaciones de los objetivos, planes y presupuestos de marketing, olvidando o desatendiendo las transacciones. Afirmar: "la transacción ha muerto, viva la relación", supone no reconocer que las relaciones o intercambios parten de transacciones, sean éstas comunicativas, económicas o de cualquier otra índole. Las transacciones suponen la base sobre las que la empresa tendrá que establecer una estrategia relacional, incorporando a las mismas el factor tiempo o frecuencia, y favoreciendo la respuesta o retroalimentación mediante la aplicación de técnicas de marketing relacional que garanticen su continuidad y la satisfacción de las partes en el tiempo.

Por otro lado, si consideramos la segmentación como uno de los principios fundamentales del marketing, es razonable pensar que la estrategia relacional puede no ser aplicable a toda la cartera de clientes (o consumidores, si queremos reservar el término cliente para aquellos con los que establecemos relaciones), en todos los modelos de negocio y para la totalidad de los ámbitos de actuación de la empresa. Será preciso, pues, identificar los escenarios en los que dicha estrategia tiene sentido, es eficiente y aporta resultados.

PLANIFICACIÓN ESTRATÉGICA

• ESTRATEGIA GLOBAL DE LA EMPRESA:

— *Estrategia relacional.*

  – Estrategia de marketing relacional.

    * Plan de marketing relacional.

      o Planes de comunicación relacionales.

— *Estrategia transaccional.*

  – Estrategia de marketing transaccional.

    * Plan de marketing transaccional.

      o Planes de comunicación transaccionales.

3.2. EL PROCESO DE PLANIFICACIÓN EN LA ESTRATEGIA RELACIONAL

El ilustre profesor de marketing Luis Ángel Sanz de la Tajada tiene por costumbre iniciar sus clases de licenciatura con una representación visual que enfatiza la importancia de la planificación en marketing. Para ello toma la pizarra que acompañará su docencia y comienza a escribir en grandes caracteres, y de extremo a extremo, la palabra PLANIFICACIÓN. Desafortunada e intencionadamente, la extensión de la palabra y el tremendo tamaño de las letras utilizadas hace imposible que ésta quepa en una sola línea, pasando las dos o tres últimas sílabas de esta palabra a una segunda en la enorme extensión del encerado. A continuación explica: "El marketing es planificación, si hubiera medido el tamaño de la pizarra y contemplado cuántas letras tiene la palabra, podría haberla situado en una sola línea. Antes de empezar a escribir hay que medir".

Nuestra condición de hombres y mujeres nos permite anticiparnos al futuro, planeando e imaginando lo que ocurrirá (sea un segundo después, o diez años) en función de una decisión o acción que tomamos o dejamos de tomar ahora. Dicha previsión será más certera en la medida en que dispongamos de antecedentes sobre situaciones o escenarios similares para establecer la relación causa-efecto, es decir, en la medida en que almacenemos experiencias o conocimientos. Como la realidad es que la mayor parte de las situaciones a las que nos enfrentamos carecen de antecedentes claros, (o no somos incapaces de descubrirlos a primera vista), necesitamos "desmenuzar" el fenómeno para encontrar, dentro de la diversidad del mismo, indicios o soluciones a nuestra necesidad de anticiparnos a lo que sucederá.

El papel de la investigación comercial adquiere así sentido. Muestra la clara intención de las empresas de desmenuzar el presente para descubrir las causas que lo han motivado; dicho descubrimiento aporta seguridad sobre las formas de actuar en el futuro.

La seguridad rige el comportamiento de nuestras vidas y también el de las empresas para las que trabajamos. Dicha seguridad nos protege de lo desconocido, nos reafirma en nosotros mismos y en nuestros comportamientos, y, por cúmulo de experiencias, nos diferencia del resto.

El juego del riesgo adquiere así una nueva dimensión. Arriesgamos en la medida en que los resultados pueden aportarnos valores diferenciales, experiencias únicas que nos diferencian del resto o que nos acercan su reconocimiento (traducido en compras, amistad, liderazgo, etc.). Lo hacemos de forma gradual, en un proceso donde un primer e infantil "salto al vacío a lo desconocido" se va convirtiendo en un "paseo seguro por lo conocido".

Las ventajas competitivas y diferenciadoras de una empresa serán más grandes en la medida en que sus competidores sigan sin identificar o reconocer su existencia, o apuesten por la creencia de que la misma asume un alto riesgo que se verá traducido en un fracaso. El tiempo de reacción no es sino la necesidad de asumir de forma rápida el riesgo que ya ha asumido nuestro competidor para poder traducirlo en experiencias antes que éste. Un innovador es un arriesgado que no es capaz de identificar dichos riesgos, o logra minimizarlos, superponiendo ventajas a dificultades. Su sueño le hace tener una respuesta para cada pregunta, que estén basadas en experiencias o intuiciones (se pueda contrastar o no). El éxito dependerá de algo que los demás llamarán suerte, y que el innovador reconocerá como la medida cuidadosa de todos los escenarios posibles y la elección en cada momento de la mejor decisión para actuar en cada uno de ellos.

Si en la totalidad del fenómeno del marketing la planificación desempeña un papel fundamental, como venimos señalando (insistimos en la necesidad de no confundir planificación con pérdida o eliminación de iniciativa, imaginación o creatividad), en el marketing relacional dicha planeación es una condición *sine qua non*. Implementar una estrategia relacional supone basar todos los procesos de marketing en experiencias entre la empresa y los públicos o clientes con los que interactúa, aplicando técnicas y herramientas capaces de acumular dichas experiencias de forma individualizada y de establecer similitudes con experiencias anteriores mantenidas con un cliente en cuestión o con grupos de individuos que muestran comportamientos semejantes. Todo ello, con el objeto de anticiparse a las situaciones de conflicto en la relación, de minimizar los riesgos en la pérdida de la misma y, por ende, ir generando de forma paulatina vínculos estables entre las partes.

Se crea así un proceso de planificación altamente dinámico en lo que respecta al análisis de la situación, la determinación de los objetivos, la medición de las demandas y el propio diseño de la mezcla del marketing.

En el marketing relacional, la planificación incorpora procesos cortos y activos de retroalimentación de los sistemas de información que obliga a múltiples actuaciones en el corto plazo. Dicha abundancia de decisiones

LA ESTRATEGIA RELACIONAL

(orientadas a mantener una relación no frustrante) no ha de suponer la pérdida de visión y rigidez de los objetivos estratégicos (a largo plazo y de mayor entidad para la empresa); de otra forma, rápidamente tendremos miles de clientes altamente satisfechos con los que hemos invertido recursos de tiempo y dinero que hacen inviable el mantenimiento de la organización.

Si planificar es medir, en una estrategia relacional lo más asombrante es cómo podemos hacerlo: en la mayoría de las investigaciones, contemplaremos el universo en lugar de una muestra, la explotación de la base de datos nos anticipará, con una certeza meridiana, el comportamiento de un núcleo de individuos en los próximos meses, los presupuestos podrán revisarse al día (siempre que los sistemas de captura de información sean *on-line*), y descubriremos la variable *discriminante* (alguien puede afirmar que dispone de unos ingresos de 300.000 euros, podemos saber que vive en un lujoso barrio e incluso identificar que cuando reposta su vehículo lo hace por altos importes que denotan la utilización de un vehículo de gran cilindrada; pero lo que le importa es el golf: esto es por lo que vive, "está enganchado". Nos ha recomendado a dos amigos que también juegan al golf, asiste a todos los campeonatos que organizamos y le hemos "colocado" un plan de pensiones diseñado para su tipología que llevaba asociada una recompensa: asistir al máster de Augusta), y estableceremos incluso un sistema de información interna que permitirá acercar, a cada interesado, una clara visión sobre lo que está ocurriendo en la empresa, con sólo pulsar una tecla.

Pero también nos enfrentaremos a altos volúmenes de información con los que no sabremos qué hacer, a campos o *items* en nuestra base de datos que consideramos prioritarios en el diseño y que hoy obstaculizan el tiempo de respuesta y no aportan ninguna información; incorporaremos respuestas incentivadas con premios, regalos o sorteos a cuestionarios que no fueron diseñados con rigor y que nos han hecho trabajar con información errónea (aún quizás peor que hacerlo sin información); actualizaremos informes sobre clientes, descubriendo que lo que ayer era una ventaja hoy se está convirtiendo en una amenaza (un "creo que ya sabéis demasiado sobre mí" puede anunciar la finalización de las relaciones). En definitiva, nuevamente nos enfrentamos a la diversidad, a la libertad, a la evolución y a la propia condición humana. Hablar de planificación no supone poder controlar o manipular estos fenómenos, sólo ayudará a aproximarnos a los mismos más y mejor que nuestros competidores.

3.3. FASES EN LA PLANIFICACIÓN ESTRATÉGICA RELACIONAL

En la elaboración de un plan estratégico relacional, se deberá partir de una estructura que contemple, al menos, las siguientes fases:

- Análisis de la situación.
- Determinación de la actividad de la empresa orientada al cliente.
- Objetivos relacionales de la empresa.
- Alcance de la estrategia relacional (segmentación de públicos y unidades de negocio).
- Diseño y redacción de la estrategia relacional.

3.3.1. ANÁLISIS DE LA SITUACIÓN

Esta fase contempla un estudio detallado del contexto (social, económico, político, cultural, etc.) en el que la empresa u organización ejercerá su estrategia relacional, centrándose especialmente en los aspectos de índole estructural (en oposición a los coyunturales, o con dudosas perspectivas de permanecer en el tiempo), o fuerzas macroambientales externas (Stanton y otros, 1992) que, con diferente grado de incidencia, afectarán a los procesos relacionales. El análisis de la situación realiza, además, una revisión de las posibilidades o recursos relacionales con los que la empresa cuenta para planificar sus actividades futuras.

Se diferencia del análisis de la situación, realizado para la estrategia global (relacional y transaccional) de la compañía, en la medida en que revisa las debilidades, fuerzas, oportunidades y amenazas macroambientales identificadas en esta primera fase de la planeación estratégica, seleccionando y profundizando sobre aquellas que prevé (basándose en la observación de los fenómenos) que afectarán a los procesos de relación (internos y externos) en diferentes espacios temporales (corto, medio y largo plazo).

Dicho análisis será bien diferente en la medida de que el enfoque relacional sea un elemento de novedad en la estrategia, o suponga una evolución sobre orientaciones o experiencias anteriores en este campo por parte de la organización. De igual forma, el propio ámbito geográfico o sociocultural en el que la empresa actúa o planea actuar y los retos transculturales (Keegan, 1997) a los que se enfrentará (especialmente en el caso de compañías multinacionales o con presencia en áreas multiculturales) supondrán la necesidad de descubrir e incorporar en la planificación relacional la multiplicidad de fenómenos críticos y diferenciadores de cada cultura, entendiendo que ésta incluye aspectos fundamentales en lo que se refiere a los hábitos y comportamientos de los individuos con los que la empresa interactuará.

Ejemplo/experiencia: ¿Cómo presentar el análisis de la situación de una estrategia relacional?

En nuestros días, parece que algo no existe o carece de veracidad si no es publicado o difundido por los medios de comunicación. Algo similar ocurre con las investigaciones realizadas para la empresa: sólo cuando van precedidas de la firma de "un notario" adquieren verdadera credibilidad, es decir, la reputación de la empresa que ha realizado la investigación o el propio reconocimiento del investigador parecen asegurar la vigencia y credibilidad de lo que se investiga. Cierto es que "no es oro todo lo que reluce" y que tanto medios, como consultoras, institutos de investigación e incluso los propios investigadores, tienen sus momentos, nos referimos al estándar de calidad mínimo y de rigor sobre lo investigado o publicado.

Como el recurrir a otra fuente puede hacer que los supuestos sobre los que se afianza nuestra planeación varíen sustancialmente, y dado que en la mayoría de las ocasiones dicha planeación deberá contar necesariamente con la aprobación de un Consejo de Administración que valide y permita su puesta en marcha, queremos ofrecer al lector una serie de maniobras utilizadas por consultores, planificadores y altos directivos que probablemente le ayuden a superar dichas situaciones:

- Tenga siempre en cuenta la visión que sobre la situación tienen sus jefes. Primero aproveche una comida de negocios para preguntarles abiertamente sobre el tema, después infórmese de qué periódicos leen, qué emisoras de radio escuchan o cuál es su consultora preferida (pídales siempre consejo sobre esto último; no incurra en inversiones que puedan ser interpretadas como derroches, o deje de hacerlo y alguien creerá que usted es un gestor no informado). Si es usted su propio jefe, contraste su visión y opinión con otros colegas: les hará felices y dispondrá de información a coste cero.

- Apoye su presentación con artículos o titulares de periódicos o revistas (profesionales y de difusión masiva). Un buen escáner o el recorte de la noticia añade credibilidad a la exposición. No olvide incluir también el logotipo de la publicación: quedará más rotundo y vistoso.

- Pida conclusiones breves e impactantes a su firma de consultoría o investigación, añada el propio nombre del investigador y el logotipo de la firma especialista. Procure hacer notar que la investigación es *ad hoc*, en el caso en que así sea.

- Revise análisis de situaciones anteriores y compruebe si los escenarios previstos se han convertido en realidades. Si así ha sido, gane su propia reputación y aumente la credibilidad de su nueva visión incluyendo los aciertos. Aprenda de sus errores y de los de otras empresas, e incluya ejemplos de los mismos para reforzar sus planteamientos.

- Realice un resumen en una única página sobre los planteamientos expuestos; sea sintético y demuestre su capacidad de análisis una vez más.

- No juegue a adivinar ni ejerza de gurú, limítese a plasmar lo que ocurre.

- Haga que el documento tenga coherencia interna; si es necesario, invierta los procesos: fije primero los objetivos y vuelva después al análisis de la situación.

- Divida y vencerá; cíñase a los aspectos relacionales, evite aspectos macro-ambientales ya recogidos en la estrategia global, hable de comunicación, cultura, tecnologías, creación de opinión, expectativas, experiencia de empresa en las relaciones, redes, servicio, calidad... y, en general, de los aspectos humanos que condicionan las relaciones. Estudie la estrategia de sus competidores, aprenda de sus errores y valore sus aciertos.

- No se deje llevar por sus prejuicios, especialmente si plantea análisis para culturas o ámbitos de actuación que le son ajenos; piense en global pero actúe localmente. No crea que Londres es la ciudad en la que usted vivió de estudiante, contrate a una consultora local o pregunte a sus consultores si cuentan allí con oficina, verifique esto último y evite que un equipo pase unas vacaciones a costa de sus notas de gastos.

- Tómese su tiempo, organice cómo realizar la planificación estratégica, fije un calendario e intente cumplirlo. No sacrifique la calidad por el tiempo.

3.3.2. DETERMINACIÓN DE LA ACTIVIDAD DE LA EMPRESA ORIENTADA AL CLIENTE

La planificación estratégica incluye la necesidad de definir con claridad la misión de la empresa. Contestar a las preguntas ¿qué es lo que en realidad hacemos?, ¿a qué nos dedicamos?, puede ser tan complejo para una empresa como para una persona responder a ¿quién soy? Desde el punto de vista de la estrategia relacional, esta pregunta adquiere una nueva dimensión: ¿somos lo que en realidad queremos ser o somos lo que los demás esperan que seamos? No es objeto de este libro plantear disquisiciones filosóficas al lector, simplemente anunciar un enfoque múltiple que condicionará profundamente la estrategia relacional.

Orientar la empresa al cliente supone considerarle; esto es, que nuestra organización sea en parte como el cliente espera. Ahora bien, es preciso

LA ESTRATEGIA RELACIONAL

101

que seguir tal premisa no llegue a provocar un efecto contrario al deseado. Ofreciendo múltiples visiones sobre nuestra empresa a cada cliente o grupo de clientes que nos invitan a ser de una determinada forma, podemos hacer que los mismos nos perciban de manera difusa, o lo que es lo mismo, faltos de personalidad.

Más aún, puede que nuestro excesivo acercamiento a sus requerimientos nos alejen de nuestra propia misión, expresada no tan sólo como la necesidad de ganar dinero, tener éxito en la difusión de nuestras ideas o asegurar nuestra pervivencia en el tiempo. Se impone, por lo tanto, la necesidad de establecer una combinación afortunada y ganadora entre lo que los demás esperan y lo que nosotros (nuestra empresa) esperamos de los demás; hacer entender (no imponer) esto último al cliente es también orientar nuestra empresa al mismo. Es preciso ser honestos desde el principio para evitar futuras frustraciones. "Nuestra empresa es así... estamos seguros (o no) de poder ofrecerle lo que necesita" en lugar de "dígame lo que necesita... haremos nuestra empresa para usted".

Resulta fácil formular afirmaciones del tipo "el cliente es el que manda", "el cliente es el rey" o "nuestra estrategia es ser como nuestros clientes esperan que seamos". A nadie se le escapa que resulta más fácil cerrar una negociación o llegar a un acuerdo si hemos aceptado todos y cada uno de los deseos de nuestros clientes. Un ejemplo: el principal requerimiento junto a la calidad y garantía de aprovisionamiento suele ser la rebaja de precio. ¿No es cierto que el cliente se siente mucho más satisfecho si es consciente de que ha pagado el mejor precio por el artículo que compra? Un precio que debe de ser seguido por el fabricante controlando y penalizando a un distribuidor que, motivado por sus propios resultados e incluso presionado por la consecución de descuentos por volúmenes de ventas fijados por el propio fabricante, decide realizar descuentos, por encima de lo acordado, al usuario o cliente final, generándose así una férrea competencia en la red de distribución o entre los propios vendedores de la empresa... ¿Hasta qué punto el fabricante desea tener una única e inflexible política de precios (de cesión con el distribuidor o venta al público con el consumidor o cliente final)?

En realidad, puede que la ventaja competitiva derivada de la falta de frustración en el cliente por pagar un precio superior y de la transmisión, por ende, de una imagen de precios honesta e inequívoca, se vuelva en su

MARKETING RELACIONAL UN NUEVO ENFOQUE PARA LA FIDELIZACIÓN Y SEDUCCIÓN DEL CLIENTE

contra, al negar el deseo de intervención y capacidad negociadora del comprador, al situarle como mero sujeto pasivo. Aquí reside la grandeza del marketing y de la propia economía; en lo escaso de los recursos, cada toma de decisión implica dejar algo. Orientar la empresa al cliente no ha suponer olvidarnos de la misma.

La ansiada diferenciación y posicionamiento no dependen de nuestros deseos, sino del trabajo desarrollado para lograr la interiorización y percepción que el consumidor (y por extensión el mercado) posee. Añadir diferenciación y establecer un nuevo enfoque del negocio mediante una estrategia relacional supone un ejercicio de flexibilidad, adaptación, honestidad y transmisión de personalidad de compañía.

Cierto es que las relaciones, los ricos intercambios económicos, comunicativos, emocionales, etc., nos harán plantearnos en cada momento si la personalidad corporativa o de empresa es la más adecuada para cada momento y valorar nuevas oportunidades de hacer negocios con una nueva personalidad.

Tanto en investigaciones cualitativas como cuantitativas, en las que intentamos descubrir qué quieren o esperan los clientes de nuestra empresa para llegar a lo verdaderamente sustancial, empezaremos por desestimar las primeras y más reiterativas contestaciones: "Productos de mejor calidad más baratos, con mejor servicio postventa". O lo que es lo mismo, la ruina de la empresa en unos meses.

Cuando hablamos de actividad de la empresa orientada al cliente, queremos contraponer esta visión a la orientación de la empresa basada en la producción o en las ventas. Evolucionar de "yo sé cultivar tulipanes... tengo un millón este año... ¿me los compra?" a "yo sé cultivar..., he aprendido con los tulipanes..., he visto que la gente joven demanda rosas..., las compran los enamorados y están dispuestos a pagar por ellas una buena cifra..., he probado en mis campos y me salen preciosas..., el año que viene dedicaré la mitad de mis campos a la rosa..., ¡se venden el doble de caras que los tulipanes!..., venderé demostraciones de amor en lugar de adornos para el salón".

El posicionamiento en las empresas orientadas al cliente nos marca nuestra situación en el mercado respecto a la de nuestros competidores, ya sea desde un punto de vista objetivo (o basado en variables tangibles o cuantificables tales como desarrollo tecnológico, de servicio, precio, distribución, calidad, etc.), como desde el punto de vista de la interiorización que el consumidor o usuario realiza sobre nuestra empresa. Proporciona una posición en su mente, un sistema formado por elementos (denominados atributos) y relaciones (entra las que destaca la establecida con competidores directos e indirectos). El posicionamiento en la estrategia relacional puede definirse como la posición relativa que ocupa nuestra empresa o un determinado producto o servicio de la misma respecto al ideal de producto que el consumidor posee, en el que se integran servicio, calidad y la propia mezcla de marketing percibida.

En marketing relacional no ocupamos posiciones relativas en el mercado. Simplemente satisfacemos al consumidor y, para ello, nos aproximamos (y adelantamos si es posible) a las necesidades que éste tiene, entre otros motivos, porque somos capaces de incidir sobre la motivación del cliente mediante la relación que éste mantiene con nosotros.

El ideal de empresa, producto o servicio se genera a través de la experiencia del propio consumidor con nuestros productos, con los de nuestros

LA ORIENTACIÓN DEL MARKETING RELACIONAL: INTEGRADORA DEL SERVICIO AL CLIENTE, LA CALIDAD Y EL MARKETING

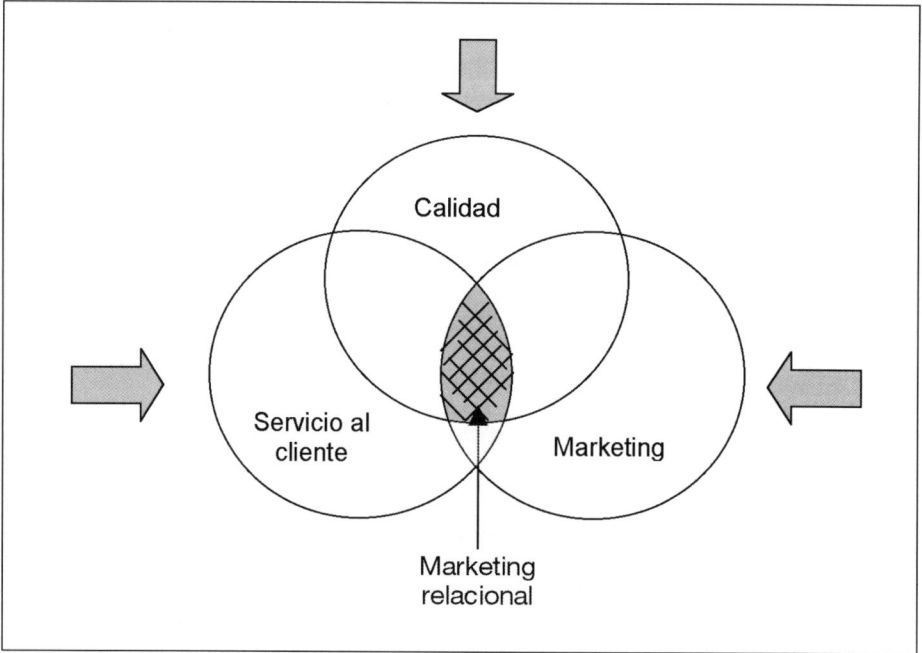

Fuente: Christopher, Payne y Ballantyne (1994).

competidores (en ocasiones pasadas o ante el imperioso deseo de experimentar algo nuevo), con la aportación de valores en otros productos que nada tienen que ver con el nuestro (no son ni competidores indirectos), pero que logran calar en el consumidor hasta lograr su asociación (por ejemplo, el número de teléfono de atención al cliente empezó en los sectores industrial y de servicios y hoy se aplica a cualquier sector), con la puesta en común con otros consumidores (redes).

También, por la información aportada por los medios de comunicación, o desde nuestra propia empresa (nos referimos especialmente a la comunicación publicitaria), por la transmisión de imagen, reputación o valores que transmiten el resto de públicos que interactúan con la empresa (empleados, proveedores, asociaciones, administración, accionistas, colaboradores, etc.), pero, de forma muy especial, por el intercambio de información entre la empresa y el cliente, por la relación.

El llamado "espacio mental" referido a la posición en el recuerdo que una empresa ocupa en la mente del cliente y a los "mundos" (de imágenes, sabores, olores, conflictos, satisfacciones, modos de vida, etc.) a los que se asocia, es sumamente reducido en las empresas que únicamente articulan estrategias transaccionales. Si alguien se pregunta ¿por qué marketing relacional? La respuesta es sencilla: porque ocupa tiempo y espacio en la mente del consumidor, y, si lo hace de forma positiva (que por cierto es más fácil que realizarlo erróneamente), aporta beneficios a las partes y supone un obstáculo muy fuerte a la entrada de un nuevo competidor.

A continuación, realizamos un ejercicio de invención en el que fijamos misiones relacionales para empresas y marcas que operan en España con el objeto de ilustrar lo anteriormente expuesto:

Grupo Pascual:	Ayudamos a empezar un feliz día.
Carrefour:	Ofrecemos una buena experiencia en cada compra.
Milupa:	Mimamos la alimentación de los hijos de nuestros clientes.
Bodegas Riojanas:	Ofrecemos gusto al paladar y motivos de tertulia.
Bimbo:	Hacemos que comer con las manos sea un placer.
Prosegur:	Protegemos aquello que nuestros clientes aprecian.
Seur:	Hacemos que los deseos lleguen a tiempo.
Unión Fenosa:	Ofrecemos confort y alumbramos ideas.

En este sentido, Christopher *et alii* (1994) señalan al referirse a la declaración de la misión en el contexto de la estrategia relacional:

"Es en especial importante evitar las declaraciones de misión que se orientan al producto. Es decir, la misión de las empresas debería definirse de forma que se reflejaran las necesidades de los clientes o consumidores, y no las características y atributos de los productos. El peligro de una declaración de misión centrada en el producto se percibe con facilidad si se considera el caso de los fabricantes de productos como velas o reglas de cálculo, que son mercados que prácticamente han desaparecido. A largo plazo, las empresas que se den cuenta de que su actividad de negocio fundamental es la de satisfacer las necesidades subyacentes en el mercado (como sería la necesidad de iluminación o de ayudar en la realización de cálculos), y no la elaboración de productos específicos, mostrarán mayores posibilidades de éxito que las empresas orientadas al producto."

3.3.3. OBJETIVOS RELACIONALES DE LA EMPRESA

Al realizar el análisis de la situación, hemos procedido a contextualizar la estrategia relacional, esto es, la hemos situado en el tiempo y en el espacio, deteniéndonos en los factores que directa e indirectamente prevemos que van a influenciarla o condicionarla. Posteriormente, hemos definido la misión de nuestra organización desde la perspectiva de su orientación al cliente, observando las múltiples y personales visiones que nuestros clientes tienen sobre una necesidad, cuya satisfacción se convertirá en el eje de nuestro negocio.

Al determinar la actividad de nuestra empresa o misión, enunciamos el más alto de nuestros deseos como organización, intentamos predecir cuál será nuestro posicionamiento estratégico. Sin embargo, el posicionamiento no depende de deseos, define realidades de mercado. Sólo tras contrastar la posición relativa de nuestra empresa en la mente del consumidor respecto a la necesidad que desea cubrir, y en relación con el resto de competidores u organizaciones capaces de ofrecer respuestas competidoras (mejores o peores, más rápidas o lentas, a mejor o peor precio, globales o parciales, con mayor carga emotiva o con menos, basadas en relaciones o puramente transaccionales...), podremos identificar dicho posicionamiento. En ese preciso momento, estaremos en disposición de reafirmar, modificar o variar nuestra propuesta organizacional.

Definir objetivos relacionales no es más que desagregar nuestra misión relacional. El ejercicio de síntesis y compresión que nos ha permitido llegar a un único enunciado tras la observación de la realidad, a la detección de la necesidad y al contraste de uno y otro con nuestras capacidades (incluyendo la propia visión del negocio), comprende fenómenos múltiples que requieren ser atendidos por separado. Su íntima relación convertirá el enunciado de objetivos en un proceso que exige esfuerzo intelectual y dedicación; además, deberán marcar el camino a la empresa en todas y cada una de sus actuaciones relacionales futuras. Más rotundamente, serán capaces de valorar, en cada momento, el éxito de la estrategia relacional, y de ellos dependerán factores tan importantes como nuestra reputación corporativa o la propia confianza depositada por accionistas, clientes, empleados o proveedores en nuestra empresa.

La coherencia entre las actuaciones de la empresa (y muy especialmente las del departamento de marketing) y sus objetivos dejan mucho que desear en la mayoría de los casos. La orientación transaccional invade las actuaciones ejecutivas. Es preciso abandonar la visión a corto plazo y seguir creyendo que la realidad de la empresa la marca el día a día. Tenemos que sustituir la mejor elección en cada momento, de entre las diferentes alternativas posibles, por la búsqueda (o creación) de las mejores alternativas en función de los objetivos que verdaderamente queremos lograr. En marketing relacional, no nos podemos permitir el exceso de "despistar" a nuestros clientes, que nada tiene que ver con "sorprender", "motivar" o incluso "seducir"; aunque en muchas ocasiones, la llamada "apuesta creativa" incluya, en el mejor de los casos, ambos componentes. Debemos, por lo tanto, mantener una coherencia, que nos permitirá establecer la base de una relación avanzada con nuestros clientes, en la que no mostramos múltiples "personalidades" a un interlocutor que es incapaz de crearse una imagen estable sobre nuestra empresa, desde la que poder interactuar de forma cómoda y sencilla (adecuación del mensaje, codificación, elección de canal, confianza, etcétera). Ser coherentes, en este caso, no es sino interiorizar y hacer que el resto de la organización entienda, participe y tenga presente los objetivos de la estrategia relacional en cada una de sus decisiones, y, muy especialmente, en aquellas que impliquen contacto con el grupo, público, *target*, segmento, individuo o cliente con el que queremos establecer relaciones duraderas.

Existen múltiples publicaciones y manuales de muy fácil acceso que ofrecen consejos e incluso proponen listados de objetivos estratégicos y hasta objetivos de marketing, utilizados por prestigiosas consultoras y profesionales, todos con elementos valiosos sobre el sector específico que analizan. A continuación, ofrecemos algunos elementos operativos sobre su redacción y orientación a las relaciones:

- *Jerarquice los objetivos*, establezca una clasificación a dos niveles: por áreas de desempeño (normalmente coincidentes con departamentos en la empresa) y, dentro de ésta, por orden de importancia (los que más aportan a la misión de la empresa, los que mejor pueden cuantificarse o los que de forma más rápida van a ser interiorizados por el departamento).

- *No sea grandilocuente*, aunque tenga la necesidad de utilizar vocablos de moda o con poco significado para la presentación ante sus jefes o accionistas. Traduzca los objetivos para su personal, adáptelos a un lenguaje que todo el mundo entienda, ponga ejemplos, redáctelos de nuevo y, si puede, publíquelos en un lugar visible para todo el personal. El secreto de la empresa mejor guardado puede que sólo quede en eso, si quienes tienen que aplicarlo lo desconocen (¿por qué uno de los departamentos que más interactúa con el cliente, el centro de atención telefónica, suele ser el de más baja cualificación y el más desinformado de la empresa?).

- *Intente redactar los objetivos de sus competidores*, sea sincero consigo mismo, reconozca lo bueno y repítalo sin complejos, y corrija lo malo. No se obsesione por establecer diferenciaciones a toda costa; todas las empresas quieren a los mejores clientes, conservar a los que tienen, ofrecer el mejor servicio, tener verdadera vocación hacia el cliente y ganar dinero.

- *Es importante ser ambicioso, pero realista*; no se marque objetivos que nunca vaya a cumplir; incluya la forma de cuantificarlos en el tiempo. Disponer de la mejor reputación en el sector puede empezar por recibir unas cuantas cartas de felicitación de clientes, proveedores y asociaciones de consumidores, continuar por la obtención de la certificación de alguna reconocida firma de auditoria de calidad, y terminar por aparecer en la primera posición del *ranking* sectorial del MERCO (Monitor Español de Reputación Corporativa) o en las famosas listas de la revista *Fortum*.

- *Nunca pierda de vista a sus clientes*: lo que es bueno para la empresa puede serlo o no para los clientes; lo que es bueno para el cliente siempre lo es para la empresa. Sea honesto, tarde o temprano sus clientes "castigarán" los objetivos que les consideran como medio y no como fin.

- *Segmente, segmente* y, si tiene alguna duda, pruebe, analice y después segmente. Incluya esta visión desde sus objetivos estratégicos se acabaron ya los tiempos de "chocolate para todos". Conciénciese y conciencie al resto de su empresa de que no tiene un único negocio. Tiene tantos como grupos, segmentos, conglomerados, *cluster* o individuos rentables pueda identificar por cada unidad de negocio, producto o servicio ofertado. Recuerde que tan importante como hacer que los mejores se sientan más "cuidados", es hacer que el resto no se sienta menospreciado por ello; si, además, puede que ambos coincidan en un mismo lugar (en la cola de un supermercado o en la oficina bancaria), la definición de objetivos se convertirá en un arte.

- *Diferencie e identifique dentro de los **objetivos relacionales***:

  — Aquellos basados en los intercambios de bienes y servicios que aportan beneficios económicos a la organización.

  — Los orientados puramente a satisfacer necesidades de comunicación y a favorecer la relación no económica con el cliente.

  — Aquellos que favorecen la diferenciación con nuestros competidores y aportan a nuestra empresa o productos imagen, reputación y personalidad.

  — Los puramente altruistas (orientación social) de los interesados (orientación económica, política, ideológica...). Hay quien considera que la empresa siempre busca imagen, reputación o desgravaciones fiscales al definir objetivos altruistas; incluso se afirma que la propia definición del objetivo implica intencionalidad y resultados. No siempre es cierto; las empresas, al igual que las personas (algunas las dirigen), realizan donaciones o apoyan con sus recursos causas de forma desinteresada, no publicitando dicho apoyo. La orientación social estimula el desempeño de aquellos que están más involucrados en la consecución de los objetivos.

LA ESTRATEGIA RELACIONAL

—Diferéncielos, especialmente, de los transaccionales. No son el enemigo, necesitan enfoques, recursos, acciones, herramientas de análisis y control, e incluso perfiles de gestores bien diferentes. Cuide las posibles zonas de interconexión entre ambos y recuerde que toda relación avanzada incluye transacciones.

- *Utilice un método propio*, asocie el objetivo a una imagen, rostro, icono, melodía...; haga sonar la campana del "bote" cada vez que consiga "una propina". Le permitirá recordar el rumbo sin tener que mirar la brújula (el documento "estrategia relacional" perfectamente archivado en la balda superior).

- *Sea conformista.* La sonora y festejada felicitación de un objetivo cumplido es la alerta que nos avisa de la necesidad de establecer uno nuevo más elevado. Póngaselo fácil a sus clientes y difícil a sus competidores; si algo va muy rápido, también puede ser rápida la réplica o mejora por parte de sus posibles competidores. No sea triunfalista, las empresas normalmente se apresuran en publicar sus aciertos; no alerte a su competencia, deje que siga pensando que el objetivo que su empresa ya ha superado es una entelequia.

EJEMPLOS DE OBJETIVOS ESTRATÉGICOS RELACIONALES
OBJETIVO 1
Duplicar en los próximos 3 años el actual nivel de confianza de nuestros actuales clientes para con nuestros productos y servicios.
Departamentos y unidades de negocio implicadas:
Todos. Especialmente: planificación y control, marketing y calidad.
Cuantificación:
Establecer un coeficiente de nivel de confianza propio, mediante la ponderación de algunas de las siguientes variables: — Encuesta mensual de satisfacción; ratios de valoración de ventas cruzadas y ratio de valoración número de clientes exclusivos; posición relativa de confianza *versus* resto de competidores. Valoración, esfuerzo de venta de nuevos productos entre ya clientes. Reclamaciones *versus* felicitaciones o sugerencias. Grado de interacción con la empresa, etc.
Seguimiento:
Utilizaremos cuatro rostros de una misma persona que darán vida a una "escala de seguimiento", representan desde el año cero (actual) a los tres próximos años fijados para el objetivo. Cada rostro irá desde la sonrisa insinuada del año cero al grito desmesurado del año tres, pasando por leve sonrisa y carcajada.

EJEMPLOS DE OBJETIVOS ESTRATÉGICOS RELACIONALES *(continuación)*

En el espacio inferior colocamos, correlativamente, el coeficiente actual (en número o porcentaje) y los deseados en los próximos años. Para cada fotografía hacemos dos reproducciones, una en color y otra blanco y negro, excepto para la primera, de la que sólo necesitamos una copia en color.

Las colocamos enfrentadas por su dorso en cuatro cuadros y, a medida que cumplimos el objetivo fijado giramos, la fotografía (la damos color), anotando en el espacio inferior la fecha en que se ha conseguido. Aproximadamente a los 18 meses de haber definido el objetivo y comenzado su puesta en marcha, deberemos plantearnos revisarlo.

Puede que decaiga el interés por el mismo y lleguemos a conseguirlo tanto por buenos resultados intermedios (como es fácil, la organización puede dejar de esforzarse) como por malos (como es inalcanzable, mejor esforzarse por los que sí se pueden conseguir).

OBJETIVO 2

Incidir sobre el nivel de relaciones internas para conseguir que el 80 % de las personas que trabajan en la empresa consideren a la misma como su mejor opción profesional.

Cuantificación:

— Situación de partida: 30 %
— Primer año: 45 %
— Segundo año: 60 %
— Tercer y posteriores años: 80 %

Departamentos y unidades de negocio implicadas:

Todos. Especialmente recursos humanos y Dirección General.

Objetivo cualitativo:

Establecer un programa de valoración de satisfacción del personal, atracción y retención de capital humano e intelectual.

Contenidos del programa:

1. *Un documento semestral sobre valoración del desempeño,* obteniéndose un valor sobre satisfacción individuo a individuo.

   Utilizaremos una escala para controlar la posición relativa de cada persona respecto al objetivo deseado por la empresa (por ejemplo, en una escala de 0 a 100, 20 supone un alto nivel de posibilidad de pérdida, mientras que 95 nos indica un alto nivel de satisfacción y compromiso con la empresa).

   Para definir dicha posición, contemplaremos las declaraciones de cada sujeto, resultantes de la valoración realizada por su responsable directo (si lo hubiera, al existir en ese departamento o unidad una estructura vertical) y de forma más indirecta y con menor peso en la ponderación, el coeficiente obtenido de las opiniones facilitadas por el resto de compañeros con los que comparte tareas u objetivos (despreciando escalas jerárquicas y ponderaciones sobre el valor de cada posición para la empresa).

   Mediante la suma de totales individuales (ponderando por departamentos, valor de la posición o del individuo, si se desea trabajar con resultados relativos a la vez que absolutos) puede establecerse una escala para el total de la empresa, identificando dentro de la misma mediante un intervalo el nivel óptimo para la consecución del objetivo.

EJEMPLOS DE OBJETIVOS ESTRATÉGICOS RELACIONALES *(continuación)*

2. *Un ratio de pérdida anual de empleados* versus *mantenimiento de capital humano*: Número de individuos que han dejado la compañía en el último año (voluntariamente o forzados por la empresa) respecto al total de empleados en plantilla en ese mismo año.

   a) Para mediciones más precisas sobre pérdida de capital intelectual, se elaborará un coeficiente individuo-empresa a fin de controlar cómo afecta la pérdida de un determinado individuo al total de la compañía. De forma más detallada, contemplaremos, además, las relaciones de valor que dicho individuo mantiene con otros individuos de la organización asignando a cada uno un valor individual y otro en función de sus relaciones (por el valor aportado en el desempeño, motivación y satisfacción de otros individuos de la organización).

      La fuga o pérdida de un individuo clave puede provocar una fuga en cadena o un periodo de baja productividad y escaso aporte de valor para la compañía entre los individuos que eran liderados o dirigidos por el sujeto en cuestión. Un nuevo líder establece nuevas relaciones de valor que, en el mejor de los casos, pueden superar en su conjunto el valor del primero, nunca reemplazarlas o suplirlas. El capital humano de una empresa es la suma del valor de cada individuo más el valor de las relaciones de todos los individuos en su conjunto.

   b) Se elaborará, asimismo, un documento anual de situación de calidad laboral y corporativa, que controle y analice de forma detallada, los siguientes elementos:

   - La adecuación de la oferta profesional a las aptitudes y expectativas del individuo:
     — Posición ocupada *versus* deseada.
     — Remuneración (salario y especies).
     — Proximidad a ideal de ocupación.
     — Nivel de responsabilidad.
     — Características del desempeño.
     — Manejo de recursos (herramientas, presupuestos y humanos).
     — Tipo de proyectos en los que se está involucrado (importancia de los mismos respecto a otros en la propia compañía o en relación a referentes anteriores o de mercado que el individuo posea).

   - El llamado "ambiente de trabajo", donde la ocupación tiene lugar, que incorpora:
     — Factores de desarrollo profesional (por interacción con otros profesionales, progreso propio y formación planificada).
     — Factores de relaciones personales con otros individuos de la organización con los que inevitablemente se comparte "algo más" que una pura relación personal (en sentido positivo y negativo).
     — Factores de relación con otros individuos no empleados por la empresa (proveedores, clientes, consejeros, propietarios...)
     — Del propio confort del lugar en el que se realiza el desempeño.

   - La propia reputación de la empresa.
   - Posición que ocupa respecto a sus competidores y a otras empresas en las que el individuo considera que tiene oportunidad de desempeñar su labor.

EJEMPLOS DE OBJETIVOS ESTRATÉGICOS RELACIONALES *(continuación)*

- Conocimiento de la empresa y de sus marcas. Imagen de las mismas.
- Transmisión de valores (acción social, protección medioambiental, cumplimiento de la normativa...).
- Proyección de futuro.
- Resultados económicos (un empleado prefiere trabajar en una compañía que consigue beneficios).
- Presencia internacional. Acuerdos con otras empresas.
- Innovación, investigación y desarrollo, calidad.
- Aplicación de estrategias relacionales y de satisfacción de clientes.

Seguimiento:

El seguimiento del objetivo será responsabilidad principal de la Dirección de Recursos Humanos, que reportará mensualmente a la Dirección General y siempre que se detecten desviaciones importantes o situaciones críticas.

Para ello, proponemos comenzar con la elaboración de un mapa que refleje la red de interacciones importantes entre los individuos de la empresa y la posición de cada individuo en relación con el resto.

Podemos llamar al documento para el seguimiento del Objetivo 2 "Constelaciones", por su similitud con una carta estelar. Habrá cuatro tipos de perfiles en la relación: soles, planetas y satélites y cometas.

- **Soles:** individuos relevantes en la organización, tanto en opinión como en relaciones, en los que los demás se apoyan al actuar. No tienen necesariamente que coincidir con los responsables de la estructura de la empresa, aunque ésta influencie en gran parte.

  El tamaño de sus órbitas (límites de su influencia) se ve afectado por la ubicación física en la empresa (departamento, delegación, planta...), por sus funciones individuales y con otros departamentos, por las personas de las que dependen, por las que tienen bajo su responsabilidad y, finalmente, por la movilidad o dinamismo interno de los mismos (cambios de departamentos, relaciones fuera de los ámbitos predefinidos o relaciones extraprofesionales, familiares, etc.). Clasificaremos a los individuos que están en las órbitas de los soles para diseñar un "sistema solar".

- Serán **planetas** los individuos que están dentro de la órbita de un sol, con una especial afinidad, y pueden o no mostrar relaciones de intercambio con otros planetas. Los situaremos de forma concéntrica en torno a su), situando más próximos los planetas más influenciados, y más lejanos a los más independientes o menos influenciados.

- Serán **satélites** los que muestran una muy especial afinidad por individuos de los que dependen para su actividad en de la empresa y que prácticamente sólo consiguen relacionarse con el Sol (líder) a través de la relación que el planeta guarda con éste. Definiremos la atracción del planeta incorporando a los diferentes satélites (si existieran) en órbitas más próximas o lejanas, en función de su afinidad o influencia de su planeta líder.

113

MARKETING RELACIONAL UN NUEVO ENFOQUE PARA LA FIDELIZACIÓN Y SEDUCCIÓN DEL CLIENTE

- **Cometas**, individuos altamente inestables en las relaciones. No muestran una posición de liderazgo, pero favorecen de forma muy importante al intercambio de información entre los diferentes planetas, e incluso sistemas solares. Son especialmente importantes en la transmisión de información positiva y negativa dentro de la organización. Es conveniente tenerles identificados, algo nada sencillo, dada su movilidad y volubilidad.

Nuestro pequeño universo puede estar formado por uno o varios sistemas solares, de diferentes tamaños e importancia dentro de la organización. El último paso y más complejo será identificar las interrelaciones entre los mismos y situar el punto central: un gran sol (o un conjunto de éstos) que marcará el epicentro de la organización.

Es posible cambiar soles por planetas, por satélites... e incluso añadir polvo o satélites a los cometas, para diseñar el mejor mapa de interacción y jerarquización comunicativa y operativa en la empresa. Y recuerde, la mecánica celeste es rígida, las relaciones, flexibles y cambiantes, también poseen leyes. Pruebe a identificarlas, conocerá mejor su empresa.

Situado el punto de partida del nivel de satisfacción, obtendremos conclusiones valiosas del tipo:

- Más líderes, más valor de los recursos humanos, más compromiso con la empresa, menos posibilidad de pérdida de personal.

- Mejor diseño de las interacciones, mejor detección de las insatisfacciones por posición (cuidado con los soles, planetas y satélites de mayor órbita), mejor punto de partida para reubicación de personal, y, consecuentemente, mayor proximidad a su ideal de opción profesional.

- Detección de puntos críticos y previsión de posibles fugas en cadena.

- Líder teórico, líder reconocido....

Con el programa de valoración de satisfacción del personal expuesto en los 4 puntos anteriores (valoración del desempeño, ratio de pérdida de empleados, coeficiente individuo-empresa y calidad laboral y corporativa) deberíamos fijar una guía sencilla para seguir el objetivo que nos hemos fijado. Proponemos para ello la creación de un pseudo-termómetro para medir dicho clima laboral, en función de cuantificaciones que realicemos, como mínimo dos de las propuestas. Situaremos una escala de máximos y mínimos para el objetivo anual fijado, con el ejemplo de la escala de 0 a 100 para la valoración del desempeño; situaremos en nuestro termómetro dicho valor en grados y reflejaremos el total para la compañía tras el análisis semestral, conservando la fecha en que se fijó. Previamente, debemos fijar el intervalo anual que nos permitiría estar dentro del objetivo.

3.3.4. ALCANCE DE LA ESTRATEGIA RELACIONAL

Idealmente, la estrategia relacional debería abarcar la totalidad de los clientes, productos o servicios, unidades de negocio y a cuantos públicos interactúan con la misma, ya sean clientes o proveedores, públicos internos o externos, accionistas o acreedores, consultores y colaboradores, competidores y distribuidores, Gobierno y medios de comunicación, auditores y prescriptores, empresas propias o participadas...

Sin embargo, no siempre la realidad de la empresa es la misma. No todos los negocios requieren de estrategias, relaciones puras y, muy al contrario, la observación de la realidad aconseja frecuentemente estrategias mixtas, en las que se combinan estrategias relacionales y transaccionales. Las propias premisas del marketing relacional abogan por la orientación al cliente. Sin embargo, es preciso considerar que éste puede no desear mantener una relación avanzada con la empresa, un deseo que tenemos que respetar.

En otros escenarios (en los que convergen rentabilidades, optimización de esfuerzos e inversiones, tipologías de clientes, identificación de públicos afines y objetivos, limitaciones presupuestarias, falta de adecuación de todas las unidades de negocio o experiencia reducida en articular una estrategia relacional...) es la empresa quien decide no mantener relaciones avanzadas, es decir, opta por una estrategia transaccional. Respetable decisión: si los objetivos marcados son ambiciosos y se consiguen, gana dinero y valor para sus dueños, no desaprovecha oportunidades y no ha realizado maniobras en el corto que perjudiquen la proyección de la empresa en el largo plazo.

En este paso de la planificación estratégica relacional deberemos identificar, en primer lugar, aquellas áreas de negocios, productos y servicios en las que aplicaremos la estrategia relacional. Una seria y compleja decisión, que parte de la identificación de dicha necesidad y lleva pareja una forma diferente de hacer negocios para la que nos tenemos que sentir plenamente capacitados y decididos.

3.3.5. METODOLOGÍA PARA VALORAR LA IMPLEMENTACIÓN DE UNA UNIDAD DE NEGOCIO RELACIONAL

Con el objetivo de identificar si existe "masa crítica de clientes" suficiente como para crear una unidad de negocio independiente, administrada mediante una estrategia relacional, proponemos un método sencillo, basándonos en la correlación existente entre la cartera de clientes y la concentración o dispersión de la facturación y del margen aportado por los mismos:

TOMA DE DECISIONES PARA LA CREACIÓN DE UNA UNIDAD DE NEGOCIO RELACIONAL EN LA EMPRESA (APLICACIÓN DE LA CORRELACIÓN CONCENTRACIÓN DE CLIENTES/FACTURACIÓN)

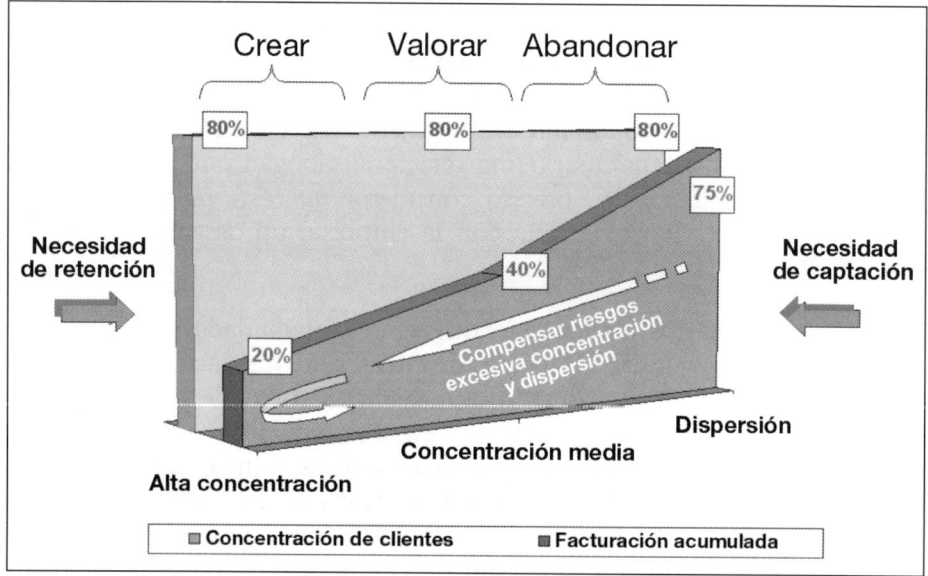

Fuente: Elaboración propia.

Partimos de una situación de alta concentración de la facturación (extremo izquierdo del gráfico). Nos basamos en una de las leyes de Pareto, que nos anticipa que en la mayoría de los negocios, el 20 % de los clientes realizan el 80 % de la facturación (o de las compras).

En esta situación, la necesidad de retención de clientes es alta: la pérdida de tan sólo un cliente (si el número total no es elevado) puede originar una pérdida importante de nuestras ventas. En dichos casos (que se repiten con frecuencia en empresas que tienen negocios maduros), la aplicación de la estrategia relacional está justificada. Existen mayores posibilidades de crecer "hacia dentro" (mediante la oferta de nuevos productos o servicios entre los ya clientes o incrementando el volumen de compra o repetición de los mismos) que "por fuera" (captando nuevos clientes).

Muy probablemente, los esfuerzos de captación fueron realizados con anterioridad. Nos encontramos, por lo tanto, en una fase de relativa maduración de nuestra cartera de clientes. Los clientes que abandonaron nuestra empresa lo hicieron al no encontrar cubiertas sus expectativas o por una mejora en la calidad propuesta por nuestros competidores. Los que no llegaron a ser clientes, no encuentran aún nuevas razones para serlo; muy probablemente, nuestra oferta siga sin adecuarse a sus intereses. Es preciso mejorar algunos aspectos sobre la calidad y la satisfacción.

La relación 20/80 nos ofrece la posibilidad de establecer mejoras importantes, de experimentar nuevas oportunidades para acabar definiendo una oferta atractiva e interesante desde la que poder dirigirnos a alguno de los que abandonaron (con mayor esfuerzo) o a aquellos que no encontraron en nosotros una respuesta (con menor esfuerzo). Muy probablemente, nuestros propios clientes nos traigan nuevos clientes: entre un 20 % y un 30 % acudirán presentados por clientes fieles.

En las situaciones de concentración media de la facturación entre la cartera de clientes (tomamos un supuesto en el que un 40 % de clientes realizan un 80 % de las ventas totales de la compañía, parte intermedia del gráfico), la decisión es algo más compleja.

Probablemente, sea preciso actuar para incrementar el volumen de compra entre aquellos clientes con mayor potencial. En este caso, podemos plantearnos crear una unidad relacional grupal *(véase* la clasificación posterior), ya que necesitamos realizar captación de nuevos clientes (mediante la aplicación de una estrategia transaccional) en el corto plazo.

Este nivel de concentración intermedio puede anunciar la pérdida constante de clientes antes de alcanzar una verdadera optimización de la capacidad de compra de los mismos o, incluso, delatar la existencia de un número escaso de clientes exclusivos (ya usuarios de los productos de nuestros competidores).

Necesitaremos recursos (especialmente los derivados de la mezcla del marketing) para contrarrestar las acciones de la competencia, a la vez que vamos estableciendo los cimientos de nuestra estrategia relacional: primero, con los más afines, y, tras contrastar resultados y adquirir la experiencia necesaria, con los compartidos.

En la tercera de las situaciones posibles mostradas en el ejemplo (parte derecha del gráfico de la pág. 116) existe una gran dispersión de la facturación entre nuestra cartera de clientes; la compra media de cada uno de ellos es prácticamente similar.

Es un caso atípico en empresas con una cierta madurez en el mercado. Sin embargo, también aquí el tipo y la gama de productos ofertados puede condicionar dicha situación (imaginemos compañías mono-producto con ciclos largos de renovación o servicios que se basen en el pago de cuotas fijas anuales). En éstas, la facturación solamente está garantizada con la rápida reposición de un nuevo cliente por cada cliente que abandona, por lo que la necesidad de captación es muy alta. Qué duda cabe que la empresa debería incrementar su posibilidad de seguir creciendo entre la cartera de clientes ya existente: un proceso lento que partirá del inicio de relaciones básicas hasta conseguir identificar un núcleo de clientes con los que comenzar, al menos, a establecer relaciones primarias.

Tanto la excesiva concentración, como la práctica dispersión de la facturación entre la cartera de clientes, supone una amenaza para la empresa.

La primera porque concentra el riesgo. Como señalábamos anteriormente, la pérdida de tan sólo un cliente puede suponer un problema para la empresa.

La segunda porque, aunque aparentemente dispersa el riesgo, lo que en realidad está haciendo es convertirlo en imponderable. Un cambio en el contexto competitivo puede conseguir que un gran número de clientes abandone la empresa, dejando a ésta prácticamente sin posibilidad de reacción. Necesita muchos clientes para subsistir; quizás pueda hacerlo con un número más reducido de los mismos, a expensas de reducir radicalmente sus costes, pero a buen seguro necesitará redimensionar la compañía creada para vender a muchos clientes prácticamente lo mismo.

En este sentido, las unidades relacionales adquieren valor, en la medida en que el cliente evoluciona desde la captación a la retención y fidelización, incrementando su valor para la empresa.

No tan sólo hemos de fijarnos en la facturación a la hora de establecer la decisión de establecer una unidad relacional en la compañía. Como venimos señalando, la aplicación del marketing relacional supone una alta inversión para la empresa, sólo aplicable en los casos en los que la rentabilidad o beneficio por cliente es importante. En este sentido, la segunda pregunta que deberíamos hacernos es: ¿generamos el margen suficiente entre un segmento determinado de nuestra cartera de clientes como para poder establecer relaciones avanzadas con el mismo? El siguiente cuadro ilustra esta situación:

TOMA DE DECISIONES PARA LA CREACIÓN DE UNA UNIDAD DE NEGOCIO RELACIONAL EN LA EMPRESA (APLICACIÓN DE LA CORRELACIÓN CONCENTRACIÓN DE CLIENTES/MARGEN BRUTO)

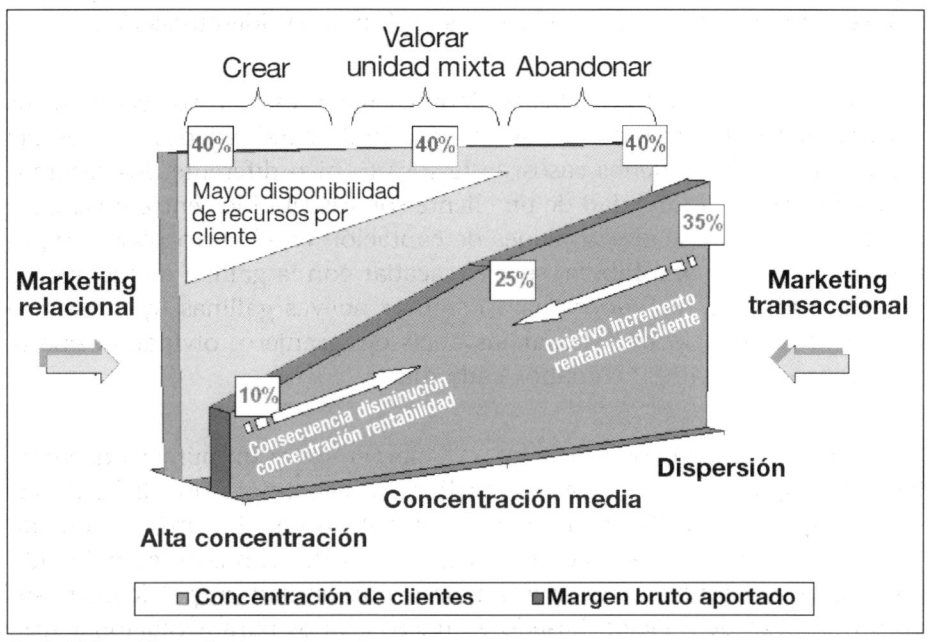

Fuente: Elaboración propia.

En la primera de las situaciones señaladas (parte izquierda del gráfico) tan sólo un 10 % de los clientes es capaz de generar el 40 % del margen bruto de la compañía. Existe, por lo tanto, una alta concentración de nuestros beneficios entre un núcleo reducido de clientes.

Sobre este núcleo de clientes pueden incidir algunas de las acciones derivadas de la aplicación de la estrategia transaccional (de modo especial, mediante la intervención del *marketing mix*: precios fijados, promociones con las cuales se incentiva la compra, publicidad y comunicación con la que se incide sobre el conocimiento de nuevos productos, o se refuerza la notoriedad de los ya existentes, etc.). Dichas acciones convivirán, a buen seguro, con un tratamiento personalizado y consecuente con la trayectoria del cliente dentro de la empresa (precios establecidos mediante acuerdos a más largo plazo o con subidas aceptables en relación a los pagados años o meses atrás, promociones exclusivas basadas en sus gustos, preferencias o como recompensa a su fidelidad, comunicación individualizada y articulada en canales de mayor interactividad, etc.).

Esta situación parece adecuada para tomar la decisión de establecer una unidad de negocio relacional. Los clientes requieren, al menos, ser tratados mediante la puesta en marcha de acciones establecidas en un plan de marketing que favorezca las relaciones y permita su identificación.

Mucha rentabilidad por cliente significa mayores recursos económicos para asegurar (basándonos en su satisfacción) rentabilidades futuras del mismo cliente. En muchos casos, la lectura es bien diferente: los recursos derivados de la rentabilidad de un cliente son distribuidos entre inversores y accionistas, o aplicados a planes de captación en el corto plazo. Explicándolo mediante una fábula, se suele acabar con la gallina de los huevos de oro vendiendo sus huevos para comprar nuevas gallinas (que darán o no huevos de oro) o para llenar las arcas del granjero, olvidando que la gallina necesita grano y cuidados cada día.

En el caso de una concentración del margen entre un número de clientes más amplio (parte central del gráfico, en el ejemplo un 25 % de los clientes aportan un 40 % del margen bruto), la decisión más apropiada será la de establecer una unidad de negocio relacional mixta (combinando estrategias relacionales y transaccionales), una unidad grupal (comenzando un esfuerzo de relación basado en micro-grupos para evolucionar hasta el individuo), o intentar profundizar en el estudio para detectar si existe un grupo menos reducido con altas posibilidades de rentabilidades futuras sobre el que invertir (que justifique la creación de una unidad nominativa).

Las situaciones de concentración media de la rentabilidad en la cartera de clientes son adecuadas desde el punto de vista del equilibrio o reparto del riesgo. Tal y como sucedía en el caso de la concentración de la facturación, la concentración de rentabilidades o márgenes importantes en un número escaso de clientes puede suponer (en función del porcentaje que los mismos representen sobre el total de la cartera) una situación de riesgo para las empresas ("excesivos huevos en una misma cesta"). En dichos escenarios, la empresa debe reaccionar en un doble sentido: afianzando a los clientes existentes para minimizar el riesgo de pérdida de los mismos (inevitablemente cuando hablamos de retención queremos referirnos al marketing relacional) y convirtiendo clientes poco o nada rentables en rentables (por cada nuevo cliente anexionado al selecto club de los clientes rentables, la importancia relativa de cada uno de ellos sobre el total disminuye, y con ésta, el riesgo).

MARKETING RELACIONAL UN NUEVO ENFOQUE PARA LA FIDELIZACIÓN Y SEDUCCIÓN DEL CLIENTE

En las situaciones de dispersión del margen (parte derecha de la figura) es difícil encontrar un núcleo de clientes que aporte más margen que el promedio del total de la cartera (en el ejemplo necesitamos acumular hasta un 35 % de los clientes para conseguir un 40 % de la rentabilidad de la empresa). En estos casos, la necesidad de aplicar una estrategia relacional no está justificada desde el punto de vista táctico, y menos aún la creación de una unidad relacional. Sólo se justificaría si el tipo de producto o servicio ofertados aconsejase su implementación (revisar las características de las unidades relacionales puras y mixtas) y, excepcionalmente, si la orientación a futuro de la compañía pasase por la gestión directa de su cartera de clientes (disminución o desaparición de la figura del intermediario o distribuidor), o si fuese imposible añadir diferenciación o adquirir un determinado posicionamiento de cualquier otra forma que no sea mediante el valor de la relación.

Para concluir con el ejemplo y método, cabe señalar que es una práctica común en el mundo de la empresa dedicar esfuerzos importantes desde el punto de vista de las relaciones a sus mejores clientes. Esto refuerza la idea de que el marketing relacional sirve a los intereses de la empresa y forma parte de la realidad de la misma. Sin embargo, también es frecuente que dichas prácticas carezcan de un mínimo de planificación o estén acompañadas de verdaderas estrategias a largo plazo. La popularización y extensión del *Customer Relationship Management* (CRM), no sin las dificultades propias de una nueva forma de entender los negocios, parece estar aportando pasos importantes sobre el entendimiento y estructuración de la cartera de clientes y sobre la creación de unidades relacionales dentro de la empresa.

3.3.6. TIPOS DE UNIDADES ESTRATÉGICAS DE NEGOCIO

Son variados los motivos que pueden ocasionar o gestar una unidad de negocio independiente. La estrategia relacional supone en sí misma una evolución en el modelo de negocio. La creación de unidad relacional puede derivarse tanto de la creación de una nueva empresa, como de la evolución de un área de negocio, producto o servicio de la misma, sobre la que se ha detectado la oportunidad o necesidad de crear valor diferencial y de afianzamiento del cliente, mediante una mejora sustancial en la calidad percibida por el cliente y en la satisfacción del mismo.

No siempre el nivel de adecuación puede haber sido una meta en la historia de la empresa. El deseo de desarrollo de una estrategia relacional supone el inicio de acercamiento de la empresa al cliente. Venimos definiendo esta actitud como un salto desde el *umbral mínimo* de cumplimiento de expectativas, en el cual la decisión de repetición de compra o mantenimiento del cliente supone una incógnita para la empresa, o queda expuesta a variables no controladas por la misma, hacia una *cuota máxima* de calidad percibida, en la que la garantía de retención del cliente, y de las posibilidades de gasto o inversión del mismo en nuestra empresa, pueden ser cuantificables con un alto grado de confianza.

A continuación, hemos establecido una doble diferenciación de las unidades estratégicas de negocio, atendiendo tanto al tipo de negocio desarrollado o a desarrollar, como a la configuración de la cartera de clientes actual o futura.

Ambas clasificaciones muestran a menudo un alto grado de correlación, produciéndose un proceso circular en el que la característica de los productos ofertados, ajustados a las necesidades de los clientes, a sus gustos y preferencias, definen el perfil de la clientela para la cual fueron gestados, y éstos, a su vez, definen las características del producto mediante la expresión última de la intención de compra, transacción efectiva, solicitud de mejora y pérdida por inadecuación o insatisfacción.

TIPOS DE UNIDADES ESTRATÉGICAS DE NEGOCIO

	APLICACIÓN EXHAUSTIVA DEL MARKETING RELACIONAL	APLICACIÓN COMPARTIDA DE MKT RELACIONAL Y TRANSACCIONAL	APLICACIÓN EXHAUSTIVA DEL MARKETING TRANSACCIONAL
EN FUNCIÓN DEL TIPO DE PRODUCTO O SERVICIO	UNIDADES RELACIONALES PURAS	UNIDADES RELACIONALES MIXTAS	UNIDADES TRANSACCIONALES PURAS
EN FUNCIÓN DE LA CARTERA DE CLIENTES	UNIDADES RELACIONALES NOMINATIVAS	UNIDADES RELACIONALES GRUPALES	UNIDADES SEUDO-RELACIONALES

Fuente: Elaboración propia.

Basándonos en el tipo de negocio que la empresa practica podemos encontrar:

- UNIDADES RELACIONALES PURAS

Es cierto que la idiosincrasia del negocio es uno de los factores que mejor definen su cartera actual y potencial de clientes (*véase* en el Capítulo 4 el proceso evolutivo de la empresa y de sus clientes). No en vano, los productos y servicios son creados por las organizaciones para ofrecer resultados, o cubrir las expectativas de un determinado grupo de personas entre la totalidad del universo de individuos existente. Se crea así un proceso cíclico en el que el producto define o identifica al cliente para el que fue creado y éste, a su vez, queda marcado o diferenciado por el tipo de producto que usa o adquiere.

Las unidades relacionales denominadas como puras son aquellas en las que la práctica totalidad de la cartera de clientes utiliza o compra un determinado producto, cuyo valor discriminante con el resto de productos comercializados por la propia empresa, o por el propio mercado, reside, en una parte fundamental, en las relaciones (o intercambios fluidos de información tendente a la satisfacción de las partes) que, a través del mismo, se consiguen o ponen en práctica entre la empresa y el cliente.

El departamento de planificación estratégica o las personas o posiciones en la organización que detentan esta misión no necesitan segmentar el mercado (para determinar cuáles de los clientes serán administrados o no mediante una unidad de negocio relacional), en aquellos casos en los que los productos incorporan, en sí mismos, la relación entre la empresa y el cliente como causa o valor principal para su adquisición.

Puede ocurrir que la decisión de crear una unidad de negocio relacional haya sido planificada desde la creación o diseño del producto, o que la dotación de valor diferencial al producto, a través de las relaciones, haya sido una decisión posterior a su lanzamiento y nos estemos enfrentando ahora a la necesidad imperiosa de administrar u organizar dichas relaciones mediante una unidad de negocio independiente.

Características de las unidades de negocio relacionales puras:

- La estrategia transaccional no actúa de forma directa (*véanse* transacciones en las relaciones avanzadas), exceptuando la posible interacción del cliente o públicos a los que se dirige con otras unidades no relacionales puras dentro de la empresa.

- Dispondrá de una estructura caracterizada por el trato directo con el cliente, tanto en lo relativo a la comunicación como a la venta y servicio.

- Normalmente, serán unidades de nueva creación, o escisiones de antiguas unidades transacciones o relacionales mixtas, en las que la focalización al cliente y el grado de relaciones con el mismo han supuesto o van a suponer el salto desde las relaciones básicas a las avanzadas.

- Suelen incorporar productos y servicios:

  — Complejos, con alto nivel de servicio postventa (licencias y mantenimiento de software, por ejemplo).

  — De alta vinculación (en el sentido de relación temporal: créditos hipotecarios, por ejemplo).

  — Con componentes de alta emotividad (aficiones del individuo, proyectos personales, productos dirigidos a la familia, ocio, etc.).

  — Basados en procesos de inteligencia y técnica (creatividad, enseñanza, asesoría, consultoría, ingeniería, etc.), que requieren intercambios fluidos de comunicación para la puesta en marcha o consecución de proyectos.

  — Productos y servicios a los que se les quiere dotar de un valor diferencial basado en el trato personalizado (gestión de patrimonios, asesoría cosmética y capilar, alimentación dietética, etc.).

  — Basados en la venta o distribución directa (comercio electrónico, venta a domicilio, multi-nivel o *networking*, etc.), que requieren de estructuras de marketing directo.

- UNIDADES RELACIONALES MIXTAS

Son aquellas en las que la estrategia transaccional o clásica convivirá con la estrategia relacional. Estas unidades compartirán, por lo tanto, objetivos transaccionales y relacionales, y estructuras orientadas a conseguir metas en uno y otro sentido.

Desde el punto de vista de la distribución de sus productos, comparten una estructura orientada a la gestión directa del cliente (solicitud de pedidos vía teléfono, fax, Internet, extranet, fuerza de pre-venta, venta o post-venta propia, etc.), con otra u otras basadas en intermediarios, franquiciados, distribuidores, exclusivistas, licenciatarios, comisionistas, etc.

Pueden ser unidades de nueva creación (para nuestros productos o servicios o empresas que comienzan su actividad), o evolución de unidades transaccionales. De igual forma, pueden suponer el paso intermedio de un objetivo que plantea convertir esta unidad en una puramente relacional, o haber sido concebidas como tal, sin plantearse dicha evolución a futuro.

Son unidades muy dinámicas desde el punto de vista de las relaciones y redes que se establecen a diferentes niveles: directamente con el cliente, con los actores intermedios, y entre los actores intermedios y el cliente.

Normalmente, tienen que superar la dificultad de la "doble paternidad" del cliente, tanto el distribuidor, franquiciado, concesionario, taller o distribuidor autorizado (o cualquier otra figura que intervenga en la intermediación), como el fabricante o proveedor de producto o servicio, piensan que el cliente es suyo. Quien desarrolla la estrategia relacional lo hace también para confirmar dicha "paternidad".

Las transacciones no necesariamente parten de la posible pérdida de intercambio de comunicación que puede originar la figura de un intermediario, también pueden existir unidades relacionales mixtas sin intermediarios. Bajo esta perspectiva, transacciones y relaciones conviven en la medida en que la empresa utiliza canales de comunicación transaccionales (*mass media* no interactivos, por ejemplo) para lanzar mensajes no segmentados que refuercen la notoriedad, el posicionamiento que se desea realizar de la marca, o incidan sobre la captación de clientes con otros canales o medios de relación que sí favorecen el intercambio de comunicación (web interactiva, por ejemplo).

Mientras que las unidades relacionales puras son más frecuentes en los sectores industriales y de servicios, las de tipo mixto ocupan un amplio universo sectorial.

La adecuada "mezcla de estrategias" generará el valor necesario para la compañía (diferenciación, posicionamiento adecuado, conocimiento del consumidor, fidelidad del mismo, afianzamiento de sus intermediarios...). La experiencia en su manejo contribuirá al éxito, hecho que llevará a la empresa a plantear, de forma continuada, la conveniencia de exportar dicho conocimiento a otras áreas de negocio.

Características de las unidades de negocio relacionales mixtas:

- Incorporan estrategias y tácticas relacionales y transaccionales.

- Dispondrán de una estructura caracterizada por combinar el trato directo e indirecto (a través de intermediarios) con el cliente, tanto en lo relativo a la comunicación como a la venta y servicio.

Pueden ser unidades de nueva creación (para nuevos productos o servicios o empresas que comienzan su actividad), o evolución de unidades transaccionales. De igual forma, pueden suponer el paso intermedio de un objetivo, que plantea convertir esta unidad en una puramente relacional o haber sido concebidas como tal sin plantearse dicha evolución a futuro.

Suelen incorporar productos y servicios:

- De alto valor añadido, en el que el punto de venta desempeña un papel importante (marcas deportivas, textil de alta gama, joyería firmada, mobiliario y electrodomésticos de diseño, etc.).

- En los que el usuario del producto no coincide con el comprador (componentes de hardware, productos de regalo, herramientas de trabajo, etc.).

- Suministros al hogar que implican mantenimiento o pueden aparejar servicios adicionales (gas, agua, energía eléctrica, teléfono, televisión por cable, etc.).

- Resultantes de servicios postventa (talleres de reparación autorizados o de la propia marca, escuelas de formación para el manejo o práctica de un determinado producto, etc.).

- Servicios turísticos y vacacionales (hoteles, compañías aéreas, mayoristas y agencias de viajes, entre otros, pugnan por la "paternidad" del cliente).

- UNIDADES TRANSACCIONALES PURAS

Cabe hacer una breve referencia a las unidades transaccionales puras con objeto de facilitar su identificación al lector e incidir sobre las diferencias existentes con las unidades relacionales.

Al existir un mayor porcentaje de empresas que administran su cartera de clientes de forma transaccional no disponiendo, tan siquiera, de una base de datos actualizada y medianamente estructurada de los mismos (nos referimos especialmente a compradores últimos de productos y consumidores o usuarios), podemos asegurar que la mayoría de las unidades de negocio están incluidas dentro de esta clasificación.

Una unidad estratégica transaccional puede definirse como aquella que gestiona, administra o dinamiza una determinada empresa, conjunto de productos o servicios (o cualquier otra división con entidad suficiente), basándose en una estrategia transaccional; ésta se caracteriza por la ausencia de incorporación en sus objetivos y metas de lo que venimos nombrando como relaciones avanzadas para con los clientes a los que dirige su oferta (en los casos en los que dicha unidad esté orientada a la venta), o con otros públicos clave en el desarrollo de la misma (por ejemplo, proveedores, en el caso de empresas de distribución, o transformadores, en el caso de empresas dedicadas a la venta de materias primas).

Insistimos nuevamente en que dicha falta de orientación estratégica (ya sea voluntaria o forzada por el desconocimiento de la misma) no significa, necesariamente, que el cliente no ocupe un interés prioritario para la empresa. Muchos de los esfuerzos de la empresa pueden estar dirigidos a conocer el interés común de sus clientes, a ofrecer respuestas efectivas, adaptadas e incluso segmentadas que incidan sobre su satisfacción, sin que esto signifique la existencia de una estrategia relacional.

Una unidad de negocio transaccional puede identificarse por la ausencia de los siguientes factores:

- Un almacén de datos (o *datawarehouse*), capaz de registrar los diferentes tipos de relaciones que se establecen con cada cliente: de intercambio económico o compra y contratación de productos, comunicacional, participación en eventos, respuesta a promociones, reclamaciones y sugerencias, etc.

- Acciones directas a sus clientes de comunicación, publicidad, promoción, precio, producto, etc. que incorporen elementos de personalización y adaptación. Se pueden incluir en las mismas, desde el nombre o dirección del cliente, hasta la oferta de un precio único para el mismo, pasando por servicios de valor añadido exclusivos, productos diseñados especialmente para un cliente en concreto, etc.

LA ESTRATEGIA RELACIONAL

- Utilización de canales de comunicación directa o la utilización de los mismos apoyándose en el alquiler de base de datos de direcciones (particulares, profesionales, de *e-mail*, etc.) de individuos.

- Una clara identificación y respuesta a las necesidades individuales de los clientes, contemplando la satisfacción como fidelidad a la marca o repetición de compra (frente a proximidad al ideal de producto de cada cliente).

- Una retroalimentación eficiente de los sistemas de información sobre el cliente, atendiendo a la venta y a la investigación periódica (no continua) para modificar sus decisiones (estratégicas, tácticas o de cualquier otra índole).

Características de las unidades de negocio relacionales mixtas:

- Incorporan estrategias y tácticas transaccionales

- Disponen de una estructura caracterizada por el trato indirecto (a través de intermediarios) con el cliente, tanto en lo relativo a la *comunicación* (principalmente mediante medios masivos) como a *la venta* (vendedores o distribuidores, considerados en algunos casos como clientes, pero de los que no se tiene otro tipo de relación que la derivada de la mera negociación, aprovisionamiento de mercancías, o para la puesta en marcha de acciones o campañas de marketing en el punto de venta) y *servicio* (normalmente subcontratado a través de pequeñas y medianas empresas que se ocupan del envío a domicilio, de la reparación, mantenimiento u otros servicios).

- Pueden ser unidades de nueva creación, o escisiones de antiguos negocios que han conseguido la suficiente entidad o importancia dentro de la organización como para ser tratados de forma diferenciada.

Suelen incorporar productos y servicios:

- De bajo valor añadido, cuya diferenciación se reduce prácticamente al precio (productos de gran consumo carentes de marca, tales como sal y otros condimentos, pequeños materiales de bricolaje, como tornillos o clavos, productos de venta a granel, carne, pescado, fruta, verdura, etc.).

- Que no implican la necesidad de disponer de ninguna información previa sobre el cliente para conseguir su venta, o que, en caso de que la misma sí sea requerida, no necesite de actualización a futuro (una posible unidad de negocios de un banco dedicada a ofrecer cajas de seguridad en sus propias instalaciones u oficinas, basará su negocio en la discreción, por lo que procurará no solicitar más que la información necesaria para cumplir la legislación al respecto y sus propias normas de seguridad).

- Productos cuyo destinatario último sea desconocido (venta de productos con etiquetas multilingües para la exportación a través de intermediarios, por ejemplo), cuyo consumidor o usuario carece de relevancia (el consumo de energía eléctrica de un determinado hogar es despreciable para la unidad de producción de una compañía eléctrica, no así para la de comercialización o distribución), o existen limitaciones legales o éticas que impiden su archivo en base de datos o el trato directo con el mismo (enfermos crónicos para laboratorios farmacéuticos o consumidores de tabaco menores de edad para empresas tabaqueras, por ejemplo).

- De nuevo lanzamiento o sin una base ya establecida de clientes. La captación y la transacción están emparejadas; es difícil establecer una unidad de negocio relacional para productos o servicios que necesiten de un proceso continuado de captación (por ejemplo, aquellos en los que no suele producirse repetición de compra), productos que responden a una moda pasajera o necesidad puntual. Cualquier producto de reciente aparición necesitará para su introducción de una unidad de negocio transaccional o una unidad relacional mixta hasta disponer de una base mínima de clientes.

Y, en general, todos aquellos productos cuyas características o idiosincrasia intrínsecas al propio producto, a la forma en el que mismo es comercializado o a otras limitaciones no controladas por la empresa (legislación, cultura, educación, etc.) no permitan (o lo hagan mediante inversiones de muy difícil retorno) conocer con un cierto grado de fiabilidad al consumidor, establecer procesos de relación con éste, adecuar o personalizar mínimamente nuestra oferta a sus gustos y preferencias, o profundizar sobre la fidelidad y satisfacción de los mismos (mediante servicios de valor extra-transaccionales, creación de vínculos emotivos, de confianza, etc.).

LA ESTRATEGIA RELACIONAL

Las unidades o áreas de negocio relacionales, además de por el tipo de negocio o actividad desarrollada, pueden también surgir o identificarse por las tipologías de clientes a las que se dirigen.

Una empresa puede comenzar atrayendo y administrando clientes mediante estrategias transaccionales. Sin embargo, la detección de un determinado perfil o grupo de clientes (en los que la empresa está especialmente interesada) puede conllevar la separación o desagregación de los mismos del total de su cartera, con objeto de ser administrados mediante una estrategia relacional, una vez detectado que ésta puede ser la vía adecuada de crecimiento o mantenimiento de dicha base de clientes.

Antes de identificar los diferentes tipos de unidades de negocio en función de la tipología de clientes, y para ilustrar esta idea, expondremos un ejemplo de diferenciación de clientes para aplicación de estrategias relacionales en el sector financiero español.

Del área de influencia a la especialización en la banca española

A principios de los años ochenta, la mayor parte de los bancos españoles integraban en una única unidad de negocio empresas y particulares.

Las sucursales u oficinas bancarias gestionaban (y aún se sigue haciendo en numerosas entidades) una determinada área de influencia. Ésta puede ser definida como un conjunto heterogéneo de clientes potenciales que habitan (o ejercen su actividad profesional o empresarial) en una determinada área geográfica en la que el negocio (en este caso, la sucursal bancaria) suele ocupar el epicentro de la misma. Dicha área se traza utilizando criterios diversos, que van desde el tiempo máximo en minutos que un cliente necesita para desplazarse desde su hogar (o ubicación profesional) hasta un determinado establecimiento o negocio, hasta la propia división del territorio en función de la fuerza de ventas disponible o planes de expansión.

En contadas ocasiones se incorporan estudios de geo-marketing más precisos que aporten información sobre la incidencia de la competencia en la determinación zonal, respecto a la información disponible (publica y privada) de la clientela potencial, o incluso sobre proyectos de planificación urbanística, que variarán a pocos meses una vez vista la configuración física del área.

El criterio puramente geográfico o de ubicación física de la oficina bancaria prevalecía sobre las propias necesidades de los clientes. Sólo ciertas grandes empresas y algunos grandes clientes particulares lograban mantener relaciones de algún tipo con gestores especializados (y, por lo tanto, conocedores de necesidades concretas) en la central del banco o en la sucursal principal de una región o provincia. La proximidad física de la sucursal al cliente y el valor profesional de los gestores "de oficina", supuso una barrera importantísima a la expansión de la banca extranjera en España. La rentable banca dirigida a los pequeños clientes fue, y sigue siendo, feudo de los bancos españoles.

Algo diferente ocurrió con los grandes inversores particulares, institucionales y empresas en los que parte de la banca extrajera fijó su objetivo. Los grandes acuerdos internacionales, por ejemplo, hicieron perder parte del negocio basado en los negocios (*business to business* o B2B) a la banca española. La mejora en los procesos de inversión y operaciones en el extranjero provocaron también el deterioro de parte de una cartera considerada como fiel por los bancos nacionales.

En este contexto, la llamada "banca de empresas" ha tenido desarrollos desiguales en función de la estrategia de cada entidad. Desde la tentativa de algunos bancos y cajas de ahorro que han decidido situar oficinas orientadas puramente a la empresa en polígonos industriales o áreas de especial actividad comercial, a apuestas estratégicas de grandes entidades que han creado una unidad de negocio especializada en los requerimientos de la empresa, con su propia personalidad visual e imagen y amplia autonomía en la gestión. Surge así, por oportunidad y como reacción a la actividad de los competidores, la especialización de la banca para dos tipologías de clientes bien diferenciadas: particulares con grandes patrimonios y empresas.

Para su administración, se decide crear unidades de negocio diferenciadas de la "banca generalista", en las que el marketing relacional tiene un desarrollo interesante; nos referimos a unidades tipo "banqueros personales" (también llamada banca privada o gestión de patrimonios) y banca de empresas.

En éstas se atiende, de forma muy directa, las necesidades de inversión y fiscales de un selecto grupo de clientes (que aportan alto volumen de negocio y márgenes importantes a la entidad), o las propias de la empresa, que engloban transacciones con proveedores y clientes: transferencias de nóminas, cambio de divisas o transacciones internacionales (entre otras). Todo ello requiere personal altamente cualificado, dedicación, tiempo, servicio, trato personal y, en general, una gestión y un marketing más inteligente y exclusivo.

Algunos ejemplos de unidades de negocio dirigidas a clientes con patrimonios importantes son: BSN-BANIF y BCH Patrimonios del grupo SCH, ALTAE de CAJAMADRID o PRIVANZA del Grupo BBVA; cada uno de estos tres bancos también dispone de unidades de negocio y oficinas bancarias dedicadas a la empresa.

Nuevamente podemos volver a hablar de cómo la necesidad de gestionar una determinada tipología de clientes con los postulados de una estrategia relacional genera la creación de una unidad de negocio independiente dentro del banco. La especialización del interlocutor no es sino su capacidad de entender y atender los problemas del cliente (de descodificar sus mensajes y ofrecer respuestas, en términos de comunicación), las variaciones de horarios que suponen un ajuste a las necesidades del comercio o la empresa (la reducción de los intentos frustrados de comunicación implica mejora en el servicio y afianzamiento de las relaciones), la propia importancia de la optimización de los canales de comunicación (que afectan a la fluidez en el intercambio, a la propia gestión administrativa, a procesos seguros, etc.). También otros aspectos más sutiles, y no por ello menos importantes en las relaciones, tales como la mutua implicación en el negocio (que nutre a su vez relaciones con nuevos públicos, como clientes, proveedores o empleados de la empresa), la confianza (que agiliza contratos, financiaciones y trámites en general), o el proyecto compartido (que supone vivir una realidad que es construida mediante la relación en el día a día entre las partes), enfatizan la necesidad de una estrategia basada en las relaciones.

Atendiendo a la tipología de clientes, podemos identificar las siguientes unidades de negocio:

- UNIDADES RELACIONALES NOMINATIVAS

Desde el punto de vista de articulación de cartera de clientes, las unidades relacionales nominativas están dirigidas a los clientes más rentables de la empresa, o a aquellos que aglutinan la mayor parte de la facturación de la misma. Son aquellas en las que todos los clientes se gestionan exclusivamente de forma relacional. En éstas destacan las siguientes características:

- Cada cliente es conocido. La empresa dispone de información relevante sobre el mismo o está segura de poder conseguirla.

- La empresa dispone de los suficientes recursos y experiencia como para comenzar un recorrido que comenzará con las relaciones básicas, para finalizar en relaciones avanzadas (está segura de no frustrar a sus clientes mediante un intento fallido de profundizar en su satisfacción).

- Existe un alto grado de trato personalizado, motivado por la propia interacción. Utilización de canales de relación de alta interactividad.

- Se dedican recursos elevados por cliente, justificados por el alto margen que aportan.

- La pérdida de un cliente no pasa desapercibida, existe una gran implicación de la unidad en evitar dichas pérdidas. Se incluyen aquí equipos de atención personaliza y programas de retención y fidelización.

- Importancia destacada del desarrollo de la confianza a dos niveles: la depositada en la persona o personas con las que el cliente interactúa (en aquellos artículos o servicios que así lo requieren), y la generada o proyectada por la institución o empresa (más abstracta, pero no por ello menos importante).

- Las relaciones tratan de superar el propio proyecto económico para entrar cada vez más cerca del factor personal. Se incide sobre la motivación y la personalidad del cliente en un sentido amplio.

- Utilización de planes de marketing relacionales.

- Alto nivel de especialización de los equipos dedicados al servicio al cliente, alta implicación del personal en el proyecto.

- La captación de nuevos clientes suele generarse mediante relaciones personales de los propios empleados de la empresa, o mediante la recomendación de nuestros clientes (*Member get Member*). Las relaciones públicas sustituyen, en la mayoría de las ocasiones, a la publicidad o promoción de ventas para conseguir la captación.

Ejemplos de unidades relacionales nominativas:

Podemos encontrar una amplia nómina de ejemplos* al respecto, destacamos entre otros:

- En el sector bancario: banqueros personales, asesores financieros y de inversiones, banca de empresas, etc.

- En el de la vivienda, arte y decoración (refiriéndonos especialmente a clientes particulares frente a institucionales o empresas): despachos de arquitectos, interioristas, inmobiliarias, paisajistas, galerías y marchantes de arte, anticuarios, etc.

- En el sector moda y complementos (refiriéndonos al concepto de cliente como individuo que repite con una cierta frecuencia su visita): *boutique* de alta moda, joyerías, peleterías, relojerías, tiendas de regalo especializado, etc.

- En el sector de ocio y viajes (y muy especialmente en las asociaciones o clubes): campos de golf, cotos de caza, clubes de vacaciones, agencias de viaje especializados, asociaciones de deportistas y coleccionistas, librerías profesionales o temáticas, etc.

- En el sector farmacéutico y hospitalario (no considerando los productos OTS, de venta sin receta o prescripción facultativa): productos médicos para quirófano, de diagnóstico, preparados alimenticios,

---

* *Nota*: además de nuevos y diferentes ejemplos, el lector encontrará algunos redundantes con los que figuran en las unidades relacionales puras. Han sido incluidos *ex professo* para marcar el doble camino (mediante el cliente o a través del producto o servicio) por el que se puede llegar, en ciertos negocios, a la decisión de crear una unidad relacional.

LA ESTRATEGIA RELACIONAL

y, en general, todos aquellos que requieren de la aprobación de un técnico sanitario o especialista médico: drogas, fármacos, alimentos o productos éticos para enfermos sujetos a prescripción facultativa.

En estos casos, las relaciones son establecidas entre el laboratorio y el prescriptor o profesional de la medicina, ya que es éste y no el usuario (salvo en la automedicación) el que decide la compra. Son destacables las acciones relacionales (basadas especialmente en la aportación de información: seminarios, congresos, acceso a grupos de expertos, financiación de investigaciones... y en trato personal: visitadores médicos, formadores, técnicos en instrumental...) realizadas por los laboratorios.

• En las pequeñas y medianas empresas, dos de los factores que mejor definen a una PYME son su especialización o adaptación a las necesidades del cliente, y el alto nivel de relaciones avanzadas que mantienen con los mismos. No podemos aseverar que todas ellas sean conocedoras de los principios teóricos del marketing relacional, ni tan siquiera presuponer que en sus optimizadas estructuras tenga cabida un departamento dedicado a canalizar las acciones relacionales. Sin embargo, en muchos casos, son un ejemplo a seguir de la aplicación práctica del mismo. Con el deseo de profundizar sobre este asunto, ofrecemos al lector la experiencia desarrollada por un joven profesional:

Un dentista de provincia encontró la gallina de los huevos de oro tras años de graves dificultades, intentando obtener algo más que satisfacción con su trabajo. Los servicios dentales están muy por encima de la saturación, y en provincias de menos de trescientos mil habitantes es difícil obtener una clientela mínima para cruzar el umbral de rentabilidad en las inversiones antes de cinco años. Asesorado por un técnico en marketing, nuestro dentista desarrolló un proceso que, sin él conocerlo, contiene los aspectos básicos más operativos de una estrategia relacional.

El punto de partida consistía en especializarse en familias con niños de corta edad (disponibilidad presupuestaria media, pero elevada demanda de servicios dentales) ¿Cómo acceder a ellos en el menor tiempo posible? Un acuerdo con los tres colegios más cercanos a la consulta permitió impartir, durante un día, en cada colegio, a padres y alumnos, un curso gratuito sobre salud dental. En el mismo se les invitó a cumplimentar unas fichas con los perfiles sociodemográficos de cada familia, con la promesa de remitirles un libro (proporcionado por un laboratorio), además de ofertas relacionadas con los servicios dentales. Tras las tres conferencias, se obtuvo un listado de 495 referencias. Éstas fueron almacenadas en una base de datos convencional para, posteriormente, importarla a un programa de ordenador específico para gestión de clínicas odontológicas. La primera oferta fue una revisión gratuita para todo el núcleo familiar. Fue complejo organizar en un período operativo las visitas de los que contestaron (a aquellas familias más numerosas de 6 o más miembros se les hizo además una llamada telefónica personal), se concertaron en total 196 visitas. A medida que se realizaban, se elaboraba un detallado informe sobre los costes totales de las intervenciones a realizar en ese núcleo familiar. Los presupuestos estaban elaborados a precios convencionales de mercado. Los argumentos competitivos consistían en un vistoso descuento del 20 % del total en calidad de cliente preferencial, la garantía de las intervenciones durante un año, una limpieza dental gratuita para todos los miembros de la familia, y en especial la posibilidad de realizar un pago aplazado mensual con intereses simbólicos. Para ello fue necesario realizar acuerdos con una entidad financiera. Por encima del precio (la disminución del beneficio se cubría sobradamente con los ahorros logísticos, principalmente en tiempo). Lo que produjo la satisfacción y la posterior fidelización de las familias, fue el convencimiento de que el dentista prestaba sin coste un servicio de prevención; esto interesaba más a las familias, porque a largo plazo suponía un ahorro de tiempo y dinero. La consulta es rentable a los catorce meses de iniciar estas acciones y, actualmente, ha sido necesario contratar otras cuatro personas para satisfacer la demanda. Al sofisticarse y aumentar en volumen las acciones de marketing directo, nuestro dentista ha subcontratado las acciones de marketing relacional y, en la actualidad, está pensando en implantar una tarjeta de cliente para cada familia.

• UNIDADES RELACIONALES GRUPALES

Desde el punto de vista de la articulación de la cartera de clientes, las unidades grupales están dirigidas a clientes que no aportan el suficiente margen o disponen de una facturación mínima como para ser tratados de forma independiente y diferenciada, o con un alto componente de trato personalizado.

Ante esta situación, y tras considerar necesaria la creación de una unidad de negocio independiente, dada la alta posibilidad de evolución de la misma hacia una unidad relacional nominativa o pura, la empresa opta por establecer, dentro del núcleo de clientes que configurarán la cartera a administrar mediante una estrategia relacional, diferentes grupos (los más homogéneos posibles entre sí y heterogéneos con el resto) en función de variables relevantes para la estrategia a desarrollar por la empresa. Dichas variables pueden ir, desde la ubicación física del domicilio o empresa del cliente (en los casos en los que la intervención del asesor personal, delegado o contacto personal en la empresa ocupe un papel destacado, por ejemplo), a otras transaccionales (como puede ser tipo de productos comprados), emotivas (preferencias por un determinado deporte o afición, por ejemplo) y, muy especialmente, aquellas que afecten o pueden modificar la satisfacción percibida por el cliente.

Características de las unidades relacionales grupales:

- Los clientes son conocidos. Previo a la decisión de implementar la unidad relacional grupal, se dispone de información relevante debidamente almacenada y estructurada que permitirá a la empresa comenzar un camino de afianzamiento de las relaciones con sus clientes. La organización está convencida de poder ir mejorando los procesos de recogida de información y conocimiento sobre sus clientes*.

- La personalización (en cuanto a la comunicación, el producto, los servicios de asistencia a la preventa o postventa, la estructura de precios, etc.) es trabajada desde la creatividad y la tecnología de la base de datos, intentando disminuir los costes que la misma genera, sin ofrecer una imagen poco trabajada o adecuada a las expectativas (no es conveniente elevar el nivel de éstas para evitar la frustración del cliente). Cada grupo dispone de recursos de personalización diferenciados de otros grupos. Cada uno de los individuos de un grupo comparte con el resto los recursos de personalización.

- Se dedican recursos elevados por grupo, justificados por el margen que aportan.

- Menor dedicación personal, motivada por la necesidad de compartir los recursos de la empresa. Por ejemplo, varios gestores o asesores pueden dedicarse a varios clientes.

- Utilización de planes de técnicas relacionales, complementadas con otras transaccionales para su administración.

- Pueden incorporar clientes altamente rentables, pero no en el número suficiente como para crear una unidad nominativa. Ésta debe ser contemplada como meta en el desarrollo de la estrategia.

- Alto nivel de especialización de los equipos dedicados al servicio al cliente. Necesidad de implicación de la mayoría de los departamentos de la empresa en el proyecto para transmitir una imagen compacta de vocación hacia el cliente.

Nota: aunque esta característica es común a todas las unidades relacionales, en el caso de las grupales es especialmente importante. Dada la limitación de recursos disponibles, se entiende que el nivel de retroalimentación puede ser menos fluido, por lo que es necesario partir inicialmente de información suficiente para realizar los grupos unidos por intereses comunes.

- Utilización simultánea de métodos de captación basados en redes *(networking)* con otros tradicionales (*task force*, conferencias, comerciales, etc.).

Ejemplos de unidades relacionales grupales:

- Un grupo de clientes de alto nivel de facturación para los hipermercados está formado por pequeñas y medianas empresas no vinculadas a centrales de contra. Nos referidos a los hoteles, cafeterías y restaurantes (conocido como canal HORECA). El desigual desarrollo de la fórmula *Cash and Carry* en la distribución española y el paulatino abandono del canal por la mayoría de sus proveedores, teniendo en cuenta la imputación de costes logísticos (con excepción de las destilerías de alcohol y embotelladoras de refrescos o sus comercializadoras), hace que los propietarios de las mismas acudan habitualmente al hipermercado en busca de ofertas, o como forma habitual de aprovisionamiento. Dicho grupo, vinculado con el hiper, básicamente por precio, bien podría ser administrado mediante una unidad relacional grupal, capaz de mantenerles informados de las ofertas más destacadas o de realizar un folleto de producto adecuado a su demanda, sin excluir otros servicios, como entrega en el domicilio del negocio, envío de facturas con desglose de IVA o aplazamiento en el pago.

- Las franquicias diferencian muy claramente a sus clientes franquiciados de los consumidores o clientes finales de sus productos o servicios. Tal diferenciación implica (o debería implicar) la articulación de dos unidades de negocio diferenciadas dentro de la empresa. Dada la existencia de diferentes contratos o fórmulas de franquicia, el diferente grado de madurez de cada una de ellas (de reciente lanzamiento, ya consolidadas, etc.), los volúmenes de facturación conseguidos o la propia distribución geográfica de las mismas, la organización bien puede ser estructurada mediante una unidad de negocio relacional grupal, encargada de centralizar y coordinar las relaciones con los franquiciados mediante diferentes gestores, equipos o planes orientados hacia la especialización, conocimiento con profundidad y crecimiento en la satisfacción de los propietarios de la franquicia.

- Otras tipificaciones en gran consumo: yogures o pequeños postres lácteos para familias con hijos pequeños (los laboratorios farmacéuticos que trabajan leches infantiles de continuación sí intentan realizar marketing relacional): el gran consumo prefiere *mass media* y, sin embargo, es infinitamente más barato y rentable acudir a las cada vez menos numerosas familias que tienen hijos y son potenciales consumidores (un ejemplo de ello, no con mucho éxito, fue el club de Coca-Cao).

Los productos son micro (especialización de la oferta) y las estrategias son macro. El hombre de marketing cree conocer su público objetivo, pero todavía no apuesta por su público de margen rentable objetivo. La unidad de negocio es algo más que una apuesta por dirigir presupuestos de televisión a marketing directo, parte de la necesidad de disponer de un departamento de investigación y marketing especializado en relaciones.

- Es preciso invertir el proceso: ahora detectamos una necesidad declarada por el cliente en la investigación o intuida por el investigador u hombre de marketing en función de dicha información que está basada, en todo, caso en transacciones. A partir de aquí, diseñamos el producto y elegimos la mejor combinación (*marketing mix*) para venderlo y posicionarlo, es un marketing de laboratorio, lanzamos un producto para ver si tiene o no éxito. En marketing relacional, no estudiamos la necesidad, aseguramos el éxito; desde el estudio del comportamiento, de la actitud frente a la respuesta a dicha necesidad, innovamos por adecuación, no por inspiración: tenemos el producto y todas sus alternativas, y contamos con las relaciones que nos hablan de cómo son los individuos. Contrastamos todas las alternativas con una muestra de cada grupo, definimos el comportamiento de cada uno de ellos, llegamos a la mejor o mejores opciones y se la proponemos a la totalidad, es un proceso de abajo hacia arriba no al contrario. Este proceso, obviamente, cuestiona los procedimientos de investigación de mercados convencionales. Sin embargo, las consecuencias no son tan drásticas como para plantear que los sistemas de recogida de información mediante cuestionarios o entrevistas personales no tienen utilidad alguna. No olvidemos que el marketing relacional parte, y muchas veces es compatible, con las acciones transaccionales. Estas acciones siguen necesitando de procedimientos convencionales de investigación de mercados. La principal implicación de este proceso será que la fuente de información y los procedimientos de investigación se desarrollarán a nivel interno, y sus aportaciones estarán incorporadas desde un primer momento a nivel estratégico. La investigación de mercados será el punto central de las acciones relacionales en un proceso continuado y no un recurso de responsables de marketing que desean justificar sus decisiones con elementos externos aparentemente objetivos.

FACTORES EN EL PROCESO DE VINCULACIÓN	
Imagen de empresa/s	CONFIANZA
Relación personalizada	SEGURIDAD
Interacción con el servicio	CERTEZA
Número y tipo de servicios	REAFIRMACIÓN
Publicidad y comunicación	LEGITIMACIÓN
Valor añadido	DIFERENCIACIÓN

⇩

POSICIONAMIENTO EN EL MERCADO

⇩

POSICIÓN OCUPADA EN LA MENTE DEL CONSUMIDOR

Fuente: Elaboración propia.

- UNIDADES SEUDO-RELACIONALES

En algunas ocasiones, las empresas deciden crear una unidad estratégica de negocio, tras detectar que existe un grupo de individuos que deben ser tratados de forma diferenciada dentro de la empresa. En sus inicios, y antes de la plena implementación de una verdadera estrategia relacional, dicho segmento de clientes es tratado mediante una estrategia transaccional (como continuación de la experiencia que la empresa posee en este sentido), a la que se incorporan determinadas actividades relacionales (marketing directo y servicios postventa principalmente).

A este camino (y a las posibles divisiones de negocio de cierta entidad que en la estructura de la empresa pueden derivarse del mismo), hemos convenido en llamarle seudo-relacional, ya que carece de una verdadera vocación y planificación relacional, al basarse más en la incorporación al

LA ESTRATEGIA RELACIONAL

marketing mix de algunas de las técnicas y prácticas del marketing relacional, que en una clara vocación en lo que se refiere a la identificación y anticipación a las necesidades del cliente.

En efecto, el marketing relacional ha conseguido seducir a cientos de ejecutivos y responsables de marketing, habiéndose quedado su praxis, lamentablemente, más en sus formas que en sus contenidos. La popularización de sus premisas, gracias principalmente a la divulgación del *Customer Relationship Management*, la aparición de Internet y de otros medios electrónicos de comunicación, han servido para que los planes de empresas, de todos los sectores y tamaños, plantearan su puesta en marcha. En dicho contexto, las apuestas más conservadoras sólo han acometido parcialmente un proyecto relacional, y como resultado de ello, presumiblemente, la proliferación de unidades seudo-relacionales sean las más frecuentes entre las identificadas en este capítulo.

Si bien el ejercicio de delimitación de este tipo de unidades es complejo, ya que pueden compartir un número amplio de variables o características con otras unidades relacionales descritas anteriormente (e incluso con las unidades transaccionales si se contempla la base estratégica sobre la que se sustentan), a continuación ofrecemos al lector, a modo de guía, una nómina de características para su identificación:

- Suelen ser frecuentes en empresas de reciente creación con poca base histórica y conocimiento sobre su cartera de clientes. En este sentido, podemos considerarlas como"apriorísticas", ya que establecen la tipología o características de los clientes a gestionar mediante la unidad relacional, basándose en previsiones o experiencias previas en negocios similares.

- Los clientes son parcialmente conocidos. Se dispone de múltiple información dispersa (en empresas ya maduras no orientadas al cliente históricamente) o de informaciones básicas sobre los mismos (nombre, dirección y teléfono, por ejemplo). La información relativa a las motivaciones del consumidor ocupa un papel nada destacado, previo a este tipo de información, la organización tenderá a recopilar y clasificar información relativa a los transaccionales con la empresa (intercambios económicos, solicitudes de pedidos y entregas, etc.)

- Los procesos de personalización llegan exclusivamente y de forma parcial a la comunicación, alternándose significativamente con comunicaciones masivas, no personalizadas. El papel de los programas de fidelización suele suplir la falta de una clara vocación por la comunicación directa; de hecho, se confunden las unidades relacionales con los departamentos de fidelización o tarjeta de clientes.

• Se persiguen con objetivos y recursos la captación y ventas. Los procesos de retención y fidelidad se dan por supuesto, aunque las actuaciones en este sentido sean escasas o no existan.

• La importancia de la marca (y en su caso del canal de distribución) acapara las inversiones. Se confunde imagen proyectada con reputación o posicionamiento.

• De igual forma, no se logra diferenciar entre servicio postventa y relaciones avanzadas con el cliente. Se tiende a mejorar los procesos de calidad a través de la resolución de incidencias, muy ocasionalmente se actúa sobre las causas que generan dichas reclamaciones del cliente.

• Las relaciones se basan en la articulación de canales de relación sin un respaldo efectivo en el llamado *back office* de dichos canales. Se pone a disposición del cliente, por ejemplo, un número de teléfono gratuito y una dirección de *e-mail* que recibe comunicaciones de los clientes sin disponer de estructura suficiente para dar una respuesta efectiva.

• Utilización de planes de marketing transaccionales a los que se añade un cierto aditamento de marketing directo y atención al cliente.

• Masificación en los servicios de atención al cliente, nula identificación del interlocutor y su seguimiento. Saltos y "paseos" del cliente por diferentes departamentos de la empresa o por diferentes gestores.

• La captación de nuevos clientes suele generarse mediante relaciones personales, de los propios empleados de la empresa o mediante la recomendación de nuestros clientes (*member get member*). Las relaciones públicas sustituyen en la mayoría de las ocasiones a la publicidad o promoción de ventas para conseguir la captación.

• Menor dedicación personal, motivada por la necesidad de compartir los recursos de la empresa. Por ejemplo, varios gestores o asesores pueden dedicarse a varios clientes.

LA ESTRATEGIA RELACIONAL

- Utilización de planes de técnicas relacionales complementadas con otras transaccionales para su administración.

- Pueden incorporar clientes altamente rentables, pero no en el número suficiente como para crear una unidad nominativa. Ésta debe ser contemplada como meta en el desarrollo de la estrategia.

- Alto nivel de especialización de los equipos dedicados al servicio al cliente. Necesidad de implicación de la mayoría de los departamentos de la empresa en el proyecto, para transmitir una imagen compacta de vocación hacia el cliente.

- Utilización simultánea de métodos de captación que se basan en redes (*networking*) con otros tradicionales (*task force*, conferencias, comerciales, etc.).

3.4. LA GESTIÓN DE LA COMUNICACIÓN RELACIONAL

El proceso de comunicación entre la empresa y los distintos públicos relacionales es un elemento fundamental en la consolidación de la estrategia relacional. Por encima de planteamientos teóricos y complejos, (alejados de una forma de actuar que consolide el plan relacional), una integración sólida del conjunto de instrumentos, canales y medios utilizados por la empresa para recoger información y comunicar posteriormente los elementos adecuados para proporcionar valor añadido de acuerdo a las expectativas de los consumidores es un punto de partida imprescindible en la estrategia relacional.

La tendencia a utilizar los distintos instrumentos de comunicación de una forma individualizada, no sólo reduce las sinergias positivas al optimizar los instrumentos; frecuentemente se promoverán incoherencias con dañinos resultados para la credibilidad de la empresa. Esta falta de integración responde a los siguientes condicionantes:

- Limitada formación de los responsables de comunicación en las empresas sobre la utilización del conjunto de instrumentos de comunicación. Gran parte de los responsables ha sido formada en antiguos departamentos de publicidad.

REQUERIMIENTOS DEL CONSUMIDOR DEL SIGLO XXI

Información y formación
EMPOWERMENT

Ofertas competitivas:
• Prestaciones
• Conveniencia
• Condiciones

Respuestas
INMEDIATAS

Compartir experiencias
comunidad

Reconocimiento, atención
personalizada y ofertas
diferenciadas

La transparencia
y honestidad que lleva
a la confianza

Recomendaciones
creíbles en lugar
de autopromoción

Ausencia de
presión de venta

Fuente: Adaptado de ICEMD (2001).

• La externalización de las actividades especializadas: marketing directo, Internet, promoción de ventas... ocasiona trabajar con distintas empresas en aras de una supuesta especialización, poco favorable para el desarrollo de políticas de comunicación integradas.

• La competitividad de los proveedores de servicios de comunicación externos, que frecuentemente desacredita con argumentos poco realistas aquellos instrumentos en los que no están especializados.

• Búsqueda de resultados a corto plazo por parte de las empresas. Parece más sencillo, rentable y operativo promover desarrollos de comunicación adaptados a los condicionantes del mercado. Este pragmatismo desaconseja inversiones elevadas para integrar plenamente los procesos de comunicación en la empresa.

• Modas pasajeras sobre utilización y eficacia de los distintos instrumentos de comunicación. Este escaso rigor va en detrimento de utilizar los distintos canales e instrumentos en función de objetivos y necesidades.

LA ESTRATEGIA RELACIONAL

143

- Desarrollos tecnológicos con complejidad creada artificialmente por los proveedores para controlar externamente el proceso; esto dificulta la integración de los sistemas.

- Los distintos departamentos de la empresa tienden a utilizar la información como un elemento competitivo entre ellos, más que para establecer sinergias conjuntas a fin de competir como organización y no como individuos. Por esta razón, que es tan importante, para el éxito de la estrategia relacional, comenzar por una aplicación rigurosa a nivel interno y organizativo de los principios fundamentales de esta estrategia.

LOS CANALES DE LA COMUNICACIÓN RELACIONAL		
CANAL	VENTAJAS	INCONVENIENTES
Teléfono	– Procedimientos contrastados. – Automatización de los procedimientos. – Coste por contacto medio. – Alcance elevado.	– No apto para determinados *targets*. – Percepción de intromisión. – Necesidad de utilizarlo puntualmente para no saturar. – Dilema de *outsourcing* de las campañas.
Fax	– Inmediatez. – Adecuado para *B to B*.	– Poco operativo para marketing relacional. – Tecnología en desuso al ser mejorada por otros canales.
Correo postal	– Buena capacidad de personalización. – Recursos creativos. – No intrusivo. – Preserva la intimidad. – Elevado alcance y capacidad de segmentación sociodemográfica. – Eficacia contrastada.	– Saturación. – Elevado margen de error de las bases de datos externas. – Escasa respuesta. – Necesidad de utilizar agentes externos con limitado control. – Tiempo de preparación de las acciones.
Correo electrónico	– Retroalimentación en tiempo real. – Control de medidas de eficacia. – Costes bajos.	– Respuesta condicionada a la implicación del *target*. – Alcance limitado sobre *targets* no representativos de la población. – *Spamming*.

LOS CANALES DE LA COMUNICACIÓN RELACIONAL *(continuación)*

CANAL	VENTAJAS	INCONVENIENTES
Mass media	– Elevado alcance. – Apto para conseguir notoriedad y generar tráfico. – Conveniente para generar un alto volumen de información en bases de datos no cualificadas.	– Necesidad de realizar un plan de medios. – No genera afinidad. – No es comunicación bidireccional. – Se hace necesaria una segmentación posterior. – Saturación de los mensajes.
Televisión digital	– Creatividad novedosa. – Medio audiovisual. – Establece sinergias entre el medio Internet y el medio televisión. – Favorece acciones impulsivas. – Posibles transferencias positivas con los distintos contenidos.	– Alcance limitado y selectivo. Tecnología no consolidada. – Falta de experiencias previas y modelizaciones.
Fuerza de ventas	– Alta calidad de la comunicación relacional. – Adecuado para transmitir objetivos corporativos rigurosos. – Canal muy selectivo.	– Necesidad de formación especializada. – Alta tasa de rotación. – Costes elevados. – Necesidad de apoyo tecnológico. – Limitada capacidad de contactos.
Internet	– Interactividad y *feedback*. – Medio no intrusivo. – Costes bajos. – Sistemas de medición de eficacia sofisticados. – Automatización de los procesos.	– Alcance limitado. – Audiencia poco propensa a la fidelización. – Percepción negativa del medio por webs de baja calidad. – Escasa integración de Internet con el resto de los canales.
Intranet/Extranet	– Óptimo para públicos internos y *B to B*. – Poco utilizado en acciones relacionales.	– No apto para consumidores finales. – Necesidad de realizar inversiones. – Falta de integración con el resto de procesos.
EDI	– Favorece el desarrollo de acciones relacionales de calidad allí donde esté implantado. – Automatización de los procesos.	– Escasa utilización fuera de acciones logísticas. – Nula implantación en empresas pequeñas. – Información escasamente identificada con consumidores finales.

LA ESTRATEGIA RELACIONAL

LOS CANALES DE LA COMUNICACIÓN RELACIONAL *(continuación)*

CANAL	VENTAJAS	INCONVENIENTES
Terminales punto de venta	– Costes bajos. – Automatización de procedimientos.	– Incompatibilidad de sistemas. – Necesidad de personalizar la información. – Poca disposición del minorista a compartir la información.
Datáfonos	– Información desagregada de los procedimientos de compra. – Fiabilidad de la información.	– Confidencialidad de la información. – La captura de información. depende de terceros. – Infraestructuras no controladas.
Tarjetas convencionales	– Elevada penetración poblacional. – Calidad de la información. – Cantidad de la información. – Permite también acciones transaccionales.	– Elevada competencia de formatos. – Alta tasa de inutilización. – No fidelizan en sí mismas. – Necesidad de masa crítica. – Capacidad de fidelización limitada.
Tarjetas inteligentes	– Alto volumen de información. – Sistemas de seguridad. – Multiplicidad de aplicaciones.	– Necesidad de "partenariados". – Pérdida de autonomía de los promotores. – No decididos los protocolos estándares.
Cajeros automáticos	– Calidad de información financiera. – Apto para acciones relacionales novedosas y facilidad de uso. – Elevada capilarización territorial.	– Confidencialidad de los datos. – Necesidad de "partenariado" con entidades financieras. – Necesidad de cruzar los datos.
Pantallas de información	– Conexión de los mundos *on* y *off line*. – Influencia en las decisiones en el punto de venta.	– Alto coste y escasa familiarización del público masivo con este tipo de soportes.
Acciones de *merchandising*	– Elevada eficacia. – Permite buenos desarrollos creativos. – Calidad de la información recogida.	– Elevado coste. – Necesidad de acuerdos con terceros. – Lentitud de los procesos.
Contact Call-Center	– Unifica los contactos y automatiza los procesos. – Proporciona información homogénea y depurada. – Integración automática con la base de datos. – Operatividad mediante los avances tecnológicos.	– Elevado coste de desarrollo y mantenimiento. – Falta de control al realizar *outsorcing*. – Necesidad de formar personal especializado. Obsolescencia de las tecnologías.

Fuente: Elaboración propia.

Los autores que desde el punto de vista teórico han conceptualizado el marketing relacional no han prestado demasiada atención a desarrollar fundamentos específicos sobre modelos relacionales comunicativos. De la escasa literatura existente, cabe destacar las integradoras aportaciones de Duncan y Moriarty (1998). A continuación, se muestra una adaptación del modelo teórico de comunicación relacional que proponen. Es destacable cómo a pesar de que la comunicación siempre ha sido un elemento decisivo del marketing, no ha existido demasiada preocupación por interpretar cómo afectan los paradigmas relacionales al proceso de comunicación, entendido tanto como modelo teórico como variable fundamental del *mix*.

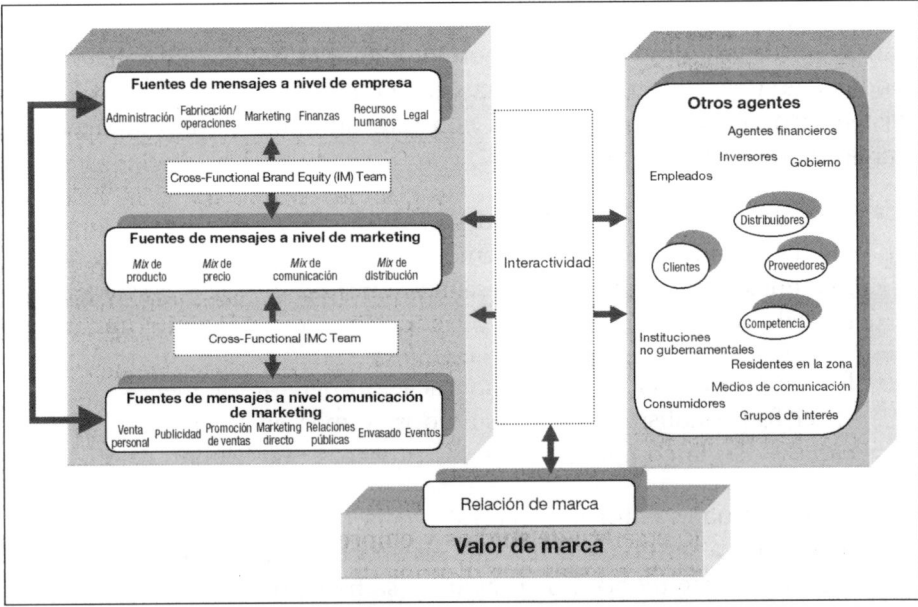

Fuente: Adaptado de Duncan y Moriarty (1998).

El modelo anterior explicita las limitaciones de la comunicación bajo principios transaccionales. Ésta se basa más en la utilización persuasiva de la comunicación (entendida como manipulación propia de las relaciones a corto plazo), más que en sus efectos de relación bidireccional. Además, el concepto de transacción es, en sí mismo, una estrategia que implica solamente comunicación en un sentido.

En el modelo clásico del *marketing mix* se aporta una visión excesivamente limitada y simplista del proceso de creación de imagen de marca, aportando a estas acciones todo el peso de creación de la misma. Sin embargo, está claro que las compañías deben asumir que en el proceso de formación de imagen es tan importante lo que dicen como lo que no dicen. Más adelante, nos centraremos en la gestión de la comunicación, como un todo integrador de múltiples variables. Esto es especialmente relevante en el sector servicios, donde la comunicación entre el cliente y el prestatario es decisiva en la calidad percibida del mismo. En este caso, la comunicación será una componente crítica e inseparable del servicio. La comunicación no será un elemento más de las acciones de marketing, tendrá una implicación central en el conjunto de funciones que contribuyen a prestar el servicio.

La comunicación es una actividad humana que conecta gente y crea relaciones. Desde un punto de vista teórico, cualquier actividad humana está condicionada por la comunicación. Sin embargo, está comprobado que existen otros factores relacionados con ésta que pueden aportar valor de marca. Vamos a desarrollarlos:

- Cuando está adecuadamente desarrollada bajo los anteriores conceptos, la comunicación es un elemento integrador que rompe las barreras funcionales entre la empresa, sus consumidores y el resto de agentes del proceso.

- El campo de acción de la comunicación debe estar menos centrado en el funcionalismo y sus resultados, y más en la creación de relaciones y en la comprensión de los procesos que las han originado.

- En los actuales entornos, una estrategia de *mix* de marketing clásica ha llegado a ser un elemento que no aporta un valor diferencial estratégico. De este modo, las compañías se han dado cuenta de que pueden aumentar su valor estratégico a partir de la suma del valor de creación de marca obtenido con todos sus consumidores uno a uno.

- A pesar de que las empresas comprenden que deben gestionar la comunicación de un modo más humanista y personalizado de una forma intuitiva, no es habitual adoptar procesos para integrar de manera eficaz una comunicación relacional con sus consumidores y agentes.

- Es tan importante comunicar para conseguir un determinado posicionamiento de marca, como elaborar procedimientos de retroalimentación que ayuden a comprender la influencia de las relaciones en dicho posicionamiento.

FACTORES PRINCIPALES QUE AFECTAN AL PROCESO DE PERCEPCIÓN DE LA IMAGEN DE EMPRESA

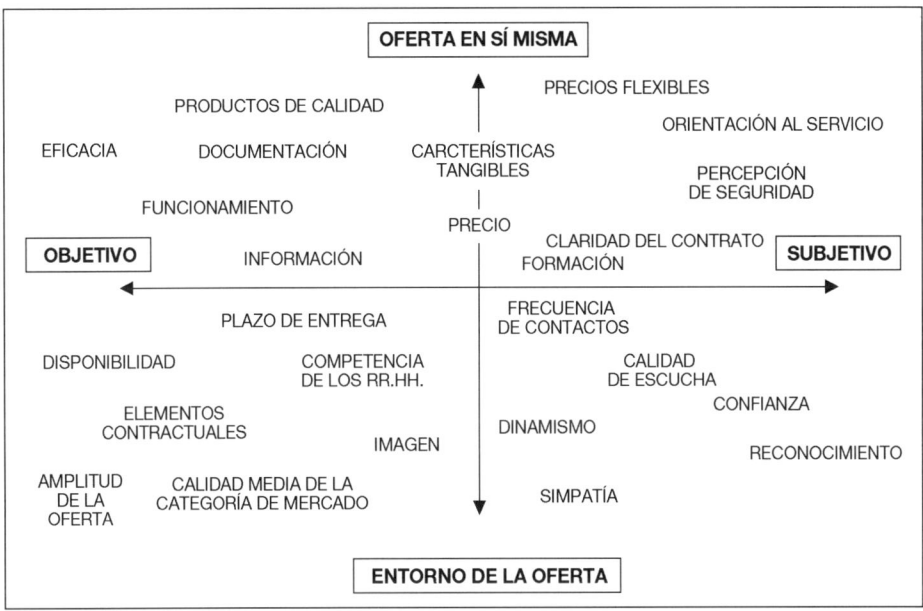

Fuente: Elaboración propia a partir de una idea de Crance Ph. (2000).

- La actual tecnología ha revolucionado el concepto de investigación de mercados. Hoy en día la cantidad, la calidad y la velocidad de la información obtenida en el proceso de retroalimentación de la comunicación con los consumidores no hace utilizable esta información bajo un modelo convencional de *marketing mix.*

- Esta nueva visión relativiza el concepto de que la comunicación puede ser dirigida o controlada. Sin embargo, en la medida de que los fabricantes puedan comprender el complejo proceso que lleva a un consumidor a tomar una decisión de compra, será posible integrar múltiples vías para asegurar que los mensajes adecuados comunican exactamente en un proceso, tal y como lo había planificado el fabricante.

- Es decisivo entender que un modelo de comunicación relacional debe considerar múltiples fuentes de creación de mensajes: todas las fuentes internas, acciones corporativas, acciones de marketing y acciones de comunicación específicas. Si no se tiene en cuenta alguno de estos elementos el proceso no podrá ser dirigido estratégicamente.

LA ESTRATEGIA RELACIONAL

- Finalmente, un modelo de comunicación relacional debe tener en cuenta que todo en la empresa comunica (a veces puede ocurrir que lo que se piensa que comunica, no comunica). Fundamentalmente, esto afectará a tres áreas: empresa como ente corporativo, empresa como desarrollo funcional y empresa como un ente organizacional.

3.5. CUALIDADES DE LA COMUNICACIÓN RELACIONAL

¿Dónde está el factor humano en todo este proceso? No todo es tecnología sofisticada e incomprensible, mezclas imposibles de canales de comunicación, medios e instrumentos que permiten una cuantificación de las acciones en los límites de la utilidad real.

Si la comunicación relacional se redujera a la mera utilización de aplicaciones tecnológicas, las empresas que operan en mercados similares y que dispongan de los mismos recursos económicos, en la práctica realizarían acciones de comunicación prácticamente homólogas. Pero es precisamente en la estrategia de comunicación relacional donde más diferencias podemos encontrar con respecto a la calidad de las acciones desarrolladas y, por lo tanto, de los resultados conseguidos. Gran parte de los dispares resultados proceden de una diferente concepción de los objetivos. No olvidemos que una estrategia de marketing relacional es aplicada, entre otros elementos, con unas acciones integradas de comunicación, que deben cumplir de una forma subordinada los objetivos de marketing que previamente se han definido. Esto puede parecer básico, pero son numerosos los ejemplos de responsables de comunicación que, seducidos por toda la parafernalia tecnológica presentada por algún consultor avispado, adquieren y comienzan a utilizar, como si de un juguete de navidad se tratara, aplicaciones, canales y medios de comunicación sin ni siquiera plantearse si estas acciones cumplen los sagrados objetivos de marketing de la empresa.

Una conocida empresa de recursos humanos implantada a nivel multinacional y cuyos principales recursos competitivos se basaban en desarrollos de Internet, llegó a una situación crítica en menos de un año tras haber dilapidado numerosos recursos en una estrategia empresarial absolutamente incoherente. Seducidos por la capacidad tecnológica de los más modernos *Contact Call-Center*, desarrollaron una plataforma propia con 60 teleoperadoras absolutamente cualificadas. Podemos imaginar el coste de ubicación física, entrenamiento, salarios, mantenimiento y compra de tecnología. Supuestamente, esta plataforma debía ser el buque insignia de acciones relacionales centradas en el negocio de recursos humanos que les otorgara el liderazgo del creciente mercado. Paralelamente, 50 ejecutivos de cuentas comenzaron la aparentemente sencilla tarea de abrir el mercado hacia sus propuestas. La coordinación entre ambos equipos ocupó gran parte de las escasas jornadas de vida que tuvo el proyecto. Nadie se había planteado que debía existir total coordinación y compatibilidad entre ambos canales de comunicación que, a pesar de toda la tecnología utilizada, trabajaban en distintas direcciones. Cuando la empresa matriz realizó la auditoria del fracaso (en menos de un año se habían dilapidado 2.000 millones de pesetas y había sido necesario despedir a todo el equipo de teleoperadoras), se demostró que la creación de un *contact call-center* tan sobredimensionado y sofisticado era absolutamente inoperante en un mercado que debía crear el negocio a partir de cero. Este capricho de los responsables se basaba en la creencia errónea de que únicamente con tecnología, y sin un buen modelo de negocio, es suficiente para realizar estrategias competitivas. A nadie se le ocurre comprar una flota de Ferrari pensando que de esta manera sus servicios de distribución logística tienen que ser obligatoriamente más rápidos que la competencia. Los recursos deben permitir cumplir unos objetivos y, por mucha tecnología que se utilice, ésta no garantiza que sea utilizada como argumento competitivo definitivo. Por desgracia, éste ha sido un mal común en numerosas empresas que, por el solo hecho de utilizar como medio fundamental Internet, han gozado de recursos económicos limitados. Dentro de unos años, cuando se analicen las estrategias de estas empresas que apenas han superado el año de vida, muchas de las propuestas parecerán dignas de dos adolescentes apostándose la asignación jugando con un simulador de empresas. Habrá que ver entonces cómo las consultoras, al igual que siempre, eluden responsabilidades tras haber dejado arrasado el mercado, eso sí, obteniendo enormes beneficios.

INTERACTIVIDAD DE LOS CANALES DE COMUNICACIÓN

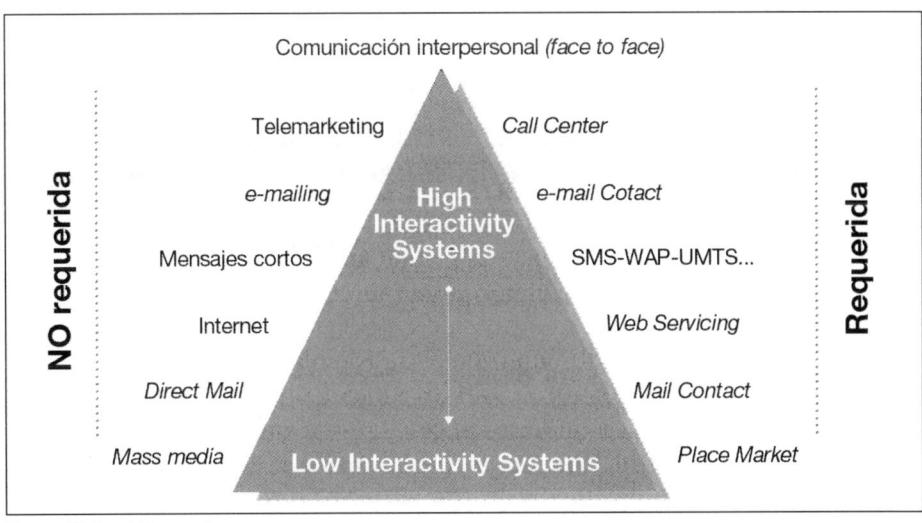

Fuente: Elaboración propia.

La comunicación relacional, a pesar de su componente tecnológico, tiene mucho de arte, intuición, experiencia y, por supuesto, aprendizaje continuo, lo que dificulta plantear unos fundamentos básicos más allá de una utilización coherente de los instrumentos fundamentales de comunicación. A continuación se desarrollan algunos de los principios básicos que se deben explicitar en acciones de comunicación creadas específicamente para desarrollar relaciones:

- Los recursos permiten una sorprendente personalización de los mensajes, con una continuada retroalimentación de la información que permite desarrollar acciones de comunicación totalmente individualizadas. En este contexto y tras años de marketing *one to one*, el consumidor reconoce perfectamente cuándo la comunicación tiene realmente una personalización (le proporciona valor añadido, puesto que ha identificado sus necesidades) o simplemente se le está intentando seducir llamándole por su nombre. No es personalización que los cinco compañeros de oficina se encuentren al mismo tiempo un bonito correo electrónico que comunica una exclusiva oferta promocional en materia de ocio, cuyo único elemento diferencial son los encabezados con el nombre propio del receptor.

- La creatividad desempeña un papel muy importante en la eficacia de la comunicación. Ésta debe estar perfectamente adaptada al medio, canal, segmento, público objetivo concreto y objetivo comunicacional. Seguramente, por el afinado aprendizaje que las empresas de marketing directo han desarrollado tras largos años de acciones, es todavía el momento de reivindicar la eficacia de sencillas campañas de marketing directo postal, como elemento básico de información en una estrategia relacional. La impresión digital permite la utilización de recursos creativos prácticamente individualizados. La tasa de respuesta obtenida en campañas de marketing directo, combinadas con incentivos promocionales absolutamente individualizados, revindica la validez de formatos de comunicación clásicos.

En 1999 la agencia MRM Directing obtuvo el reconocimiento de los profesionales del sector por su campaña de lanzamiento en España del Opel Astra para G.M. La imaginativa combinación de recursos convencionales consiguió comenzar con resultados bastante alentadores el inicio de acciones relacionales en el sector de automoción. Básicamente, la cualidad diferencial de la campaña era la correcta planificación de las acciones de comunicación a partir de acciones convencionales de publicidad masiva y marketing directo. A partir de la cumplimentación de un cuestionario colocado en una campaña publicitaria en revistas para las que se realizó una creatividad exclusiva y diferencial para cada uno de los

FUNCIONES Y ACTIVIDADES DE MARKETING

Fuente: Elaboración propia.

soportes, se consiguió un elevado índice de respuestas. La originalidad de la campaña publicitaria buscaba conseguir sinergias con la creatividad y los contenidos del propio soporte.

Una vez conseguida una base de datos con las cualidades y condicionantes necesarios para iniciar acciones relacionales, se seleccionó un primer grupo de clientes potenciales sobre los que realizar una acción de marketing directo postal. La personalización del envío era realmente sorprendente, la información obtenida en el cuestionario trasladaba directamente el perfil sociodemográfico y psicográfico del cliente potencial en elementos creativos del *mailing*. La campaña iba más allá de los simples recursos de personalización. Así, no se adjuntaba un voluminoso catálogo con el conjunto de la gama del Opel Astra, sino que el catálogo contenía un producto concreto totalmente adaptado a lo que el cliente potencial acudiría a buscar a un concesionario. Tras una personalización de los mensajes, el *target* profundizaba en el contenido de la oferta: así un hombre de 40 años con tres hijos y perro encontraba en el catálogo el modelo monovolumen, en motorización Diésel, y con

LA ESTRATEGIA RELACIONAL

las fotos del producto con el color de pintura, tapicerías, llantas y equipamiento que *a priori* más se adaptasen a sus gustos. Esto se completaba con una oferta promocional aplicada directamente sobre el precio final de un modelo concreto, de tal forma que nuestro cliente no debía hacer complejos e imaginativos cálculos de cuánto podría costar el vehículo deseado. La información se podría complementar con un teléfono de atención al cliente y, por supuesto, se podía concertar una visita con el concesionario más cercano en condiciones preferenciales. La cuantificación de los resultados de la campaña estableció una eficacia de 20 a 1 entre esta acción y la publicidad convencional masiva.

- La comunicación relacional debe trabajar creando sinergias donde la suma individual de los efectos de utilización de los distintos instrumentos de comunicación, sea inferior a la eficacia global obtenida. Los responsables de comunicación tienden a mostrar un lamentable partidismo a la hora de valorar la eficacia de los distintos medios y canales (esta tendenciosidad muchas veces denota ignorancia). Ni mucho menos medios denostados como los *mass media*: televisión, prensa... deben dejar de ser objetivamente utilizados en procesos de comunicación relacionales. Un profundo conocimiento de las diferentes cualidades diferenciales del conjunto de posibilidades en la comunicación relacional permitirá una perfecta optimización de costes y objetivos.

- La comunicación relacional proporciona conocimiento como fuente de valor añadido entre ambas partes de la relación. Conocimiento no es igual a información. Resulta sorprendente que empresas que registran diariamente millones de datos sobre sus consumidores son, en cambio, absolutamente incapaces de solucionar pequeños problemas operativos. ¿Quién no ha tenido algún problema con una entidad bancaria por sencillos asuntos que deterioran gravemente la relación entre los implicados? ¿Por qué es casi imposible obtener un comprobante físico de una transferencia realizada con la banca telefónica? ¿Dónde está la supuesta integración de los canales...?

- La comunicación relacional da valor añadido. Este valor añadido se debe repartir de forma equilibrada entre ambas partes. El consumidor es cada vez más consciente de que la información que continuamente proporciona a las empresas con las que mantiene relaciones tiene un elevado interés estratégico. Por ello pretende ser recompensado. De este modo, cuenta al portal de comercio electrónico qué música le gusta y dónde pasa sus vacaciones, pero a cambio quiere encontrarse cada vez que accede a esa dirección una gratificante experiencia virtual totalmente individualizada equivalente, por ejemplo, a la que obtiene cuando compra su revista favorita todos los meses.

- • Es importante entender las implicaciones del uso de la promoción de ventas como elemento de incentivo a nuestras acciones de comunicación. Todavía algunos no se han dado cuenta de que la promoción de ventas es mucho más que un gancho o reclamo para mejorar la atracción y notoriedad de nuestras comunicaciones. En sí misma, es un poderoso instrumento de comunicación, con efectos directos sobre nuestra imagen y posicionamiento. Considerarla simplemente como
- – un instrumento de incremento de ventas a corto plazo nos llevará efectivamente a la ruina en el mismo corto plazo.

Probablemente, una de las causas principales de los escasos resultados obtenidos por las tarjetas de fidelización en el sector de distribución minorista inglés haya sido centrar el valor añadido al consumidor en acciones promocionales poscompra. Una de las principales limitaciones de las acciones promocionales es su facilidad para ser imitadas y mejoradas por los competidores directos.

En este entorno absolutamente coyuntural no se valora con rigor el efecto de estas acciones sobre la comunicación, imagen y posicionamiento de la marca y enseña. En 1999 se estimó que el 50 % de los poseedores de la tarjeta de fidelidad en el sector de alimentación posea más de una tarjeta (Webb, S. 2000). Si el principal objetivo de estas tarjetas es promover la fidelidad del consumidor hacia un determinado detallista, la realidad muestra que los consumidores utilizan sus diferentes tarjetas en función de las ventajas promocionales que puntualmente les aporta cada enseña. Así, si TESCO inicia una campaña de un conjunto de productos ofertados 3 al precio de 2, el consumidor inglés utilizará su ClubCard. Safeway puede ofrecer el triple de puntos para acumular en su tarjeta para incentivar la compra de sus productos con marca propia. Finalmente, Sainsbury's inicia una campaña de bonos promocionales en puntos de venta sólo para los poseedores de la Sainsbury's Reward Card. En este entorno, no es extraño que el director general de Safeway afirme que estas tarjetas son "un reluciente e inútil pedazo de plástico". Esta situación ha cuestionado la validez de estas acciones, y muchas de las enseñas han anulado sus programas de fidelización centrando el ahorro de costes en una estrategia continuada de precios bajos.

El error cometido por las enseñas inglesas es básicamente conceptual. Sus llamadas tarjetas de fidelización deberían ser llamadas tarjetas de incentivación de ventas. Su valor añadido se centra en ofrecer promociones continuadas a sus consumidores; éstas son ostentosamente eficaces en términos de ventas a corto plazo, pero promueven desde la misma empresa una cultura de infidelidad de los consumidores hacia las enseñas.

- • La comunicación relacional no crea falsas expectativas. Tengamos en cuenta que lo que se fomenta es la fidelidad a partir de la confianza y el conocimiento mutuo. No defraudar las expectativas de nuestros públicos exige ser consciente del equilibrio entre lo que se espera y lo que se proporciona. Si se le dice que por pertenecer a Airtel Club tendrá tantas ventajas que le harán sentirse importante, conviene trabajar duramente para mantener estas supuestas ventajas a lo largo del tiempo, no dejando la impresión a los consumidores de que éste ha sido un mero argumento para frenar el avance de la competencia.

- Construye relaciones de confianza. Éstas facilitarán enormemente los procesos, ya que el público no cuestionará continuamente las acciones de la empresa con la que se relaciona teniendo un ojo puesto en la competencia. Claro está que ya sabemos que la confianza es una abstracción muy difícil de generar y muy fácil de perder. Seducir a nuestra novia para que se case con nosotros nos puede llevar tres años, pero que nos abandone, si nos descubre en actitudes comprometidas con nuestra compañera de trabajo, es tan fácil como que directamente busque consuelo con nuestro mejor amigo. Nuestro mejor amigo-enemigo es la competencia.

Está demostrado que en el sector industrial un profesional autónomo defraudado por unos precios de suministros no tan ventajosos como se argumentaba comenzará a trabajar con el competidor directo de suministros de su actual proveedor, aumentando notablemente el volumen de gasto, además de motivar a empresas afines para realizar el mismo cambio de proveedor haciendo auténtico proselitismo de las ventajas conseguidas.

- Efectivamente, la comunicación relacional fomenta como valor añadido la creación de comunidad (individuos que comparten los mismos intereses). Sin embargo, parece que se olvida que hay individuos que buscan todo lo contrario. Conviene identificar a aquellos consumidores cuyo valor procede precisamente de su exacerbado individualismo. No sólo será necesario garantizarle mecanismos de protección de su intimidad, habrá que afinar las técnicas de comunicación para que éste perciba que conocemos su peculiar idiosincrasia.

Nada peor para un coleccionista de vinilos de los años sesenta que enviarle indiferenciados catálogos compuestos fundamentalmente de novedades en CD. Un fax mensual con los precios y las escasas unidades disponibles de cada referencia hará que nuestro coleccionista, a pesar haberle ocasionado dificultades para llegar a final de mes, nos esté tan agradecido como si le hubiéramos salvado la vida.

- La comunicación es voluntaria, no intrusiva. El amplio abanico de medios y canales permite que cada consumidor nos diga qué, cuándo, cómo y durante cuánto tiempo quiere establecer relaciones con nosotros. Parece mentira que las empresas de marketing telefónico insistan en contactar hasta en cuatro y cinco ocasiones con alguien de su base de datos. Si ese individuo nunca se encuentra en el domicilio, o cuando se encuentra —estará agotado después de una dura jornada—, es seguro que, si conseguimos establecer comunicación, ésta tendrá muy poco de beneficiosa para los objetivos de la empresa. ¿A quién le interesa, después de haber trabajado 12 horas, perder 10 minutos escuchando las competitivas tarifas del operador telefónico? A poca gente, supongo, sobre todo si ése no es el usuario habitual del servicio telefónico, y ya se había contactado con él por correo ofreciéndole los argumentos con detalle.

- Protege y salvaguarda la intimidad. Las empresas son poco conscientes de lo celosos que son los consumidores sobre el uso-abuso de la información que proporcionan. No son precisamente sensacionalistas los medios de comunicación cuando alertan de los agravios que se cometen en materia de protección de este derecho. Las empresas no sólo deben cumplir la legislación escrupulosamente, sino que también deben facilitar los procedimientos para que de una forma natural sea el consumidor el origen de la información voluntaria, y no que ésta responda a la necesidad de cubrir unos campos en una base de datos generada por un departamento de marketing incompetente.

  Si somos invitados a una casa, esperaremos a ser conducidos por las distintas estancias por nuestros anfitriones, a nadie se le ocurre ponerse a abrir puertas para descubrir lo bien decorada que tienen la casa nuestros vecinos. Entonces, ¿por qué algunas empresas de Internet abusan de procedimientos de rastreo tipo *cookies* sin el conocimiento del consumidor?

- Establece flexibilidad en la periodicidad de los contactos. Debe existir un número de contactos mínimo fijado previamente, pero no un número de contactos máximo, éstos vendrán condicionados por las propias necesidades creadas en la relación.

- El consumidor puede iniciar la comunicación desde cualquier canal. Ello hace necesario una total compatibilidad de los procedimientos.

LA ESTRATEGIA RELACIONAL

Éste puede ver una campaña publicitaria masiva en su televisor, posteriormente llamará a un número 900 solicitando información; este consumidor deseará también que se le envíe directamente a su teléfono WAP, posteriormente contrastará los datos por medio de Internet en su despacho, dará la contestación por correo electrónico y, finalmente, querrá encontrar en su buzón un envío postal con los justificantes de la operación. Esto no es ciencia ficción, es comunicación relacional integrada. Estos procedimientos serán imprescindibles en el futuro. Gran parte de la comunicación vía web ha fracasado por no facilitar otros procedimientos. Aquellas plataformas que posibilitan el acceso telefónico o los sistemas de comunicación iniciados desde la web tienen muchas más posibilidades de retener y comunicar con sus usuarios en momentos críticos.

- La comunicación relacional incentiva el diálogo: sistemas de acceso gratuitos, rápidos, cómodos, sencillos, y con personal especializado que realce el componente humano de la comunicación. Las supuestas ventajas de la banca telefónica quedan obviadas cuando, tras diez minutos de espera en una llamada que se factura directamente al usuario, nos atiende una máquina con voz artificial de operadora. El ahorro de costes que se obtiene por la automatización de los procesos se pierde en desconfianza generada por un trato impersonal. Una amable y cualificada voz femenina hace milagros en la resolución de pequeños conflictos.

- Esta comunicación consolida y reafirma un posicionamiento. Es veraz y coherente con la imagen que globalmente mantienen la estrategia general de marketing y las campañas publicitarias masivas. Este punto es imprescindible para evolucionar de una estrategia transaccional a otra relacional. De nada sirve una bonita campaña publicitaria en la que Iberia utiliza argumentos emocionales asociados a una calidad diferencial, cuando el usuario lo único que encuentra son retrasos y mal servicio. No hay tarjeta de fidelización que retenga a un usuario de un producto deficiente. Los hipermercados ya deben haber aprendido la lección.

- La comunicación se basa en un procedimiento continuado de retroalimentación de la información. Éste debe ser especialmente cómodo; seguramente los que diseñan los largos y aburridos cuestionarios telefónicos y postales nunca se han planteado los efectos nocivos al realizarlos ellos mismos.

MARKETING RELACIONAL UN NUEVO ENFOQUE PARA LA FIDELIZACIÓN Y SEDUCCIÓN DEL CLIENTE

PROCEDIMIENTOS DE COMUNICACIÓN A PARTIR DEL CONTACTO POR MEDIO DE LA WEB	
FAQ´S (Automatización de las respuestas más frecuentes)	El 90 % de la demanda de información a través de la web de las empresas corresponde a respuestas susceptibles de automatizarse. Esto ayuda a discriminar los esfuerzos comunicativos, centrándose en las demandas que realmente requieren atención no estandarizada.
Respuesta aplazada	Por razones de complejidad de la información, por diferencias horarias, o por la no disponibilidad de una respuesta cualificada es necesario aplazar la contestación transmitiendo al solicitante un plazo preciso de resolución de la demanda informativa.
Web Chat	Comunicación entre varios usuarios de la web de forma simultánea e interactiva. Es un procedimiento flexible, versátil y que realmente aporta un valor diferencial a las comunicaciones.
Vídeo conferencia	Cuando la tecnología lo permite existen aplicaciones que posibilitan la transmisión simultánea de imagen y sonido entre emisor y receptor por medio de la web. Exige recursos y personal cualificado, pero transmite el grado máximo de personalización de la comunicación.
Navegación por la web compartida	El operador del contact center comparte con el solicitante de información la navegación por la web, de tal forma que ambos en tiempo real visualizan la misma información. Esto acelera el proceso y facilita el acceso a información contenida en webs complejas.
Voz sobre IP	Permite añadir la voz como si de una comunicación telefónica se tratara en una comunicación iniciada al comenzar la navegación por una web.
Fax convencional	Determinados usuarios pueden requerir, por distintas razones, que se le retorne la comunicación en un soporte físico convencional. Puede ser el caso de contratos.
Visita concertada de la fuerza de ventas	Una vez identificada vía web la complejidad de la información requerida o la importancia del cliente, será necesario concertar una visita de nuestra fuerza de ventas convencional.
Correo convencional	No está ni mucho menos en desuso; muchos clientes y empresas continúan utilizando mucha documentación en soporte físico.

Fuente: Elaboración propia.

LA ESTRATEGIA RELACIONAL

- Muchas veces el principal valor añadido de la comunicación es la respuesta inmediata. Por ello, toda la información debe estar disponible desde el primer momento en la persona que inicia o canaliza el contacto. La diferencia cualitativa entre que nuestro requerimiento sea atendido rápida y eficazmente por la primera persona con la que contactamos, a pasar con sucesivos responsables a los que tenemos que contar sucesivamente nuestro problema, es notable. Una llamada para comunicar una incidencia de un parte de seguros lleva una media de 30 minutos y haber cruzado informaciones con tres responsables distintos, eso con suerte. Probablemente, la escasa fidelidad de los consumidores frente a las aseguradoras procede de la nula comprensión de éstas de las acciones de comunicación relacionales.

- La tecnología se usa como apoyo, no como fin último. Cuando nuestra entidad bancaria nos invita a utilizar sus servicios mediante su equivalente *on-line* ¿qué está buscando?: mejor conocimiento y satisfacción de sus consumidores mediante un servicio complementario, ¿o simplemente un ahorro de costes? Parece más esto último cuando, una vez consolidada la utilización de la banca *on-line*, ésta pone numerosos impedimentos para realizar muchas operaciones por procedimientos convencionales.

- Los errores cometidos en la comunicación relacional tienen nombre y apellidos, por lo tanto es imprescindible corregirlos inmediatamente, sea cual sea el coste. Si una llamada ha estado diez minutos en espera en la cola del *contact call-center*, debemos ser conscientes de que hemos hecho perder a alguien tiempo y dinero. No sirve argumentar que las líneas están saturadas, esto es tan grave como decirle "ponte a la cola, me importas un pimiento".

- No se deje guiar por las modas. La comunicación responde a un proceso bastante simple en el que la tecnología a veces desempeña un papel contrario al objetivo. Pensemos en el poder de Internet como medio de comunicación; con la todavía pequeña perspectiva de los grandes fracasos originados, conviene reflexionar que su uso está altamente contraindicado para determinados objetivos.

Todos parecieron arrojarse por la misma ventana que el competidor. Sin embargo, ¿por qué meterse en terrenos desconocidos y de alto riesgo, cuando conocemos perfectamente la dinámica de utilización de los medios de comunicación masivos? Cuando algún gurú proporciona titulares tipo "la publicidad convencional ha muerto" a quien realmente habría que matar era a él y a la organización que le

MARKETING RELACIONAL UN NUEVO ENFOQUE PARA LA FIDELIZACIÓN Y SEDUCCIÓN DEL CLIENTE

ha pagado disparatadas cifras por exponer aportaciones dignas de una reunión entre Nostradamus y Martes y Trece.

- Conseguir información de forma continuada es explicitar los cambios que ésta nos produce en la relación. De qué sirve realizar todos los años un cuestionario de satisfacción sobre la calidad de atención al cliente de un servicio técnico, si, además de no acusar respuesta de agradecimiento, el consumidor encuentra que los procedimientos que ocasionan su descontento no sólo se repiten, sino que se agravan.

- La comunicación relacional es un arte que responde a planteamientos fundamentalmente emocionales (posteriormente se desarrollan). Es necesario un análisis riguroso basado en técnicas cualitativas sobre cómo llevar hasta el final el proceso de implicación mediante la comunicación de elementos emocionales. En una reciente encuesta de satisfacción de alumnos, era notorio comprobar cómo éstos otorgaban mayor puntuación a un joven profesor con limitados conocimientos pero cuyo fervor, convencimiento y deseo explícito de que los alumnos aprendieran algo era mejor recibido que la del reputado catedrático, cuyo único objetivo era demostrar su tremenda sapiencia en aquellos escasos receptores capaces de seguirle.

- No olvidemos que toda comunicación debe contener un mensaje, el cual, lógicamente, deberá estar coordinado con el conjunto de la estrategia relacional. El cuadro adjunto muestra algunos de los puntos de partida aptos para los mensajes relacionales.

CONTENIDO DE LA COMUNICACIÓN RELACIONAL
Beneficios sociales:
Reconocimiento personal, amistad, confraternización, sentimiento de pertenencia, hacer sentirse al consumidor importante y valioso.
Beneficios psicológicos:
Reducción de la ansiedad y la incertidumbre en los procesos, confianza y credibilidad.
Beneficios económicos:
Descuentos preferenciales, precios y ofertas preferentes, promociones específicas y ventas cruzadas ventajosas.
Beneficios de personalización:
Trato preferencial, productos y servicios adicionales, beneficios basados en el historial del consumo, búsqueda del mejor acuerdo para el consumidor y resolución de necesidades específicas.

3.6. GUÍA PARA LA REALIZACIÓN DE UN PLAN DE MARKETING RELACIONAL

¿QUÉ ES?

- Un *documento escrito*.
- Que detalla *acciones específicas de marketing relacional*.
- Dirigidas a *objetivos relacionales concretos*.
- Dentro de un determinado *contexto de mercado*.
- Normalmente cubre *un año*.

UN PLAN DE MARKETING RELACIONAL IDENTIFICA

- *Oportunidades de negocio* basadas en la orientación de la empresa al mercado.
- Los *públicos* a los que será dirigido.
- Cómo *establecer* y *mantener relaciones* entre un determinado núcleo de clientes para asegurar una posición destacada en el mercado.
- Los *objetivos*, políticas, *programas* y *procedimientos* que favorecerán la mejora continuada y la proyección a futuro de la compañía.
- Los elementos del *marketing mix*, prestando un especial interés al alcance y desagregación de los mecanismos dirigidos a la calidad, el servicio y la interacción con los públicos y, en general, a la búsqueda de la satisfacción de los mismos.

UN PLAN DE MARKETING RELACIONAL SE PUEDE PREPARAR PARA

- *Un producto* o *servicio*.
- *Una línea, gama* o *categoría* de productos o servicios.
- *Uno o varios mercados* o para un determinado "hueco" dentro del mismo.
- *Una unidad de negocio* dentro de la empresa.
- Una *empresa* u *organización* (estructurada o no en diferentes unidades de negocio) o un grupo de empresas.
- *Uno, varios* o *la totalidad de los públicos* con los que la empresa interactúa, o para determinados individuos o grupos dentro de los mismos.

CARACTERÍSTICAS FUNCIONALES

- *Sencillo:* fácil de entender y manejar.
- *Claro:* preciso y detallado, evitando ambigüedades.
- *Práctico:* realista respecto a la identificación de metas y la forma de lograrlas.
- *Flexible:* adaptable a los cambios, capaz de evolucionar con el entorno.
- *Completo:* capaz de convertir en realidades los objetivos estratégicos.
- *Personal:* que refleje claramente la personalidad de la empresa.
- *Original:* en su forma y contenido.
- *Inteligente:* capaz de sorprender y de conservar su vigencia en el tiempo.

PASOS PARA SU ELABORACIÓN

1. Retome e incluya los aspectos relevantes del PLAN ESTRATÉGICO RELACIONAL:

   • Actualice y adapte el ANÁLISIS DE LA SITUACIÓN, repase en los aspectos macroeconómicos que incidirán sobre el periodo para el que está realizado el plan y revise su incidencia sobre la empresa y su entorno competitivo. Centre su análisis en la organización, realice un estudio detallado de sus actuaciones pasadas y valore las mismas. Apoye siempre sus comentarios con datos, acuda a la investigación y al sentido común. No olvide que sus decisiones y actuaciones afectarán a otros departamentos de la empresa; llegue a un consenso interno.

   • Preste un especial interés a la MISIÓN y a los PROPÓSITOS de la empresa. Presente actuaciones coherentes con éstos. Experimente nuevas formas de llegar a los mismos basándose principalmente en sus clientes. Analice sus planes anteriores y valore sus resultados.

2. Realice un DAFO (en el que se reflejen las debilidades, fuerzas, oportunidades y amenazas de su empresa). Tenga cautela al situar cada argumento en su lugar. Considere especialmente los aspectos relacionales.

3. Tome como base los OBJETIVOS ESTRATÉGICOS RELACIONALES para crear los OBJETIVOS DE MARKETING. Pase de lo estratégico a lo táctico, defina objetivos específicos cuantificables y ambiciosos pero realistas, incluya el seguimiento que va a realizar de los mismos, identifique diferentes escenarios e incluya las posibles modificaciones de los objetivos para cada uno de ellos.

4. Formule los PROGRAMAS DE ACCIONES RELACIONALES. Identifique los esfuerzos de marketing dirigidos a cada uno de sus públicos. Diferencie mediante la segmentación. Realice una MEZCLA DE MARKETING orientada a las objetivos sin perder su vocación por el cliente y su conocimiento del mismo. Recuere orientar el PRODUCTO, PRECIO, PUBLICIDAD, PROMOCIÓN, DISTRIBUCIÓN y COMUNICACIÓN a la SATISFACCIÓN. Diferencie lo inevitable de lo que verdaderamente aporta valor para el cliente y la empresa. Sitúe en el tiempo y en el espacio todo ello. Incluya un plan de seguimiento y ajuste. Aproveche sus experiencias anteriores. Ponga la puesta en marcha de las acciones en manos de expertos si su compañía no cuenta con la experiencia o con la estructura necesaria. Apóyese en la personalización, en la creatividad y en la tecnología. Supere el concepto masa, hable de individuos.

5. Prepare los PRESUPUESTOS. Asigne recursos (económicos, humanos y de tiempo) a cada una de las partidas. Sea generoso con sus mejores clientes: el futuro de su empresa depende de ellos. Recuerde nuevamente las implicaciones presupuestarias que su mezcla de marketing pueden provocar en otros departamentos. Defina métodos de control presupuestario e incluya las posibles variaciones a realizar en el transcurso del plan.

Ejemplo de un plan de marketing relacional elaborado para una empresa productora y comercializadora de bebidas alcohólicas (basado en un caso real)

Dada la reiterada alusión, por parte de diferentes autores y profesionales, a la dificultad de aplicar el marketing relacional a empresas no pertenecientes a los sectores industriales y de

LA ESTRATEGIA RELACIONAL

servicios, hemos preferido incluir un ejemplo de una compañía de gran consumo en España. Dicha empresa, dedicada (si utilizamos una descripción de su misión basada en la producción) a "la fabricación y comercialización de bebidas alcohólicas de alta gradación" o a "poner sabor a la tradición y placer" (si consideramos su misión basándonos en el cliente), posee una única unidad de negocios que gestiona tres marcas de bebidas alcohólicas, no competidoras directas entre sí, por el diferente posicionamiento que se ha venido realizando de las mismas especialmente asociado con la calidad del producto, su precio y la evocación al momento o situación de consumo de cada una de las mismas. Cada una de estas marcas posee diferentes competidores, siendo uno de los objetivos de la compañía lograr una mayor diferenciación con su competencia, actualmente escasa o inexistente. La empresa diferencia dos mercados, el nacional en el que el reconocimiento de marca es desigual en función de criterios geográficos, y el internacional, en el que la denominación de origen del producto y su acentuado carácter español son utilizados como argumentos para de venta. Al igual que ocurre con la mayor parte de las bebidas alcohólicas, la empresa diferencia la ingestión del producto en el hogar del cliente y en los bares, hoteles, cafeterías, etc.

Por motivos obvios de espacio, no vamos a reproducir la totalidad del plan relacional, preferimos detenernos en aquellos aspectos más significativos y presumiblemente novedosos del mismos, en detrimento de los que guardan una mayor afinidad con un plan de marketing clásico o transaccional.

ANÁLISIS DE LA SITUACIÓN:

- La empresa está afrontando un profundo proceso de cambio en su orientación del negocio, para ello, y debido principalmente a debilidades en su red de distribución y los costes derivados de la misma, ha decidido abandonar de forma transitoria ciertos mercados nacionales en los que la distribución capilar no estaba originando los resultados previstos en margen. Dadas sus limitaciones de producción (especialmente por el proceso de envejecimiento de los caldos) ha preferido orientarse a mercados internacionales hasta llegar a un 40 % de su producción anual (actualmente vende un 32 %), más dispuestos a pagar un precio más caro por el mismo producto.

- Los objetivos de expansión y el momentáneo repliegue para una posterior salida (a tres años vista) hacia la consecución de una cuota de mercado que supere en un 5 % a su actual competidor directo (líder del mercado) han obligado a la compañía a realizar un importante esfuerzo inversor, materializado en la compra de una nueva bodega con la que será capaz de cubrir la demanda esperada. De igual forma, está invirtiendo en modificar y mejorar los procesos de producción de la bodega primitiva.

- La compañía carece de experiencia importante en marketing de producto y empresa (tanto transaccional como relacional), posee información muy dispersa y prácticamente inservible sobre sus clientes (tanto distribuidores como exportadores y consumidores finales). Sin embargo, está reforzando con recursos económicos y humanos este apartado. El plan estratégico y los planes de marketing están siendo elaborados por la dirección general y comercial conjuntamente con una consultora contratada al efecto; una vez el equipo sea seleccionado y formado en el negocio, tomará el relevo a la misma.

- Se ha decidido poner un especial énfasis en el marketing relacional, debido principalmente a tres causas: la necesidad de la empresa por conservar a los consumidores de su producto aun con la disminución de algunos de sus distribuidores (nacionales y extranjeros, estos últimos varían con bastante frecuencia) y la alta tasa de fidelidad del consumidor a la marca tras superar un proceso de prueba y habituación al mismo (que el cliente estima entre dos y tres botellas de 70 cl en un periodo de entre tres y seis meses).

- Los estudios de mercado sobre bebidas alcohólicas no han sido capaces de aclarar si la tendencia de consumo de bebidas alcohólicas en el futuro se inclinará hacia la mezcla con refresco o a la ingestión sin mezcla (nuestros productos pertenecen a estos últimos). Sin embargo, parece estar clara la asociación de una cierta tipología de individuos (de sexo masculino, mayor poder adquisitivo y edades superiores a los 40 años).

MISIÓN Y PROPÓSITOS:

- Ser reconocido por los consumidores del producto como el mejor "trago corto" entre las bebidas de alta gradación, un reconocimiento que ha de estar presidido por las propias cualidades del producto y por la tradición evocada. Nuestras bebidas han de ser capaces de "regar" los momentos íntimos o sociales con cargas emotivas positivas. De forma sintética "ponemos sabor a la tradición y al placer".

- Queremos que nuestros clientes dejen de serlo por haber encontrado un mejor precio, nunca por encontrar una experiencia comparable.

- Nuestros vendedores y distribuidores han de estar seguros de que el producto que tienen entre sus manos responde a las expectativas del consumidor más exigente, nuestra bodega lo hará frente al comprador más meticuloso.

- Nuestros empleados han de seguir sintiéndose orgullosos de trabajar en una bodega con más de 100 años de historia, en la que se combina el espíritu de familia con los más novedosos sistemas de gestión.

OBJETIVOS DE MARKETING RELACIONAL:

- Establecer un programa de fidelización dirigido a consumidores frecuentes, con objeto de conseguir identificar y dinamizar las relaciones directas con la empresa, al menos, entre un 10 % de los mismos en España y un 5 % en otros países en el próximo año.

- Realizar una apuesta efectiva por los canales de alta interactividad con clientes, proveedores y distribuidores. Especialmente por medio de una *web site*, *e-mail*, marketing directo y centro de atención telefónica (en inglés y español).

LA ESTRATEGIA RELACIONAL

165

ANÁLISIS DAFO

DEBILIDADES

- Ausencia de información histórica sobre clientes. La información sobre canales de distribución es puramente transaccional, está dispersa y no identifica claramente a compradores ni *prospect*.
- Orientación de la empresa a las ventas. Falta de adaptación del producto a las necesidades del consumidor, relativa obsolescencia del producto derivada de un posicionamiento basado en la tradición.
- La orientación hacia la exportación incidido negativamente en el suministro a distribuidores, alto nivel de incidencias.

FUERZAS

- Alta calidad del producto e inmejorable conocimiento del proceso de producción.
- Gran afinidad de la red de ventas con las grandes cadenas de distribución. Presencia en todos sus lineales.
- En ultramar: posicionamiento y ventas por encima de expectativas. Asociación de las marcas con sus denominaciones de origen.
- Clara integración del público interno en el proyecto de empresa. Orgullo de compañía.
- Conocimiento de marcas y bodega.
- Pasado histórico con valores destacables.
- Apuesta por la orientación al cliente.

OPORTUNIDADES

- Afianzamiento de las relaciones con clientes, proveedores, distribuidores y la propia plantilla. Alto nivel de recepción según test de mercado.
- Elasticidad del precio de venta. Un nuevo posicionamiento basado en la orientación hacia un público "más selecto" puede provocar incrementos importantes en los beneficios.
- La compra de una nueva bodega garantiza en el medio plazo la demanda prevista tras la aplicación del nuevo plan estratégico.

AMENAZAS

- Alta posibilidad de que los competidores directos acometan en breve un reposicionamiento de sus productos.
- Posible encarecimiento de los impuestos que graban el producto (harmonización con Unión Europea). Campañas anti-alcohol en Europa y USA
- Posible desembarco de nuevos competidores (especialmente franceses) con grandes inversiones en marketing.
- Destacada apuesta de nuestros competidores por los canales de distribución directa (Internet y Clubs Gourmets).

- Implementar un CRM Marketing y Ventas capaz de aportar conocimiento sobre el cliente, gestionar las campañas *on* y *off line*, almacenar la información relacional de forma adecuada para la toma de decisiones y segmentar a clientes y distribuidores. Favorecer desde su integración con los canales de relación directa, especialmente para el seguimiento de objetivos de ventas y *reporting* por parte de la red de ventas.

- Orientar la demanda a las necesidades del consumidor, especialmente en lo relativo a los diferentes formatos de las botellas, al *packaging* de las mismas y a la disposición en los lugares de compra del público objetivo.

- Elaborar una estrategia de comunicación que enfatice los propósitos de la empresa.

- Proceder a un reposicionamiento de las diferentes marcas a partir de un incremento del 20 % en el precio de adquisición de las bebidas tipo A, un 15 % en las de tipo B y un 10 % en las de tipo C. Con objeto de afianzar la calidad percibida y generar el margen suficiente para acometer parte (35 % estimado) de las inversiones previstas en marketing.

- Establecer un plan de marketing interno que favorezca el conocimiento e implicación en la nueva orientación de la compañía. Favorecer el aprendizaje en todos los aspectos relativos a la atención al cliente.

- Diseñar un almacén de datos temporal y un procedimiento de recogida de la información de ventas y suministros logísticos con objeto de establecer las premisas para la clasificación de clientes (no consumidores finales) en los seis primeros meses de vida del plan. Establecer conclusiones y valorar la creación de una unidad de negocio relacional mixta para atender a los clientes distribuidores más rentables o que mejor puedan favorecer el desarrollo de nuestra estrategia.

- Etcétera.

PROGRAMA DE ACCIONES RELACIONALES (Resumen de las más notables no diferenciadas por subfunciones: precio, publicidad, etc.):

- Incluir en el envase de las botellas una acción promocional cuyo premio consiste en la participación en un evento dirigido a 100 personas, que incluye la visita a las bodegas, desplazamientos y estancias en un hotel rural con encanto, así como diferentes visitas a poblaciones típicas de la provincia. Dicha acción propone la inclusión de un código cifrado en nuestra página web, previa contestación a un cuestionario (en el que se recogerán aquellas informaciones relevantes generadoras de un principio de relación) mediante el cual puede conseguirse el premio (pre-sorteo). Se invita al consumidor final a darse de alta en nuestro club de clientes, cuyo principal atractivo reside en una suscripción a una revista y *news letter* electrónico dedicado a la gastronomía y a las bebidas con un fuerte componente de viajes y aficiones.

- Diseñar una nueva *web site* con altos recursos de interacción (juegos y cultura gastronómica) y personalización basada en los factores emocionales del consumidor, en la evocación al pasado histórico de la bodega y en el *glamour* de la denominación de origen y comarca. Incluir dentro de la misma una zona de acceso restringido dirigida a distribuidores, compradores de grandes cadenas y proveedores con objeto de canalizar parte de sus transacciones iniciales y futuras relaciones a través de la misma.

- Implementar dos centros de atención telefónico, uno de ellos dirigido a dar soporte a la red de ventas (especialmente en lo referido a control de pedidos, suministros y seguimiento de ventas) y otro orientado al consumidor final (que atenderá dudas y sugerencias y aportará informaciones diversas sobre el producto: desde sus métodos de elaboración hasta sugerencias de consumo), este último prestará apoyo *online* a aquellos visitantes de nuestra web que así lo soliciten, recogerá y almacenará información relevante sobre los gustos y preferencias de cada cliente.

- Crear un concurso de agencias de diseño gráfico capaces de aportar información sobre las preferencias de presentación de nuestros productos (*packaging* y entorno:

LA ESTRATEGIA RELACIONAL

167

merchandising, planogramas, eventos en bares, etc.), favorecer la "customización" de nuestras bebidas y evocar el mundo de representaciones más apropiado para cada tipología de clientes. Valorar la posibilidad de incluir recursos de personalización ("embotellado especial para...", "embotellado el año en que nació don...", "embotellado el año en que nació su hijo...", etc.).

- Aplicar un programa de formación en atención al cliente y conocimiento de los objetivos de empresa para cada empleado de la bodega. Realizar una convención trimestral en la propia bodega en la que los directores general y comercial presenten la evolución de la compañía y fijen prioridades sobre algunos de los objetivos. Establecer un programa de incentivos en el que se valore la satisfacción del cliente por medio de la intervención de los empleados; dicho programa ha de permitir el intercambio de experiencias y favorecer la iniciativa en dicho sentido.

- Etcétera.

El programa se completaría con un calendario que sitúe en el tiempo cada una de las acciones planificadas, identificando responsables para su puesta en marcha y métodos de seguimiento y control.

Los PRESUPUESTOS, PROYECCIÓN DE VENTAS Y BENEFICIOS y MECANISMOS DE CONTROL sobre objetivos, presupuestos y ventas, no han sido desarrollados, ya que no presentan sustanciales diferencias sobre los realizados para el PLAN DE MARKETING TRANSACCIONAL o CLÁSICO.

CAPÍTULO IV
FIDELIZACIÓN, VINCULACIÓN Y RETENCIÓN DE CLIENTES

4.1. CONSIDERACIONES GENERALES PREVIAS

Fidelización, vinculación y retención de clientes son tres palabras de moda en el vocabulario de marketing. Tres verbos utilizados con desigual acierto que explican fenómenos diferentes y un único deseo: mantener a los mejores clientes de la empresa.

Antes de adentrarnos en la descripción de cada una de estas tres actividades y de situar a las mismas en el contexto del marketing relacional, realizaremos una revisión del proceso evolutivo de la empresa y de su cartera de clientes, incidiendo especialmente sobre los procesos de generación de confianza y satisfacción de expectativas.

Nuevamente, es preciso hacer referencia a cómo el fenómeno del marketing relacional (y dentro del mismo, las actividades o funciones encaminadas a evitar la pérdida de clientes), supone una evolución sobre ciertos planteamientos presentados como pragmáticos, que pretenden circunscribir las actividades del marketing a determinadas "tareas tácticas" de la organización. A menudo, la articulación de relaciones y planteamientos estratégicos se vea afectada por una visión en la que el cliente, considerado teóricamente como sujeto activo, es tratado en realidad como sujeto pasivo. Nos referimos, especialmente, a la reducción sistemática y concentración de las responsabilidades del departamento de marketing en el diseño y ejecución de la mezcla de marketing, en su forma más extendida y breve, las conocidas "Cuatro P". En este sentido, Christopher y otros (1991), van todavía más lejos: "De la misma manera que el modelo de las 'Cuatro P' no capta, en realidad, toda la amplitud y complejidad de los aspectos prácticos del marketing, tampoco reconoce, de forma explícita, las interrelaciones fundamentales que existen entre los propios elementos del *marketing mix*".

Resulta harto difícil presentar una visión acotada de las actividades relacionales, identificando qué tipos de relaciones son o no propias de la dirección de marketing y de su equipo. Si verdaderamente consideramos a éstos como motores de la innovación y dinamización del curso de la empresa, deberíamos no dudar en situarlos como protagonistas de las mismas. De cualquier forma, el conocimiento global del fenómeno puede crear las bases para impulsar, desde cualquier área de la empresa, las mejoras y cambios necesarios para ofrecer un valor superior al cliente. Lo importante no es quién lo impulse, es que alguien tome la responsabilidad de hacerlo.

4.1.1. EL FACTOR TIEMPO

El desarrollo de la cartera de clientes de la empresa es, ante todo, un fenómeno temporal, cuya evolución pasa básicamente por cuatro estados:

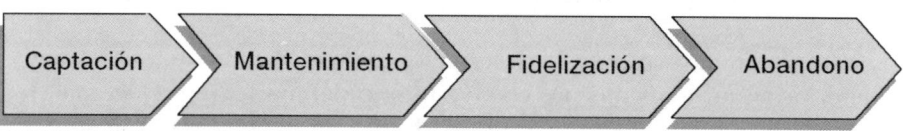

Captación → Mantenimiento → Fidelización → Abandono

Dicha evolución no es siempre un proceso lineal en el que todos y cada uno de los clientes pasan por los diferentes estadillos, sino que, muy al contrario, la realidad refleja que los procesos *captación-abandono* o *captación-mantenimiento-abandono* suelen ser los más habituales.

En principio, podemos afirmar que sólo uno de cada tres clientes que capta la empresa realizará todo el recorrido o, lo que es lo mismo, es susceptible de ser fidelizado por la misma. Dicha proporción variará en función del tipo de mercado en que se opera (número e importancia de los competidores, características del producto o servicio ofertado, tipología de clientes, sector de actividad, etc.) y, muy especialmente, estará afectada por la propia orientación de la empresa hacia sus clientes y por los objetivos de la misma.

Puede que la euforia inicial de mantener o fidelizar a cualquier cliente se convierta en una práctica más selectiva, cuando comprobemos que un actual o potencial "buen cliente" también es un cliente que exige de nosotros esfuerzos para los que no estamos preparados o requiere inversiones que aproximen a cero la rentabilidad del mismo, haciendo que se convierta, en ese justo momento, en un "mal cliente". Anticipamos que, en un alto índice, el principal factor que nos hará identificar a un buen cliente será, junto con su rentabilidad actual, su potencial para aportar beneficios a la empresa. Tan sólo la identificación del mismo, dada su dificultad (las rentabilidades históricas no siempre aseguran rentabilidades futuras) supondrá, de partida, una inversión importante.

El proceso de evolución de la clientela muestra un alto grado de correlación con la propia evolución en el tiempo de la compañía (y de sus productos o servicios en el mercado) que, a su vez, podemos clasificar en otras cuatro fases:

Dicha evolución puede establecerse desde un doble enfoque: primero, el propiamente industrial, que contemplaría el nivel de desarrollo alcanzando por la empresa en un momento determinado en la producción de bienes o generación de servicios, y que podemos denominar proceso de madurez de actividades; y otro segundo, no menos importante, que tiene que ver con la percepción que de dicho nivel de desarrollo establecen los clientes actuales y potenciales. A éste le llamaremos proceso de maduración en la respuesta a la necesidad del cliente. Sendos enfoques muestran un elevado nivel de interdependencia, que converge en la llamada experiencia de empresa o *know how*. Sin embargo, es conveniente tratarlos de forma diferenciada, para comprender la relación existente entre la madurez que tiene una empresa y la evolución de su cartera de clientes.

Al igual que con el desarrollo de la cartera de clientes, la evolución en las actividades de la misma no tiene por qué mostrar una estricta evolución lineal entre las fases descritas, especialmente en lo relativo a la fase de deterioro y obsolescencia. Si bien la falta de reacción y respuesta de la empresa a las necesidades de sus consumidores y a la propia evolución del mercado (en la que se incluye el número y características de los bienes ofertados que entran o pueden entrar en competencia) llevaría de forma irrevocable a un paulatino deterioro de la oferta propia, dicho supuesto es especialmente seguido y contemplado por cualquier empresa que no desee una desaparición prematura. Por este motivo, la fase de lanzamiento viene a sustituir, en la mayor parte de las ocasiones, a la de obsolescencia, estableciéndose procesos circulares: *lanzamiento-desarrollo-madurez-lanzamiento* y *lanzamiento-desarrollo-lanzamiento*, tendentes a evitar la pérdida de clientes.

En el gráfico que figura a continuación, se establece una correlación entre los procesos temporales de evolución del cliente en la empresa y maduración de las actividades o productos ofertados por la misma, identificando la posición relativa de la fidelización dentro de dicho escenario.

FIDELIZACIÓN, VINCULACIÓN Y RETENCIÓN DE CLIENTES

EL FACTOR TIEMPO EN LA EMPRESA

```
                     EL FACTOR TIEMPO EN LA EMPRESA

   ┌─────────────────────────────────────────────────────────────────┐
   │   ┌─────────────────────────────┐    ┌───────────────────────┐   │
   │   │ Evolución cartera de clientes│    │  Evolución empresa y   │   │
   │   └─────────────────────────────┘    │  Productos o servicios │   │
   │                                       └───────────────────────┘   │
   │        Captación ◄──────────────────────► Lanzamiento            │
   │  T          │                                   │                  │
   │  i          ▼                                   ▼                  │
   │  e       Mantenimiento ◄─────────────────► Perfeccionamiento       │
   │  m          │                                   │                  │
   │  p          ▼                                   ▼                  │
   │  o      Fidelización ◄──► ÉXITO ◄──► Consolidación                │
   │                                                                    │
   │  ─────────────────── Barrera crítica ──────────────────────       │
   │      Abandono o desaparición       Deterioro y obsolescencia       │
   │                                                                    │
   │                        FRACASO                                     │
   └─────────────────────────────────────────────────────────────────┘
```

Fuente: Elaboración propia.

Las premisas en las que se fundamenta la planificación estratégica se verán influenciadas por dicho proceso. Se provoca así, desde las primeras fases del comienzo de actividad, una división entre lo que venimos llamando estrategias transaccionales y relacionales. Ambas contemplan escenarios temporales diferentes, que actúan sobre los procesos de *captación* o *captación* y *mantenimiento* para las transaccionales (menor recorrido necesario en el tiempo) hasta *captación-mantenimiento* y *fidelización*, *mantenimiento* y *fidelización* o únicamente *fidelización* para las relacionales (mayor recorrido en el tiempo).

Fase de lanzamiento

En la fase de lanzamiento la empresa ha de definir cuál será el nivel de importancia que se otorgará al mantenimiento de su cartera de clientes en el futuro, o de la parte que identifique como público objetivo o núcleo rentable dentro de la misma; de otra forma, los errores que se comentan al optar por una estrategia puramente transaccional basada en los resultados a corto plazo y en la ausencia de diferenciación entre clientes y ventas incidirán de forma negativa tanto en la retención como en la fidelización de los mismos.

La satisfacción del cliente y su fidelización van unidas. Hacer que converjan desde el principio de la relación o de la interacción del cliente, tanto con los productos como con la propia empresa, incidirá de forma rotunda en el éxito de la misma. No hacerlo supondrá una pérdida de oportunidad que un competidor podrá aprovechar, pudiendo obligarnos a realizar ímprobos esfuerzos para mantener lo que ya antes era nuestro. Es menos costoso y mucho más efectivo hacer entender al cliente, desde la captación del mismo, que pretendemos entablar una relación a largo plazo. Una vez que el cliente asuma que la relación es puramente transaccional, nuestros intentos de acercamiento, la solicitud de información para adecuación de las relaciones, la creación de canales de comunicación directa o el incremento de la satisfacción tendrán menor éxito.

Captar clientes es una actividad apasionante, especialmente si es coincidente en el tiempo con el inicio de nuestra actividad, momento este en el que disponemos de un mercado virgen. Cualquier cliente (de los identificados como públicos objetivos o prospectos) puede ser nuestro, y esto nos alienta. Si el lanzamiento ha sido adecuado, si tenemos algo en lo que los demás están interesados y dispuestos a pagar por ello, y, muy especialmente, si se han cumplido o sobrepasado las estimaciones temporales que garantizan nuestra permanencia en el mercado (margen, ventas, cuota de mercado, clientes,...), la empresa, entendida como suma de individuos con objetivos comunes, vive un momento de euforia. Captar es seducir, y mover voluntades siempre ha motivado al ser humano.

Es ahora, y no más tarde, el momento de controlar muy de cerca algunos puntos críticos que pueden afectar seriamente el futuro de la empresa:

- La necesidad de una dimensión adecuada de los recursos de la empresa para ofrecer una respuesta efectiva en el nuevo escenario. Nos referimos, especialmente, a mantener y superar el nivel de expectativas generado entre los clientes.

- La falsa seguridad que nos aporta contar con un supuesto núcleo de clientes que garantizan nuestra continuidad. En la mayoría de las ocasiones, sin haber analizado de forma adecuada dicha cartera, individuo a individuo o empresa por empresa.

- La rápida sustitución por nuevos clientes de aquellos que nos abandonan. Creemos que estamos actuando de forma correcta al conseguir atraer nuevos clientes, valorando los abandonos como un proceso normal en nuestra evolución.

FIDELIZACIÓN, VINCULACIÓN Y RETENCIÓN DE CLIENTES

- La articulación de estructuras y planes comerciales y de marketing basados en la captación de clientes. La ganancia de experiencia en este sentido no ha de limitar ni ofrecer una barrera para la aplicación del marketing relacional.

- El disfrute desmesurado del éxito, entendido como recogida de beneficios (económicos, de reconocimiento profesional u otra índole) y relajo de los valores y esfuerzos que nos han llevado hasta el mismo.

Puede que nunca finalicen los lanzamientos en la empresa, como así será si ésta es verdaderamente dinámica, o, al menos, tan inconformista como sus clientes y tan ambiciosa como sus competidores. Nuevas filiales, nuevas unidades de negocio, nuevas marcas, nuevas categorías, nuevos productos o nuevos servicios anexos a los mismos... requieren siempre compradores.

Surge así la necesidad de plantearse varias cuestiones interesantes, dada la incidencia futura de las mismas sobre la cartera de clientes:

- *Competencia o competencia interna*

¿Vamos a utilizar la cartera de clientes existentes (en fase de mantenimiento o fidelización) como base sobre la que apoyar los nuevos lanzamientos y el crecimiento de la empresa (cooperación interna)? O, por el contrario, ¿vamos a desarrollar una estrategia más agresiva, a través de la creación de unidades de negocio, marcas o empresas que compiten entre sí por el cliente (competencia interna)?

Un ejemplo de decisión de cooperación entre las diferentes unidades de negocio en España es el llevado a cabo por el grupo Vips (antes grupo Sigla). Con 15 marcas comerciales diferentes (Vips, Ginos, Inpizza, Lucca, Paparazzi, Bice, Laeñe, Rugantino, Fidray's, etcétera) y cerca de 150 establecimientos repartidos en 11 ciudades españolas en 2001, el grupo dispone de una oferta amplia en los sectores de hostelería y comercio. La base de datos de clientes, compuesta por cerca de 800.000 "socios" (según datos de la propia compañía), ha sido obtenida mediante una tarjeta de fidelización común: la tarjeta Club Vips, que es compartida por la totalidad de las marcas o unidades de negocio existentes. A pesar de que la redención de los vales descuentos obtenidos por presentar la tarjeta de fidelización o frecuencia, sólo es aplicable a los restaurantes y cafeterías del grupo, todas las empresas asociadas ofrecen la posibilidad de conseguir dinero Vips, y de participar en los sorteos y promociones que dinamizan el sistema. De esta forma, se provoca la cooperación, en lo que se refiere al intercambio de clientes, entre los diferentes negocios de la empresa. Las nuevas aperturas de establecimientos y negocios (futuras nuevas enseñas) se nutren de la cartera de clientes existentes, favoreciendo su rápido desarrollo sobre el área de influencia en el que actúan.

Como ejemplo de competencia interna puede tomarse el derivado de la estrategia desarrollada por el Grupo Carrefour. Este grupo dispone de hipermercados con la enseña Carrefour, de supermercados con la marca Champion y de tiendas descuento con el logotipo Dia. Aunque existen sinergias entre las diferentes centrales de compra nacionales e internacionales del grupo, especialmente entre Champion y Carrefour, en lo que se refiere a la gestión de la cartera de clientes, podemos asegurar que no existe una base de datos de clientes compartida.

Esta afirmación está motivada por la existencia de dos importantes programas de frecuencia (en lo que al número de participantes se refiere) en el grupo. Nos referimos al Club Carrefour y el Club Dia. Cada una de estas tarjetas únicamente es admitida en la cadena origen, no existiendo ningún tipo de sinergia (al menos percibida por el cliente) entre ambas.

La explicación a este segundo ejemplo no es otra que una clara diferenciación en el posicionamiento y en la gestión independiente de una unidad de negocio. Dia, con su ya famoso *soft discount* (que ofrece al cliente un surtido compuesto por marcas líderes y marcas propias con una excelente relación calidad-precio, así como una experiencia en tienda que refuerza el concepto bajo precio) se dirige, a priori, a un tipo de clientela diferente a la del hipermercado y supermercado.

Sin embargo, la realidad es bien diferente, tal y como lo demuestra la incorporación en el surtido de Carrefour y Champion de los productos conocidos como "de primer precio", el propio desarrollo de la marca de distribuidor, e incluso el mantenimiento de una oferta amplia de productos líderes a bajo precio. Todo ello, nos hace pensar que las enseñas compiten entre sí por un número importante de clientes que alternan sus compras entre los diferentes formatos.

- *Crecimiento por extensión o profundidad*

¿Vamos a desarrollar productos y servicios orientados y a la medida de nuestros clientes (profundidad) o, por el contrario, vamos a crear productos que atraigan a clientes potenciales tras detectar y corregir los motivos de su no-contratación?

Se escucha con frecuencia a algunos empresarios comentar que la especialización de su empresa ha estado motivada por los requerimientos de algún importante (desde el punto de vista de la facturación o beneficios aportados) cliente. Una experiencia que es exportable para la captación de nuevos clientes. En otros casos, será la intuición del emprendedor, entendida como la detección de una necesidad (más o menos explícita) entre sus potenciales clientes y la posibilidad de ofrecer una respuesta diferente (en tecnología, precio, servicio, etc.), lo que acabará definiendo la oferta. Res-

FIDELIZACIÓN, VINCULACIÓN Y RETENCIÓN DE CLIENTES

puesta que sufrirá un proceso de mejora en el tiempo tras el contraste con los potenciales compradores.

Ambos procesos de adaptación no son necesariamente dicotómicos (si he decido crecer por extensión, he de dejar el camino de hacerlo por profundidad, o viceversa); muy al contrario, en las empresas orientadas al cliente, suelen convivir con frecuencia. Sin embargo, especialmente en las fases de lanzamiento, o en empresas pequeñas y medianas en las que los recursos son limitados, aparece la necesidad de tomar uno u otro rumbo para continuar hacia las fases de perfeccionamiento y consolidación.

Un ejemplo de lo que hemos definido como crecimiento por profundidad en el cliente ha sido el llevado a cabo por Reckitt Benckiser con su amplia gama de productos Calgonit para el lavavajillas.

La respuesta de Benckiser a la mecanización del proceso de limpieza de la vajilla o, mejor aún, a la necesidad de incorporar al mismo toda una serie de productos químicos, ha sido la de trabajar el surtido en extensión (abrillantadores, sales y detergentes) y en profundidad (cada uno de ellos con diferentes formatos y presentaciones). En lo que se refiere a la estrategia con el cliente, también ha combinado la profundidad, ofreciéndole una respuesta integral a las necesidades de limpieza de los enseres de cocina y mesa (hoy compendiada en su producto Power Ball 3 in 1, que incorpora en una sola pastilla abrillantador, detergente-limpiador y sal) de los ya clientes con la extensión, mejorando y diversificando su oferta para hacerla más atractiva a los no clientes, y con acciones tales como el regalo de muestras de productos (incluidas en los lavavajillas nuevos o facilitadas en los puntos de venta), o acciones de comunicación basadas en los testimonios de clientes satisfechos y la habilitación de un número 900 de atención al consumidor.

- *Captación y canibalización*

¿Vamos a ofrecer ventajas adicionales en los nuevos lanzamientos (de precio, servicio, promoción, etc.) con el objeto de atraer a nuevos clientes, aun cuando las mismas puedan suponer el traspaso (canibalización) de una parte o del total de nuestra cartera (o el abandono de parte de la misma por percepción de desventaja o trato inadecuado) a la nueva oferta, y por consiguiente, una reducción en nuestros márgenes?

Otra decisión importante en el desarrollo de la oferta de la empresa reside en la necesidad de atraer nuevos clientes sin hacer que los actuales se sientan insatisfechos por las posibles mejoras en la oferta o presentación de las mismas.

Adecuar la oferta para que los no-compradores o potenciales se conviertan en clientes puede llevar parejo una serie de mejoras que, de una parte, pueden provocar rechazo en los ya clientes, al comprobar que la oferta actual mejora las condiciones del producto o servicio que éstos disfrutan y, de otra, al establecerse un no deseable proceso de aprendizaje en los mismos, quienes retienen su compra hasta el momento en que la oferta inicial o de lanzamiento es mejorada por otra posterior más agresiva en calidad, servicio, precio, promoción, etc., o en una mezcla de éstos.

Uno de los sectores más expuestos a esta situación es el de la banca. Probablemente la variable más discriminante en el proceso de contratación de activos y pasivos financieros (créditos o productos de ahorro e inversión) sea el tipo de interés, el cual está sujeto a las fluctuaciones normales del precio del dinero en el mercado interbancario. Aunque la llamada *cultura financiera* ha llevado a que el concepto *tipos variables* sea familiar para gran parte de los clientes, existe un gran número de ellos, quizás más conservadores, que prefieren tipos fijos o con reducida fluctuación en el tiempo.

Este fenómeno es bien conocido por los responsables de marketing en los bancos, quienes se esfuerzan por anunciar con grandes tipografías números que indican tipos de interés muy apetecibles (normalmente acompañadas de un asterisco que matiza toda una retahíla de condicionantes) para atraer a nuevos clientes (desencantados por malas fluctuaciones de sus variables o por un tipo fijo que mejora las condiciones de su caja o banco).

Lo menos bueno del asunto es que la captación de clientes requiere, con frecuencia, la utilización de medios de comunicación masiva. Esto propicia que los ya clientes del banco descubran que existe una mejora en precio y soliciten al mismo su aplicación sobre los productos ya suscritos, generándose así conflictos derivados de la propia rigidez de los contratos y por la propia reducción del ratio rentabilidad/cliente.

Son variadas las técnicas que se utilizan para paliar este efecto; la más frecuente y menos recomendable es esperar a que los ya clientes abran una nueva negociación con el banco, mostrándose inflexibles hasta que la pérdida del mismo pueda ser cierta (por ejemplo, con la presentación de una oferta por escrito de otro banco o una carta de reclamación en toda regla), momento en el que se aplica la oferta que ha provocado la desavenencia.

Otra, crear un producto para aminorar el impacto, ofreciendo menor mejora que en la oferta de captación y, por lo tanto, aminorando el efecto de la canibalización.

FIDELIZACIÓN, VINCULACIÓN Y RETENCIÓN DE CLIENTES

Una tercera, comercialmente agresiva, pero no por ello infrecuente, es forzar la negociación hasta la posible pérdida del cliente, asumiendo que la acción de captación puede atraer a clientes "menos exigentes" y, por lo tanto, más rentables en el tiempo, que vendrán a paliar e incluso mejorar la rentabilidad de los "fugados".

Otra táctica, que a buen seguro el lector interpretará como la correcta, pero que la realidad del negocio no suele permitir aplicar con la frecuencia deseada, es la de ofertar o aplicar directamente la mejora a los ya clientes, minimizando el impacto de acción de captación, y entendiendo que los beneficios aportados por los nuevos clientes compensarán las posibles pérdidas de rentabilidades, en el corto plazo, de los que ya lo eran, y que en el largo plazo la fidelización y satisfacción de los mismos generará nuevos ingresos para la empresa.

Lo correcto, nuevamente, es segmentar la cartera y aplicar, en función de las características de cada cliente, una táctica diferente. Para ello deberemos jugar con el valor potencial de futuro de cada grupo o segmento y retener (adecuando la oferta cuando nos sea solicitado), fidelizar (ofreciendo la oferta antes de que se nos pida), vincular (aprovechando la negociación para ofertar productos adicionales o complementarios) o abandonar (dejando que se marche el cliente que ni nos es rentable ni tiene ningún viso de serlo), en función de la estrategia diseñada para cada uno de ellos.

El desarrollo de nuestra empresa en el tiempo se verá afectado muy de lleno por la capacidad de anticiparnos a este tipo de situaciones y de planificar la convivencia y conveniencia entre los productos y servicios destinados a la captación y los mismos destinados a la satisfacción y fidelización de los clientes en los que estamos interesados.

En el apartado 4.4. "Retención de clientes" se puede encontrar un desarrollo más amplio y algunos ejemplos adicionales de la llamada "canibalización" de clientes.

- *Reacción y planificación*

¿Son nuestros lanzamientos una respuesta al desarrollo de nuevos productos por parte de nuestros competidores (reacción), o están sujetos y responden a una planificación propia en la que se toman las oportunidades de mercado y se ofrecen soluciones a las necesidades de clientes actuales y potenciales?

Una de las características que mejor definen a las empresas ganadoras o de éxito es su capacidad de seguir muy de cerca a sus competidores. Esto requiere un doble esfuerzo: ser mejores y reaccionar rápidamente cuando se detecta que podemos dejar de serlo.

La historia de la empresa, su devenir en el tiempo, está llena de éxitos y fracasos (Coca-Cola y Tab, por ejemplo), de acciones y reacciones (Frutopía y The Radical Fruit), de decisiones afortunadas y menos afortunadas (Coca-Cola Light y Coca-Cola Light sin cafeína).

Lo que prevalece por encima de todo ello es la capacidad de aprender de los desaciertos (de Tab a Light), y de utilizar los aciertos (Coca-Cola 33 cl) para seguir creciendo en beneficios económicos y satisfacción del cliente. Ganar dinero hoy sin hipotecar el mañana.

La innovación es un factor importante en la reputación de la empresa. En función del posicionamiento que se pretenda y del sector donde se actúe, la capacidad de anticiparse desempeñará un papel importante. Por ejemplo, en moda (Armani, Purificación García o Adolfo Domínguez...), complementos (Camper, Tous, Clarks...) o tecnologías de la información (Telefónica, Vodafone, Cisco Systems...).

Recordamos, sin embargo, la anécdota de un cliente al que una empresa ofrecía productos innovadores en el mercado y la contestación que éste daba para no contratarlos: "los pioneros murieron en manos de los indios, el comercio llegó más tarde". Cierto es que los innovadores no suelen ser más del 8 ó 10 % del total de la cartera potencial de clientes y que el gran volumen viene más tarde. También es una realidad que muchas compañías prefieren que sean otras las que "experimenten" para esperar a introducir el producto cuando ya está popularizado.

Zara, del grupo Inditex, puede ser un ejemplo de reducción de riesgo en la moda. Basa su éxito (además de en una buena relación precio / moda y de un especial cuidado en imagen y ubicación del punto de venta) en su rápida capacidad de reacción ante las tendencias del mercado, y en un proceso de producción flexible que le permite confeccionar aquellas prendas que mejor acogida tienen en el mercado. La innovación se convierte así en un test de mercado más que en una apuesta en sí misma.

En este ejemplo, reacción y planificación van unidas; se planifica para reaccionar rápidamente y dicha reacción supone el objetivo de lo planificado.

Cada empresa deberá conocer, mediante el estudio del mercado en el que opera, la respuesta que en cada momento requiere la pregunta inicial.

FIDELIZACIÓN, VINCULACIÓN Y RETENCIÓN DE CLIENTES

Puede que innovar se convierta en una necesidad para la empresa, que nuestros clientes o accionistas esperen que seamos nosotros quienes tomemos la iniciativa o, por contra, que el mercado llegue a castigar la excesiva asunción de riesgo que se deriva al pretender de forma continuada adelantarse al resto.

Insistimos en el valor de la innovación y en la necesidad de anticipación en el mercado, a la vez que prevenimos al lector del alto riesgo de una mala planificación en estas direcciones.

- *Prueba y apuesta firme*

¿Al realizar un lanzamiento, estamos comprobando sobre nuestra cartera actual la reacción y aceptación del mismo con el objeto de continuar, mejorar o abandonar el lanzamiento hacia nuevos clientes potenciales?; o, al contrario, ¿creemos firmemente en que el lanzamiento beneficiará en primer lugar a los actuales clientes y muy probablemente será capaz de atraer a nuevos clientes?

Con esta pregunta queremos nuevamente poner de manifiesto el objetivo de incluir estrategias flexibles dentro de la empresa y, a la vez, de no provocar una imagen distorsionada de nuestra compañía entre los clientes, ofertando productos o servicios deficientes o inadecuados.

Por otra parte, queremos poner de manifiesto una maniobra que, a nuestro juicio, resulta errónea. Nos referimos a la utilización de parte o de la totalidad de nuestra cartera de clientes como plataforma para experimentar nuevos productos o servicios no acabados o adaptados a las necesidades de la demanda.

La mejora continuada de la empresa (o búsqueda de la excelencia), que garantizará su proyección y crecimiento, requiere comenzar por el afianzamiento de lo ya existente (oferta y demanda). Esta afirmación es cierta si convenimos que al menos una parte significativa de nuestra actual cartera de clientes es la mejor plataforma disponible de desarrollo de nuestra empresa. Es decir, si verdaderamente nos encontramos en la fase de desarrollo, y no en la de captación.

Desde esta perspectiva, nuestros mejores clientes han de ser los primeros beneficiados de las posibles mejoras o soluciones encontradas por nuestra empresa, y en éstas y en las relaciones de confianza, han de fundamentarse los procesos de satisfacción que generan la retención y fidelización del cliente.

Un ejemplo de esto es el reto al que muchas empresas dedicadas a proveer de sistemas de información e inteligencia (software y hardware) a empresas se vienen enfrentando.

El inimaginable desarrollo tecnológico que se viene experimentando en este campo en las últimas décadas está suponiendo inversiones millonarias por parte de las empresas usuarias. A nadie se le escapa que "la vida" promedio de un servidor o de un almacén de datos se recorta cada día y que los planes de amortización de equipamientos limitan la posibilidad de disponer en cada momento de la mejor tecnología del mercado.

Ante esto, empresas proveedoras de *hardware,* como Sun Enterprise, o de *software*, como Oracle, han optado por recomprar los equipos en proceso de obsolescencia (o inadecuados para las nuevas necesidades de la empresa) o por establecer contratos que aseguran las posibles mejoras o actualizaciones que en el tiempo puedan incluirse. Con ello permiten a la empresa cliente estar en la vanguardia de la tecnología.

Los propios laboratorios de Sun y Oracle (en nuestro ejemplo) permiten ofrecer un producto altamente experimentado ofreciendo al cliente una solución que comprende, desde la propia máquina o programa, a la instalación, mantenimiento, adaptación o formación de empleados o usuarios.

La garantía para los futuros o potenciales clientes reside en el número de máquinas o empresas que configuran la cartera del proveedor de soluciones informáticas. En mayor o menor medida, las necesidades de unas y otras pueden sumar el total de necesidades de la empresa prospecto. Por último, la popularización de los mismos permite a la empresa disponer en el mercado laboral de personas expertas en su manejo.

Fase de perfeccionamiento

Una vez superada la fase de lanzamiento, y considerando un supuesto de empresa con orientación al largo plazo (no podemos olvidar la existencia de empresas puramente especulativas o con objetivos *cortoplacistas,* cuya desaparición se provoca en la propia fase de lanzamiento), llegamos a la fase de perfeccionamiento.

Es ahora cuando gran parte de los clientes ya conocen nuestros productos y servicios; las interminables nóminas iniciales de empresas, distribuidores, profesionales, individuos..., clientes potenciales, en definitiva, se encuentran bastante reducidas. Los comerciales más eficientes en la captación han pasado a ser ejecutivos de cuentas. Se escucha con atención cuando alguien habla de mercados alternativos donde seguir realizando captación. Puede incluso que las palabras expansión y diversificación estén de moda. Es el momento en que la pérdida y bajas de clientes empiezan a ser

FIDELIZACIÓN, VINCULACIÓN Y RETENCIÓN DE CLIENTES

preocupantes. Algunos empiezan a hablar de fidelización de clientes; a todos les preocupa en mantenimiento de la cartera. Las visitas del director de marketing al despacho de director general son tan frecuentes como las fueron las de director comercial. Recuperar un antiguo cliente es incluso más apreciado que traer uno nuevo. La competencia ha reaccionado, ya no somos la empresa o el producto desconocido y, por lo tanto, no considerado como amenaza dentro de sus planes de marketing. Nuestros clientes nos hablan de mejoras en el precio, en la calidad, en el servicio... Hemos invertido para mejorar, ahora estamos en disposición de subsanar los errores cometidos, sólo necesitamos tiempo y clientes.

El paso de la fase de lanzamiento a la de perfeccionamiento es uno de los momentos más críticos en la evolución de la empresa; en ésta el mantenimiento y fidelización de los clientes ocupan un papel importante.

Tras el contraste (durante la fase de lanzamiento) del llamado "sueño del emprendedor" o "idea empresarial", con la realidad del colectivo al que dicho sueño o idea se dirige, se requiere un nuevo ejercicio de creatividad, ingenio y adecuación a las necesidades, en la fase de perfeccionamiento.

"Lo nuevo" es amigo de "lo bueno" hasta que se demuestre lo contrario. Perfeccionar un producto o servicio no es sino anticiparnos a detectar sus posibles deficiencias antes de que lo hagan nuestros clientes (por iniciativa propia o ajena). Existen muchas menos "nuevas ideas" que "ideas para insatisfechos", y las segundas suelen alcanzar antes el éxito. Es más fácil convencer a alguien de que compre algo que ya utiliza mejorado que habituarle a utilizar algo que probablemente necesita, pero hasta ahora no ha incorporado a su forma de vida, aunque incluya una promesa de mejora del mismo.

La mejora tecnológica, entendida como un salto hacia una nueva generación de productos y servicios mucho más rentables para la compañía (y no tan sólo como inversión en investigación y desarrollo o compra de tecnología), suele suponer una mejora competitiva en la fase de lanzamiento en la que la empresa dispone de mayores recursos financieros y no se enfrenta a la renovación por obsolescencia más lenta e incluso cara para la empresa.

"Crecer y mejorar" puede parecer lema del congreso anual de ventas, pero se ha convertido en una necesidad ineludible en la empresa actual. Para ello, no tan sólo vamos a requerir de la intuición inicial y de la investigación de mercados que propiciaron nuestra aparición y continuidad, vamos a necesitar apoyarnos en nuestros clientes. Es aquí cuando la interacción, la recogida de información a través de canales capaces de ofrecernos una información rápida con la que anticiparnos a nuestros competidores, y el clima de confianza generado para depurar el nivel de certeza de la misma, vienen en salvaguarda de la toma de decisiones.

Planificar el futuro supone disponer de información relevante en el presente. Un lanzamiento sin recogida de información, o con información parcial respecto a los asuntos que ocuparán nuestro futuro, supone una pérdida de oportunidad cuantificable en ventas, pérdida de cuota o abandono de clientes, ocasionando un retraso en la evolución lógica de la empresa. Llegar a la consolidación de nuestra actividad supone culminar un ciclo necesario para la vida de la misma. Nuestros clientes, accionistas, empleados y nosotros mismos necesitamos obtener una recompensa por nuestra "apuesta".

Fase de consolidación

La fase de consolidación de actividades se diferencia básicamente de la de lanzamiento y perfeccionamiento por el reconocimiento de competidores y clientes. Gozar de una alta reputación no significa tener que dejar de trabajar cada día por ella; muy al contrario, sólo supone haber encontrado un camino para conseguirla. No olvidar quiénes somos y a qué nos dedicamos ha de seguir siendo la clave para evitar la obsolescencia, o el final del camino. Seguir siendo accesibles a los intereses de quienes han conseguido situarnos en posición tan elevada parece inevitable, como también lo es hacer que el ciclo *lanzamiento-perfeccionamiento-consolidación* de nuestra oferta se mantenga más activo que nunca, aun sabiendo que los recursos destinados a mantener el sueño de la posición dominante superen, si cabe, a los que antes impulsaban el lanzamiento, la migración del lanzamiento al perfeccionamiento, y la de éste a la propia consolidación. Ahora nuestro consumidor es más exigente que nunca, porque le hemos ayudado de forma pro-activa para que lo sea. Ésta es la verdadera barrera de entrada a otros competidores: hemos conseguido que nuestros clientes asocien unas determinadas necesidades con nuestra empresa, que confíen en que podemos ofrecerles una mejor respuesta en tiempo y calidad que nuestros competidores, y, lo que es igual de importante, estén convencidos de que no tan sólo les escuchamos, ahora también les entendemos.

Es imprescindible evitar que la empresa llegue a una fase de deterioro u obsolescencia, demorándose en el tiempo e incorporando los cambios necesarios que permitan su futura proyección.

FIDELIZACIÓN, VINCULACIÓN Y RETENCIÓN DE CLIENTES

4.1.2. EL FACTOR CONFIANZA

La confianza es un valor principal en la retención y fidelización. Una afirmación tan rotunda puede parecer arriesgada. Sin embargo, pensemos un momento en el establecimiento de cualquier relación entre humanos. Ciertamente, las relaciones más avanzadas se fundamentan en la firme esperanza que cada parte deposita en la otra, en la seguridad de que la elevada estima que ambos comparten impedirá la decepción. Esto implica un alto grado de regularidad y coherencia en las actuaciones, un conocimiento profundo del otro y un contexto de relación apropiado. La confianza nace en la necesidad de relacionarse, vive en la amistad y finaliza cuando una u otra desaparece.

Al igual que en las personas, el hombre puede depositar confianza en las cosas. La esperanza de recibir algo beneficioso pertenece a dos mundos: el de las representaciones íntimas que el individuo crea, basándose en deseos moldeados por experiencias y proyecciones futuras, y el de las expectativas generadas a través de la información y comunicación recibida.

Cada deseo espera ser satisfecho, la expectativa de poder consumarlo hace que éste adquiera aún más fuerza e importancia. Su proximidad puede que modifique sustancialmente la idea inicial, incluso puede suponer el nacimiento de nuevas esperanzas. La insatisfacción, el inconformismo son inherentes al hombre; necesitamos mantener activada nuestra capacidad de necesitar cosas, de conocer personas, de imaginar cada día un mundo diferente, de progresar en el conocimiento...

El marketing transaccional incide sobre la confianza en las cosas, el relacional, en cambio, lo hace sobre la confianza en las personas. Unir los dos mundos supone comprender el fenómeno en su globalidad. Un ramo de rosas no sólo embellece, perfuma y modifica nuestro universo cotidiano, puede ser también el indicio de que hay alguien que nos ama.

¿Implica desinterés la confianza? Muy al contrario, no dejar ver nuestro interés u ocultar nuestras verdaderas intenciones puede motivar la aparición de desconfianza. Es diferente hacer una correcta exposición de los motivos que nos mueven a establecer una determinada relación que ocultarlos al considerarlos como freno hacia el acuerdo o la contratación, acto que, a lo sumo, no es sino una demostración de confianza.

El éxito de una negociación reside en descubrir los motivos de la otra parte, que siempre existirán y muy probablemente serán diferentes a los

MARKETING RELACIONAL UN NUEVO ENFOQUE PARA LA FIDELIZACIÓN Y SEDUCCIÓN DEL CLIENTE

NIVEL DE CONFIANZA DE UN CLIENTE

anunciados en una primera ronda. Incluso el llamado desinterés implica la satisfacción de mostrarse desinteresado frente al otro. Un regalo es decir "te conozco" o "puedes conseguir otros como éste si sigues actuando de esta forma" o, incluso, "no me importa perderlo para que tú lo tengas". Cualquiera de las tres alternativas implica un refuerzo de la actitud del "regalado", que es apreciada por el "regalador" y desea sea reforzada. Siendo interesadas, no dejan de ser un acto de amistad y confianza.

La confianza se genera desde las primeras transacciones o relaciones primarias entre empresa y cliente. En su generación, éstas van a depender principalmente de dos factores:

1. El nivel de expectativas generado en el cliente, que ha de ser:

   • Lo suficientemente alto como para incentivar su contratación.

   • Realista, para evitar la desconfianza.

   • Flexible, para permitirnos seguir creciendo en el tiempo.

2. El nivel de experiencia del cliente, que deberemos conocer previamente para ofrecerle:

- Aquello que verdaderamente está demandando: ajuste a intereses.

- Una respuesta que evite asociaciones con experiencias anteriores no adecuadas: ajuste a desintereses.

Un ejemplo de confianza aplicado a las relaciones entre fabricante y distribuidor. El caso Carrefour

En 1995 el Grupo Carrefour comenzó a desarrollar en su central internacional de compras en París (CMI) una nueva estrategia en la negociación con proveedores basada en la confianza. El término *partenariat* adquiría un nuevo sentido y lograba calar en el fabricante (ahora *partenaire*). La idea revolucionaba el sector en Europa, como antes lo había hecho en América del Norte y en el Reino Unido. El *partnership* suponía una nueva forma de entender el negocio o, lo que es lo mismo, la relación entre proveedor o suministrador y distribuidor que unían fuerzas para conseguir cautivar al consumidor o cliente final.

El proceso de centralización permitía un mayor poder en la negociación para el distribuidor; mayores volúmenes exigían mejoras de precio y servicio a un proveedor que, en la mayoría de los casos, había visto cómo sus márgenes se reducían año tras año. La consolidación, desde el punto de vista de las exportaciones, del espacio único europeo y la reducción de costes que, para el fabricante derivaba de un nuevo aprovisionamiento logístico a los hipermercados basado en plataformas o almacenes que evitaban en reparto hipermercado a hipermercado, propiciaron también la posibilidad de acuerdo.

La "guerra de precios" en la distribución europea, especialmente por la imparable extensión del *hard* y *soft discount*, obligó a la gran distribución a desarrollar un surtido específico para combatir la pérdida de ventas y la fuga de una parte de sus clientes. Se desarrollaron así los llamados "primeros precios". Paralelamente, se incentivó la venta de las marcas propias o privadas para un segmento intermedio de la demanda con el posicionamiento "calidad pareja al líder a menor precio", y se realizó una contención sobre el precio final del producto de marca.

El *trade-marketing* estaba permitiendo dinamizar la venta a través de la puesta en marcha de acciones conjuntas entre fabricante y distribuidor, especialmente en el punto de venta y en los soportes de comunicación propios del distribuidor, apoyadas en la promoción de ventas y la publicidad. La aparición de la gestión por categorías y, junto a ésta, la evolución del *merchandising*, obligaban a una nueva forma de establecer acuerdos basados en el conocimiento mutuo del consumidor; se trataba nuevamente de adecuar la oferta e incentivar la decisión de compra frente al lineal.

En este contexto, el fabricante reclamaba control sobre la exposición del producto en la sala de ventas y precio final del mismo; por su parte, el distribuidor solicitaba una mayor transparencia sobre el margen del fabricante, la calidad del producto y la aportación de valores diferenciales frente a su competencia. Para uno y otro, el punto de encuentro estaba en el establecimiento de acuerdos a largo plazo que garantizará, desde la perspectiva del fabricante, la posibilidad de acometer las mejoras necesarias y el aseguramiento del retorno de la inversión sobre las mismas, y desde el punto de vista del distribuidor, un mantenimiento de los compromisos para el desarrollo de productos exclusivos o con un alto grado de diferenciación respecto a los ofrecidos a sus competidores, así como mayor transparencia en el precio de cesión.

Los niveles de compromiso resultaron ser bien diferentes en función del tipo de producto y, muy especialmente, de la fuerza de la marca del fabricante. Mientras que para los primeros precios y marcas del distribuidor, el trabajo en conjunto logró plasmarse en acuerdos que incluían la práctica totalidad de los factores del *marketing mix*, en las marcas nacionales e internacionales los resultados fueron desiguales.

¿Qué había ocurrido? La puesta en marcha de la estrategia de alianzas logró elevar el nivel de expectativas de ventas entre los fabricantes carentes de redes internacionales de distribución. Provocó un revulsivo, especialmente en las medianas organizaciones que, atraídas por un volumen de ventas que superaba con creces sus previsiones, realizaron un importante esfuerzo de adecuación a las necesidades del gran distribuidor para conseguir ganarse su confianza. El trabajo en común necesario para poner en marcha el proyecto afianzó las relaciones entre las personas que necesitaban y querían convertir el proyecto común en una realidad. Cada proyecto requería de múltiples y muy diferentes contactos; cada uno de ellos debería satisfacer las expectativas generadas entre las partes, confirmar que lo indicado en el dossier inicial de cotización o respuesta a la oferta era cierto. El distribuidor visitaba fábricas, aconsejaba sobre desarrollos de productos, compartía decisiones en el diseño del producto o facilitaba información sobre las necesidades y preferencias del consumidor tipo en otros países. El fabricante abría las puertas de su fábrica o negocio al distribuidor, mostraba las calidades y tipo de materias primas, describía con detalle los procesos de producción, accedía a auditorías de control de calidad realizadas por personal técnico del grupo Carrefour o por laboratorios independientes contratados por éste, o incluso realizaba un detallado escandallo de la configuración del precio de venta para acabar mostrando su margen industrial. Uno y otro disponían de una persona o equipo que trabajaban durante meses codo con codo; el factor humano tomaba fuerza en ambas organizaciones; los puntos críticos habían sido identificados, estableciéndose planes de choque para resolverlos; a ninguna de las partes le interesaba generar desconfianza en la otra.

Los resultados del *partenariat* se tradujeron en mejoras importantes en la calidad final de los productos; en la inclusión de nuevas referencias o categorías en los lineales que incorporaban como valor diferencial la investigación (droguería, perfumería, cosmética y electrodomésticos principalmente); la tradición (con la marca "De Nuestra Tierra, Alta Selección Carrefour "—desarrollo realizado inicialmente por el grupo Continente—); la recuperación del concepto de respeto al medio ambiente y origen natural (productos "Filère Carrefour" en España "Calidad, Tradición Pryca (hoy Carrefour"); o el compromiso de calidad con el cliente (en cualquier referencia de marca Carrefour podemos encontrar un sello de doble garantía, la que el propio fabricante ofrece y la derivada del control realizado por laboratorios independientes).

Confianza y negociación

Podemos establecer una asociación directa entre confianza y negociación, si consideramos que negociar es una forma de avanzar en el logro de intereses a través de una acción decidida mutuamente.

Es frecuente encontrar en los cursos de dirección de ventas, afirmaciones atribuidas a la ciencia del ponente (sospechamos que hay una cierta inspiración en las teorías de Wilfredo Pareto) tales como: "que el resultado óptimo de una negociación es la situación en la que a nadie le podría ir mejor, sin que a alguien le vaya peor" o "que el punto óptimo de la misma no se consigue en tanto alguien pueda mejorar su resultado sin perjudicar a otro".

De cualquier forma, dichas afirmaciones, respetuosas con el sentido común, identifican un escenario de posibles acuerdos que parten desde el ideal de la mejor alternativa para cada una de los negociadores y finaliza en una zona límite de insatisfacción del acuerdo negociado.

Un buen acuerdo es aquel que satisface a ambas partes. Sin embargo, la complejidad de la misma estriba en descubrir las verdaderas necesidades del otro, en la mayor parte de las ocasiones ocultas al iniciarse la negociación.

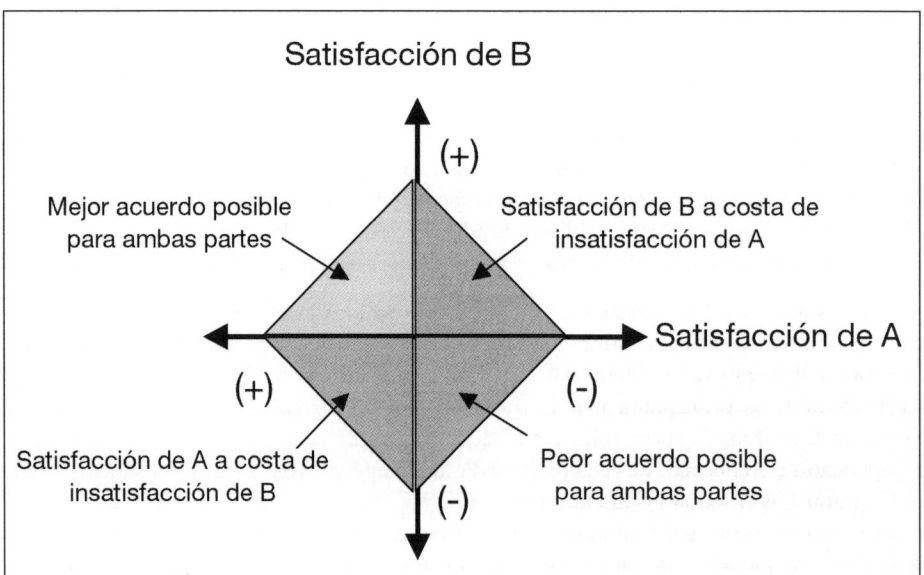

Fuente: Elaboración propia.

El juego de la negociación obliga a evolucionar desde la desconfianza hacia la confianza. La reducida o nula aportación inicial de información sobre los verdaderos propósitos de los negociadores va a crecer hacia una rica aportación final de los mismos, en la que el acuerdo será posible.

Una diferencia básica entre un acuerdo transaccional y otro relacional estriba en las posibilidades de continuidad del mismo en el futuro. Se puede establecer un acuerdo sobre la base de que una de las partes reconoce no haber llegado a su alternativa ideal o, incluso, sobre la necesidad de haberse visto forzado al mismo sobrepasando su límite de satisfacción. Dicha situación será puramente transitoria; la parte insatisfecha por el acuerdo trabajará por descubrir otras posibilidades que le permitan rescindirlo a la finalización (o incluso durante el transcurso) del mismo. Sin embargo, en los acuerdos relacionales no tan sólo se pretende poder llegar al acuerdo, muy al contrario, se requiere seguir avanzando hacia el punto de satisfacción óptimo de las partes. Es este recorrido de satisfacción mutua y predisposición para lograrla lo que genera confianza, y sólo desde ésta se podrá conseguir la fidelización.

4.2. CONCEPTO Y CONTENIDO DE LA FIDELIZACIÓN DE CLIENTES

En este apartado vamos a delimitar el alcance de los programas o sistemas de lealtad o fidelización dentro del marketing. Analizaremos y diferenciaremos para ello el concepto de fidelización de otros próximos, como vinculación y retención, estableciendo un campo teórico dentro del marketing relacional para obtener la fidelidad del cliente como consecuencia de una actuación global de la compañía. La búsqueda de información sobre el cliente y establecimiento de relaciones se articula mediante un proceso de planificación en el que no tan sólo interviene la recompensa, o reconocimiento del cliente, o la articulación de canales de comunicación directa. Nuevamente, la orientación de la compañía a las necesidades de su clientela, y la búsqueda de diferenciación a través de factores emocionales fuera de la mera transacción comercial, volverán a ser revisados desde una perspectiva teórica y práctica.

4.2.1. ASPECTOS BÁSICOS

Cabe comenzar señalando que, al igual que ocurre con tantos otros términos utilizados en marketing, importados y traducidos casi de forma lite-

FIDELIZACIÓN, VINCULACIÓN Y RETENCIÓN DE CLIENTES

ral de la lengua inglesa, el sustantivo *fidelización* no está recogido por el Diccionario de la Lengua Española. La acción y efecto de *fidelizar* o hacer fieles es un invento reciente, enmarcado en la actividad industrial, que nace junto a la necesidad de estructurar la cartera de clientes por grados de afinidad a la empresa. Se decide así, en un principio, denominar como fiel o leal (del inglés, *loyal*), al cliente con el que una empresa entabla un determinado grado (en calidad o cantidad) de relaciones o transacciones, o bien aquellos considerados como exclusivos o no compartidos con otros competidores.

En palabras de Alet (1994): "Cada vez más el marketing se centra en tratar de obtener la lealtad del cliente. Se pasa del énfasis en obtener la prueba de producto al de conseguir la lealtad de la marca. La lealtad se convierte en el componente estratégico fundamental de la empresa".

En este sentido, Villafañe (2000) afirma: "la variable que, a juicio de los responsables de comunicación, determina en mayor grado la reputación corporativa de sus compañías es la calidad de sus productos. Por lo tanto, más allá de los intangibles, la reputación corporativa de una compañía reside, en primer lugar, en los productos que ofrece al mercado".

Actualmente, son muchas y variadas las diferentes actividades de marketing que se engloban, con desigual acierto, dentro del término fidelización o fidelidad. Vinculación, retención, personalización e incluso promoción de ventas y marketing directo son términos utilizados de forma indistinta como sinónimos de fidelización.

Neal (1999) define la lealtad del cliente como "la proporción de veces que un comprador elige el mismo producto o servicio en una determinada categoría, en comparación con su número total de compras en esa misma categoría, considerando que los productos o servicios en competencia están convenientemente disponibles". Aunque pueden resultar útiles en algunos contextos, estas definiciones no captan la riqueza ni la profundidad de la lealtad dentro del ámbito relacional.

Fournier (1998) sitúa la lealtad dentro del contexto relacional, observando que "aunque la lealtad en sí misma es un concepto relacional fértil, sus peculiaridades se han perdido en la investigación tradicional de la lealtad a la marca. El nivel de transacciones del que depende una secuencia o proporción de compra refleja más bien una idea de inercia que de lealtad en su amplia extensión del término". Llega a proponer que la calidad relacional de la marca (*brand relationship quality*) significa una alternativa al concepto de lealtad a la marca (*construct of brand loyalty*).

El trabajo de Lowesnstein (1997) también introdujo el concepto de compromiso en el contexto relacional, a través de la identificación de lo que él llamaba compañía basada en el compromiso (*commitment-based*). Son empresas que adoptan una actitud pro-activa hacia la creación de valor para el consumidor y gestionan la lealtad mediante la identificación específica de estrategias para generar compromiso por medio de la anticipación y respuesta efectiva a las necesidades del consumidor.

Para establecer la identificación y valoración de la lealtad de los clientes, las empresas suelen recurrir a alguna de las siguientes variables, o a un *mix* de la mismas, en función del tipo de negocio, sector, tipo de productos ofertados o de la propia cartera de clientes disponible (véase el cuadro de la página siguiente).

La lealtad constituye, por lo tanto, la medida de la vinculación del cliente a la marca o empresa; refleja la posibilidad de que el cliente cambie a otra marca, especialmente cuando se modifica alguna característica en funcionamiento o precio, o cuando las acciones de captación de los competidores logran calar en la percepción que sobre el índice de satisfacción posee el consumidor para lograr la prueba del producto y su posterior reiteración en la compra.

Es este sentido, se establece una escala jerárquica en la oferta compuesta por diferentes variables de índole racional y emocional que actúan de forma diversa en el consumidor. La llamada imagen de empresa y/o de marca es "el conjunto de representaciones mentales que surgen en el espíritu del público ante la evocación de una empresa o institución (o de una marca, en su caso)" (Sanz de la Tajada, 1994); en este sentido, la llamada imagen corporativa (construida a través de elementos transaccionales y relacionales) generará una influencia definitiva en la lealtad del cliente.

En la mayoría de las ocasiones, existe una visión reducida sobre el fenómeno de la fidelización, contemplándose desde un punto de vista mecanicista, por la que el marketing es capaz, a través de acciones puramente tácticas, de conseguir "conservar" a los "mejores clientes". Bajo esta premisa, se establecen planes de marketing diferenciados para "retener clientes" y "captarlos", con planteamientos dicotómicos en la articulación del *marketing-mix*. Se decide, así, si es más interesante reducir el precio a los clientes o llevar dicha reducción a la captación de nuevos; si la actividad

FIDELIZACIÓN, VINCULACIÓN Y RETENCIÓN DE CLIENTES

VARIABLES INDICADORAS DEL NIVEL DE LEALTAD DE LOS CLIENTES

Nivel de contratación de productos y servicios:

- Potencial de contratación del cliente *versus* contratación real.
- Suscripción o compra actual *versus* transacciones históricas.
- Productos o servicios contratados en exclusiva *versus* compartidos con otros competidores.
- Contratación de productos de alta vinculación (aquellos que suponen un alto nivel de compromiso y de relación futura con la empresa).

Frecuencia en la renovación o utilización de productos y servicios:

- Antigüedad promedio de los productos contratados.
- Número y valor de los productos contratados en un determinado periodo.
- Índice de respuesta a la propuesta de nuevos productos.
- Cancelación de servicios sujetos a renovación en el tiempo.

Interacción del cliente con diferentes canales o redes de venta utilizados por la empresa:

- Canales propios *versus* canales alternativos.
- Frecuencia de visita.
- Tiempo promedio de visita.
- Posición relativa de la interacción *versus* potencial y tiempo o número de contactos realizados en nuestros competidores.

Recomendación de nuestra empresa o productos a familiares y amigos:

- Repuesta a promociones amigo hace amigo (*member get member*).
- Nivel de iniciativa en la recomendación de nuevos clientes.

Participación en actividades de comunicación y promocionales:

- Presencia en eventos, presentaciones de productos, ferias, etc.
- Inscripción en programas de fidelización, clubes o servicios de información periódica sobre la empresas o sus productos (excluyendo el servicio post-venta). Número de miembros de la unidad familiar o de la empresas que participan (considerando su capacidad de compra o prescripción).
- Nivel de retroalimentación:
  — Respuesta a cuestionarios para adecuación y actualización de información.
  — Participación en actividades de dinamización no puramente dirigidas a la venta.
  — Solicitud de información sobre la empresa o sus productos.
  — Canales de comunicación utilizados: correo, teléfono, etc.
- Exclusividad en la participación.

Lealtad explícita:

- Cláusulas de exclusividad aceptadas en contratos.
- Lealtad por ventaja (empresas que cubren una necesidad con un nivel de satisfacción no disponible en el mercado).
- Sensibilidad al precio.
- Búsqueda de nuevas alternativas (potencialidad y actitud declarada o contrastada).

Fuente: Elaboración propia.

promocional va a tener creatividad y dinámicas diferentes para aquellos que ya nos compran o para los que todavía no lo hacen; si se necesita una compañía especializada en marketing directo para poder dirigir nuevos productos a nuestra base de datos de clientes, o es más importante aumentar los presupuestos destinados a publicidad en televisión; o si se va a realizar una nueva apertura en una zona en la que la compañía encargada de realizar estudios para nuestra expansión ha identificado un alto potencial de futuros clientes, en detrimento de la zona donde ya reside un segmento de antiguos clientes, que ahora necesitan desplazarse en coche o transporte público para visitar nuestras tiendas.

Estamos asistiendo a una reducción del fenómeno de la fidelización hacia su parte estética, sintetizada en cajas de cobro especiales, vales descuento, tarjetas oro, salas de esperas para "personas importantes" o felicitaciones de cumpleaños. No soportado por una verdadera estrategia de marketing relacional. Lo que debería ser la punta de un iceberg son en realidad unas cuantas placas de hielo flotando por el agua.

Por último, existe una tendencia generalizada a asociar fidelización con programas de recompensa, privilegios, descuentos o puntos y, con ello, a convertir un objetivo estratégico para la compañía en una mera herramienta táctica, cuando no en una simple acción promocional. El fin ha sido confundido con los medios que pueden llegar a conseguirlo. Las guerras de precios o de publicidad están siendo sustituidas, en algunos casos, por guerras de puntos. Un "yo también te doy puntos", "doble de puntos en..." o "yo tengo un catálogo de premios más bonito" parecen haberse convertido en el argumento preferido de algunas compañías. Algunos clientes "quieren puntos" porque su opción puede que sea tan reducida como "tener lo mismo pero sin ellos", al igual que decide coger un envase al que se le ha adherido una pequeña muestra frente al mismo sin muestra o comprar un producto en cabecera de lineal un 10 % más barato que su competidor directo.

La decisión de Safeway de retirar su tarjeta de fidelidad en el año 2000, ¿dónde deja al resto de minoristas de alimentación del Reino Unido? En febrero de 1995 Tesco fue el primer gran detallista en el Reino Unido en lanzar una tarjeta de fidelidad con su Tesco Club. Desde entonces, más de 12 millones de compradores han adoptado su sistema Clubcard, que proporciona puntos al cliente que pueden ser acumulados y cambiados por un número de productos y servicios...; el valor para el cliente es equivalente a un descuento aproximado del 1 % al 2 %.

Sainsbury´s lanzó la Saínsbury´s Reward Card en 1996. Cuando la canceló, llegó a tener 17 millones de usuarios. Por su parte, Safeway lanzó su tarjeta en 1995 y desde entonces hasta su cancelación ha emitido aproximadamente 10 millones de tarjetas.

FIDELIZACIÓN, VINCULACIÓN Y RETENCIÓN DE CLIENTES

En 1999 muchos consumidores en el Reino Unido tenían varias tarjetas de fidelidad, que cubrían los minoristas de alimentación..., así como otros detallistas. En realidad, se estima que el 50 % de los poseedores de tarjeta de fidelidad del sector alimentación tienen más de una tarjeta (en el Reino Unido).

Para Tesco, el margen de inversión ha sido recompensado con significativos incrementos en cuota de mercado. Para Sainsbury´s y Safeway no ha sido éste el caso. Otros elementos en el debate de la lealtad de la clientela incluyen la habilidad de los minoristas para utilizar eficientemente los datos que han obtenido...

Entonces, en este revuelto panorama ¿se puede afirmar que la tarjeta de fidelización tal y como la conocemos en el mercado español tiene los días contados? Después de altas inversiones, uno de los mayores promotores de este tipo de técnicas de fidelización, Safeway, decidió suprimir su tarjeta a finales del año 1999. A partir de ese momento se ha centrado en una estrategia promocional continuada sobre 50 ó 60 productos de alto volumen y notoriedad comunicados a sus consumidores mediante baratas técnicas de buzoneo y renovando sus promociones con un sentido táctico, que evitaba que estas acciones pudieran ser asimiladas por la competencia en un corto periodo de tiempo.

La pérdida de eficacia del sistema de tarjetas tiene poco que ver con el sistema en sí mismo. A principios del año 2000, en el Reino Unido, sólo un 42 % de los consumidores utilizaban un único supermercado para sus compras. Otro 32 % eran usuarios de 2 enseñas diferentes. En este escenario, era habitual que los consumidores ingleses llevaran en su cartera hasta 4 y 5 tarjetas de fidelización. Lógicamente, este sistema ya no suponía un elemento de diferenciación. Un análisis de las estadísticas hubiera indicado a los responsables de marketing de estas enseñas por qué era posible perder un millón de consumidores y ganarlo al mismo tiempo. Un estudio de opinión reveló que los consumidores cambiaban continuamente de supermercado buscando fundamentalmente precio más barato (34 %) o mayor variedad y calidad (21 %).

Un análisis de la estrategia de Safeway y su tarjeta nos aclara los motivos de su escaso éxito frente al de su competidor Tesco. La tarjeta de fidelización de Safeway estaba basada fundamentalmente en ofrecer ventajas competitivas sobre precio (puntos por cantidad comprada). Esto promueve una espiral de descenso en los precios, ya que estas acciones son fácilmente imitadas en un corto espacio de tiempo con otras enseñas con tarjetas de fidelización sobre los mismos productos. Lo único que se conseguía era mover entre enseñas un tipo de consumidor buscador de los precios más baratos, poco recomendables por su baja rentabilidad. Safeway descuidó algo básico en una estrategia de fidelización: puede ser sencillo captar muchos consumidores, pero lo complicado será retenerlos si no se tienen elementos diferenciales asociados a los productos que todos los lineales ofrecen.

Así, esta enseña presentaba graves deficiencias en la gestión global de los precios del conjunto de sus categorías (gestionada de una forma descuidada). El surtido de productos no estaba ni mucho menos gestionado de acuerdo a las interesantes conclusiones que se derivaban del alto volumen de información que se recogía con la tarjeta de fidelización. También fallaba algo tan básico como el ambiente de compra y las técnicas de *merchandising*.

MARKETING RELACIONAL UN NUEVO ENFOQUE PARA LA FIDELIZACIÓN Y SEDUCCIÓN DEL CLIENTE

Lógicamente, en este escenario tan desfavorable ningún programa de fidelización puede retener consumidores.

La lección tampoco implica directamente que es mejor invertir el coste de los programas de fidelización en mantener precios bajos de forma continuada. Será primordial mantener una estrategia competitiva donde se fomente una imagen de enseña diferenciada y adecuada a un posicionamiento concreto para el *target* que se desea fidelizar. El fracaso no es del programa, el fracaso puede derivarse de la gestión global de la enseña.

4.2.2. FIDELIZACIÓN Y MARKETING RELACIONAL

Conocimiento del consumidor, adecuación de la oferta, valor percibido y duración e intensidad en las relaciones constituyen las bases sobre las que reside el marketing relacional. La fidelización no es sino el reflejo en el cliente de todo ello.

En nexo entre marketing relacional y fidelización se provoca mediante la intervención del primero en los procesos de satisfacción del cliente, que tendrán como contrapartida su lealtad. En el capítulo dedicado a la estrategia relacional se precisan con detalle los procesos de puesta en marcha del marketing relacional y sus posibles consecuencias sobre el afianzamiento de la clientela.

La expresión del deseo de satisfacción (Barroso y Martín, 1999) lleva implícita un alto nivel de conocimiento de las necesidades del individuo. Es aquí donde la oferta de la empresa interviene, tomando como propia la necesidad del cliente para ofrecerle una respuesta que éste no puede o no desea solucionar por sus propios medios.

Las cualidades de los productos o servicios, su promesa de reposición de una carencia, su *performance* o la carga de representaciones que incluye, o a las que conlleva su utilización, son una llamada para el comprador: "tengo algo que estás buscando y que a buen seguro va a satisfacerte". El marketing relacional nos ayuda a concretar ese importante "algo", nos permite detectar la relación existente entre la expresión del deseo y el "tipo de remedio" esperado. Con una finalidad: convertir la promesa de satisfacción en una realidad sostenible en el tiempo.

Nuestra pareja, nuestra secretaria o secretario, nuestro amigo o amiga practican el marketing relacional cuando les pedimos un café bien cargado y, además de servírnoslo con agrado, son capaces de elaborarlo a nuestro gusto. Lo que ha ocurrido es un proceso que se repite con cierta asiduidad en nuestra vida diaria. Parémonos aquí unos segundos:

Al pedir un simple café a alguien "de confianza", en realidad estamos acudiendo a informaciones anteriores para concretarlo, estamos presuponiendo que el receptor del mandato o de la información conoce nuestros gustos, no necesitamos, por lo tanto, realizar una descripción detallada del tipo de café, de su mezcla o no con leche o crema (salvo que alternemos el consumo de uno y otro), del número de cucharillas de azúcar a añadir o del tipo de edulcorante que le añadiremos. Café quiere decir todo ello. Nos sentimos felices de haber sido entendidos y considerados, y muy probablemente quien nos lo sirve tiene igualmente la satisfacción de haber cumplido adecuadamente su misión.

Un ejemplo aún más extremo: un buen cliente de una cafetería puede que provoque con su simple presencia (con entrar por la puerta o situarse en la barra) una acción en el camarero que cada día le atiende, consiguiendo tener todo un desayuno a su gusto sin haber abierto la boca más que para saludar.

Ahora cabe hacerse dos preguntas, una desde la óptica del cliente y otra desde la de la empresa. La primera es: ¿cuánto tiempo necesitaríamos para que el camarero del bar de enfrente asocie nuestra presencia con un desayuno concreto? Y la segunda, es la misma vista en un espejo: ¿cuántas veces tendrá un cliente que pedirme lo que necesita o desea para que tome la iniciativa de ofrecérselo?

En términos conductistas, "condicionar" a un camarero puede llevar su tiempo, especialmente si éste no está dispuesto a arriesgar un primer día un desayuno, al presentarnos algo que podemos rechazar por no haberlo pedido. Un riesgo que tiene que asumir para ganarnos definitivamente, al igual que ganamos a un ser querido cuando le presentamos un regalo de cumpleaños que, con independencia de su utilidad, de su precio, de la nota que le acompañe, lleva un mensaje implícito de alta intensidad sentimental: "te conozco..., sé lo que te gusta..., sé lo que esperas de mí". Esto es lo que fideliza.

A los programas de fidelización, a algunos de ellos que inciden sobre los valores emocionales, se les denomina, de forma afortunada, programas de recompensa. Entre otras cosas porque estimulan la elección del cliente ofreciéndole un beneficio que incide sobre aquello que verdaderamente resulta motivador: un viaje, una agenda personal, una visita guiada o una simple felicitación de cumpleaños.

La fidelización tiene que ver con la gratitud, con la seguridad de que el deseo de mejorar algo en nosotros o en nuestro entorno se verá cumplido una vez más. El marketing relacional pone en las manos de la empresa los mecanismos para incidir sobre la misma.

Soy fiel a una marca de pantalones vaqueros porque siempre "me dan buen resultado" (no se decoloran, no se descosen o no encogen, por ejemplo), porque "me siento bien con ellos" (en un doble sentido, son cómodos, me permiten moverme libremente o su tacto es agradable y, además, de entre las alternativas de pantalones posibles, éstos, son para las ocasiones en que la vida en sociedad acepta o valora su utilización). Estos *jeans* poseen una marca que ha logrado, especialmente a través de las comunicaciones de diferente índole realizadas por el fabricante (y por el posicionamiento conseguido), reflejar un determinado *status* (quiero ir con vaqueros pero anunciar que puedo permitirme pagar el doble que otros en este producto, por ejemplo). Esto lo anuncia su etiqueta y algunos otros elementos de confección, aparentemente "inocentes". Por último, pero no por ello menos importante, soy fiel a la marca, porque tiene una determinada carga emocional en mí, "me gusto con ellos y a los demás (uno o varios, explícita o implícitamente) también les gustan". Conclusiones a la que llegué tras el primer par que compré o en el tercero de ellos; algunas de estas reflexiones las he trabajado en mi imaginación o comentado con otras personas, otras incluso no las reconocería. Ahora lo que cuenta es que tengo un alto grado de posibilidades de repetir la compra.

Las necesidades hacen que nuestros mecanismos de búsqueda se activen y que sólo cesen tras encontrar la respuesta deseada. También pueden quedar adormecidas o tapadas por una necesidad mayor (el deseo de leer finaliza temporalmente cuando el sueño aparece) o cambiar su índole de importancia en función de la aparición de una nueva necesidad (la sensación de hambre puede desaparecer por la aparición de una fuerte sensación de sed).

El papel de la empresa, en lo que se refiere a las necesidades del cliente, debe concentrarse en adecuar la oferta sobre la base de la experiencia que ésta dispone de los comportamientos del consumidor. Establecer relaciones no es sino conocer al cliente para ofrecerle un amplio abanico de

FIDELIZACIÓN, VINCULACIÓN Y RETENCIÓN DE CLIENTES

ofertas adecuadas, entenderle como individuo, hacer que se sienta diferente y tratarle como amigo.

Claves del éxito en un programa de fidelización. El caso Turyocio

En 1996, Banco de Santander, BCH (hoy grupo SCH), Cortefiel y Cepsa se unieron para crear el primer programa de fidelización multi-sponsor en España. La idea consistía en aglutinar, bajo una misma tarjeta y enseña, a destacadas empresas que representaran la mayor parte de los productos y servicios a los que las familias destinan sus compras.

Los principales objetivos eran, y siguen siendo, los siguientes:

- Fidelizar a los mejores clientes de cada una de las empresas participantes, mediante la implementación de una estrategia relacional, tendente a incorporar valores diferenciales basados en la recompensa, trato preferencial y en el intercambio de información extra-transaccional o de intercambio económico puro.

- Apoyar la identificación y búsqueda de las empresas participantes por parte del titular. Contribuir a la notoriedad, reputación e imagen de las mismas.

- Crear un núcleo de empresas que favorezcan el intercambio de clientes en sectores no competitivos entre sí. Favorecer la captación de clientes mediante una base de datos común.

- Disponer de información relevante sobre el hogar. Recorrido del titular por diferentes escenarios de consumo e información derivada de las propias relaciones establecidas a través del programa.

- Establecer canales de comunicación de alta interactividad. Mediante técnicas de marketing directo y la expectativa continuada por parte del titular de recibir información altamente personalizada que incide sobre sus deseos de ocio y diversión.

- Mantener una barrera a la posible "fuga" de clientes de las empresas y de titulares del programa mediante la identificación de los escenarios críticos y la propuesta de alternativas de mejora.

- Incrementar la frecuencia y el volumen de compra de los diferentes titulares en las empresas que visitan o le son afines a su perfil de consumidor.

4.2.3. FIDELIZACIÓN E INVESTIGACIÓN

Un programa de fidelización bien diseñado supone, además de un soporte de alta valía para la recopilación y actualización de informaciones importantes sobre el cliente, un auténtico laboratorio en el que poder contrastar las conclusiones obtenidas del análisis de las mismas. La cada vez más

CLAVES DEL ÉXITO DE UN PROGRAMA DE FIDELIZACIÓN

INNOVACIÓN (CREATIVIDAD Y TECNOLOGÍA)

NOTORIEDAD DEL PROGRAMA

PARTICIPACIÓN ACTIVA DE TITULARES

NIVEL DE PENETRACIÓN DEL PROGRAMA/TOTAL CLIENTES

INFLUENCIA EN DECISIONES DE COMPRA

VALOR PERCIBIDO POR LA PARTICIPACIÓN

AJUSTE NIVEL DE COMPRA/RECOMPENSA

Fuente: PMSSA (Turyocio).

asombrosa capacidad de procesamiento y respuesta a las explotaciones o consultas realizadas, llegan a permitir, prácticamente en tiempo real, disponer de información sobre lo que está ocurriendo con un cliente, con un conglomerado de éstos o con la totalidad de los mismos. Sin embargo, es cierto que tanto volumen de información hay que tratarlo con sumo cuidado para evitar que se llegue a convertir en desinformación.

Es indiscutible que la correcta articulación de un programa de fidelización ha de incorporar la puesta en marcha de un sistema que permita:

• Adquirir información (de forma permanente).

• Facilitar la toma de decisiones (en el corto plazo).

• Planificar correctamente el futuro (en el medio y largo plazo).

Adquirir información: en el capítulo dedicado a marketing base de datos se detalla, con mayor profundidad, las diferentes fuentes y soportes técnicos que contribuyen a la adquisición y manejo de la información sobre clientes. También son descritos los procesos de captura, almacenamiento y gestión de la información que propician el llamado *business intelligence*, o conocimiento sobre el negocio.

FIDELIZACIÓN, VINCULACIÓN Y RETENCIÓN DE CLIENTES

Las principales fuentes por las que podemos adquirir conocimiento sobre los clientes mediante un programa de fidelización son:

- El formulario de inscripción en el programa, adhesión al club o aceptación de las condiciones que lo rigen, aceptación de servicios postventa, de actualización del producto o servicio, etc. En general, incluyen información personal sobre el individuo, datos de carácter familiar, referidos a rentas, hábitos de consumo relacionados directamente con el promotor o promotores del programa, preferencias en los canales de comunicación, y algunos de carácter más emotivo, tipo ocupaciones del tiempo libre, deportes practicados o aficiones.

  Cabe señalar, nuevamente, la importancia de establecer, previo al diseño del cuestionario, la finalidad o utilidad futura de los datos solicitados en el mismo, con objeto de evitar un cuestionario interminable que, además de reducir la calidad de la información aportada por "fatiga", incomodidad o desconfianza de quien los rellena, ocupará un lugar precioso en la base de datos que acabará por prolongar los tiempos de consultas y reducir la calidad de los mismos, harán que la empresa incurra en costes innecesarios (memoria en discos, procesadores, etc.) y, por último, impedirán su mantenimiento en el tiempo.

- Los formularios que posteriormente se dirijan al cliente (normalmente incentivando su respuesta mediante la suma de privilegios, puntos, participación en concursos, regalos u otros) con objeto de completar o actualizar la información aportada en el formulario de inscripción, incluir valoraciones sobre los productos o servicios ofertados, sobre el propio programa de lealtad, o sobre indicios de hábitos de consumo o comportamiento que han sido detectados a través de los procesos de minería de datos (*data-mining*) y necesitan ser contrastados.

  Este tipo de formularios llegan junto a la propia evolución del programa o de la propia empresa o sus negocios, y recogen las nuevas necesidades de la misma (fase de perfeccionamiento y consolidación). Es preciso diferenciar estos cuestionarios de las investigaciones de mercado que la empresa realiza a través de encuestas dirigidas a sus clientes, y que utilizan para ello la base de datos existente (la propia del programa de fidelización en muchos casos). La diferencia entre unos y otros estriba en la inclusión o no de nuevos campos en la base

MARKETING RELACIONAL UN NUEVO ENFOQUE PARA LA FIDELIZACIÓN Y SEDUCCIÓN DEL CLIENTE

de datos de clientes para su mantenimiento y explotación futura. Una cosa es un cuestionario dirigido a una muestra (o incluso a la totalidad) de la base de datos, con el objeto de conseguir la aportación de una información puntual para la toma de decisiones, y otra muy diferente la inclusión de nuevas informaciones que servirán para explotaciones futuras.

- La información derivada de las relaciones mantenidas con el cliente, tanto de índole comunicativo como económico. Es aquí donde aparece con fuerza e infinitas posibilidades el *Customer Relationship Management* (CRM) entendido como una herramienta (o conjunto de ellas) capaz de gestionar, almacenar y facilitar la toma de decisiones para afianzar las relaciones mantenidas con el cliente. Esto es posible mediante la gestión integrada de los canales de relación (centro de atención telefónica, Internet, correo convencional, reportes sobre atención personalizada, tarjetas de fidelización o pago, etc.) por cualquiera de los departamentos o áreas de la empresa (administración, comercial, marketing, producción, servicio al cliente, etc.), con independencia de la categorización que realicemos de dichas relaciones (solicitudes de información, canje de premios, reclamaciones, sugerencias, respuestas a acciones comerciales, pedidos o transacciones de productos, reclamación de facturas, etc.).

El programa de fidelización tomará para su dinamización aquellas informaciones que, tras un proceso de depuración y contraste con los objetivos y finalidades que persigue, le sean relevantes. La llamada gestión integral del cliente, que plantea la utilización de la totalidad de información disponible sobre el cliente en su relación con la empresa con independencia de la fuente, canal, receptor o tipo, suele, a menudo, confundirse con la gestión del programa de lealtad. Sin embargo, es preciso establecer una clasificación de la información disponible en función de los objetivos a los que va a ser dirigida: de forma (como veremos en el siguiente punto) que la toma de decisiones (en su mayor parte de forma programada o automatizada) se convierta en un proceso fluido.

Para convertir en operativa la información, tendremos que considerar que la mayor parte de las relaciones con los clientes nos aportan información expresada de forma cualitativa, rica en matices personales pero de difícil tratamiento estadístico.

Dicha información ha de ser agrupada, clasificada y sintetizada en la base de datos para que pueda ser tratada. Un ejemplo de esto puede ser las diferentes reclamaciones de los clientes. Cada reclamación tiene su propia entidad. Puede ser tratada incidiendo sobre el origen de la misma (retraso en la entrega, falta de información sobre el producto, inadecuada publicidad, etc.), considerando la forma en que el cliente interpreta dicha reclamación o "vive el problema" (simple petición de información, total decepción, baja calidad percibida, etc.) o incluso atendiendo a las posibles repercusiones futuras (escasa posibilidad de repetición de compra, pérdida del cliente, respuesta satisfactoria, etc.).

Aunque unas y otras perspectivas pueden responder a planos temporales diferentes en la relación con el cliente, lo cierto es que nos enfrentamos a un volumen de información y situaciones que probablemente, impidan el trato individualizado de cada una de ellas (entendido como el tratamiento mediante una única persona dentro de la organización que evalúa la reclamación e intenta ofrecer una respuesta satisfactoria a la misma).

Por otro lado, tampoco podemos ofrecer un excesivo grado de estandarización en la respuesta que pueda ser percibido por el cliente como una solución parcial a su problema. Necesitaremos, por lo tanto, crear una estructura flexible (en la que la intervención individualizada tenga cabida para los casos que así lo requieran) y a la vez bien organizada (desde el punto de vista de la captura), que aporte información valiosa al sistema (identificando los aspectos verdaderamente relevantes), con el objeto de establecer un árbol de decisiones múltiples manejable por la empresa que satisfaga los intereses del cliente.

• La información derivada de la respuesta y ausencia de respuesta a nuestras propuestas. El proceso de investigación sobre el proceso de fidelización no solamente ha de focalizarse en una única dirección (desde el cliente hacia la empresa), tiene también que permitir valorar la eficacia, e incidir sobre los contenidos de las propias acciones de comunicación e incentivación de la empresa.

Es preciso volver a destacar la influencia que los procesos de comunicación directa o canales de comunicación de alta personalización e interactividad ejercen en este punto. La retroalimentación del sistema será tanto mayor cuanto mayores sean las posibilidades que ofrece el propio canal seleccionado, influyendo así, no sólo en la codificación o adaptación del mensaje a las características del propio canal, sino también en la eficacia del mismo entendida como respuesta.

Disponer de información fiable sobre la influencia en la respuesta de nuestros clientes de los diferentes canales de comunicación utilizados para acercar nuestras propuestas supone un ejercicio de investigación previo a la propia indagación de la propuesta en sí. En el proceso de fidelización, evitar las transacciones por inadecuación (véanse transacciones en las relaciones), supone un objetivo en sí. La adecuación y selección del canal o canales de comunicación muestran un alto grado de conocimiento sobre el cliente y han de ser uno de los propósitos iniciales del programa de fidelización. En muchos casos, disponer de canales alternativos puede suponer no perder al cliente. Por ejemplo, un cambio de domicilio de un cliente con el que habitualmente entablamos relación por correspondencia puede ser paliada si disponemos del teléfono móvil o *e-mail* de dicho cliente, igualmente un cambio de domicilio temporal (vacaciones, traslado por trabajo, etc.) puede suplirse mediante la utilización de mensajes cortos a su teléfono móvil o mensajes de voz en el contestador de la oficina.

Conocer cuáles son los mecanismos de respuesta de los clientes, a nuestras propuestas o sus reacciones a las mismas, supone una información nada despreciable para la empresa. La articulación de los planes de marketing articulados *ex professo* para los clientes considerados como fieles, o el diseño de los programas para conseguir estimular la lealtad de aquellos clientes en los que la empresa está especialmente interesada, se han de basar principalmente en las conclusiones obtenidas del análisis de este tipo de información. La adaptación de la creatividad, entendida como codificación o soporte del mensaje que debe incidir en el destinatario estimulando su percepción y recuerdo, alcanza así un nuevo estadillo. La intuición del publicista o responsable de comunicación, e incluso el pre-test y post-test creativos, quedan sustituidos por el análisis empírico del mensaje contrastado en el universo de clientes disponibles.

Un buen ejemplo de la correcta utilización de la información disponible sobre propuestas (en este caso de promoción de servicios y generación de tráfico de clientes hacia establecimientos asociados) es el que viene realizando American Express en España mediante su programa de fidelización Membership Rewards. En el extracto del programa (que se incluye de forma diferenciada al propio estado de cuenta de la tarjeta de pago) se comienza por anunciar una promoción que facilita puntos adicionales (dobles puntos por la reserva en un determinado hotel, compañía de alquiler de vehículos o pago del IRPF, por ejemplo); dichos puntos son sumados con la reseña "ajustes" al montante total de puntos conseguidos en el periodo previo a la consecución de los mismos (antes de la respuesta efectiva a la promoción), de tal forma que el cliente pueda percibir el total de *bonus points* que dispondrá en caso de aceptación de la propuesta. En caso de no responder a la promoción se provoca una "retrocesión" (en propias palabras de AMEX), es decir, un descuento de los puntos extras no conseguidos, que vuelve a poner de manifiesto para el titular de la tarjeta y socio del programa el coste de oportunidad por no haber contestado a la promoción.

Aunque la presentación pueda ser discutible, dada la posible confusión que pueden generar dichos ajustes en la tabla de puntos, es notorio que dicha operativa va a permitir a AMEX detectar aquellos clientes que han realizado, por ejemplo, el pago del IRPF con su tarjeta American Express, con el objeto de poder dirigirles una nueva acción de características similares en el próximo año o de al menos recordarles que pueden realizar este pago con su tarjeta. Exportar los resultados de esta acción a nuevos clientes o propuestas futuras permitirá dinamizar el programa y avanzar sobre las propuestas de pago con su tarjeta.

Para finalizar, es preciso volver a insistir sobre las posibilidades que el programa de fidelización ofrece sobre la captura de información de carácter personal, entendida en oposición a la transaccional o puramente económica. Un programa de fidelización debe cubrir la necesidad de la empresa de incrementar su conocimiento sobre el cliente en aquellas parcelas que normalmente le son menos accesibles, nos referimos especialmente a los datos de carácter personal, emocional, cognoscitivo y muy especialmente a la interiorización de nuestra empresa y propuestas. Tenemos, por lo tanto, que conseguir generar un contexto de confianza y distensión en el que la comunicación fluya de forma diferente a como lo hace bajo el contexto de relación basada en el intercambio económico.

El programa de fidelización ha de materializarse en un "canal de buenas noticias", esperado y amigable para el cliente. Piense en usted mismo, y observe su actitud y la de los suyos al abrir el buzón de correspondencia. Probablemente lo importante es conocer el saldo en la cuenta bancaria o el importe total del recibo de suministro eléctrico; sin embargo, lo que resultará verdaderamente interesante será descubrir la cada vez menos frecuente carta de un amigo o la invitación al preestreno de una película facilitado por el programa de fidelidad del mismo banco que le informa, en otra de sus cartas, del saldo pendiente de su hipoteca.

A continuación, se adjuntan dos flujogramas tipo de programas de fidelización en los que se sintetiza, respectivamente, el proceso de recogida de información personal (denominada como básica) y canje de premios (flujograma 1) y de captura de operaciones (transacciones económicas) y envío de comunicaciones (flujograma 2). Aunque han sido diferenciados en dos procesos independientes para la mejor comprensión del lector, ambos procesos son simultáneos en el tiempo generando continua información sobre la base de datos.

Facilitar la toma de decisiones (en el corto plazo): el sistema de información comercial que propicia el programa de fidelización refleja únicamente una parte de su potencial. En efecto, el programa es diseñado con el fin de responder al objetivo de afianzar las relaciones de confianza con el cliente y es así como llega a convertirse también en un sistema de relacionales. Esto supone que el programa debe incluir la potencialidad de elegir la mejor de las alternativas posibles para que dicha relación se convierta en una realidad.

FLUJOGRAMA DE CAPTURA DE DATOS PERSONALES

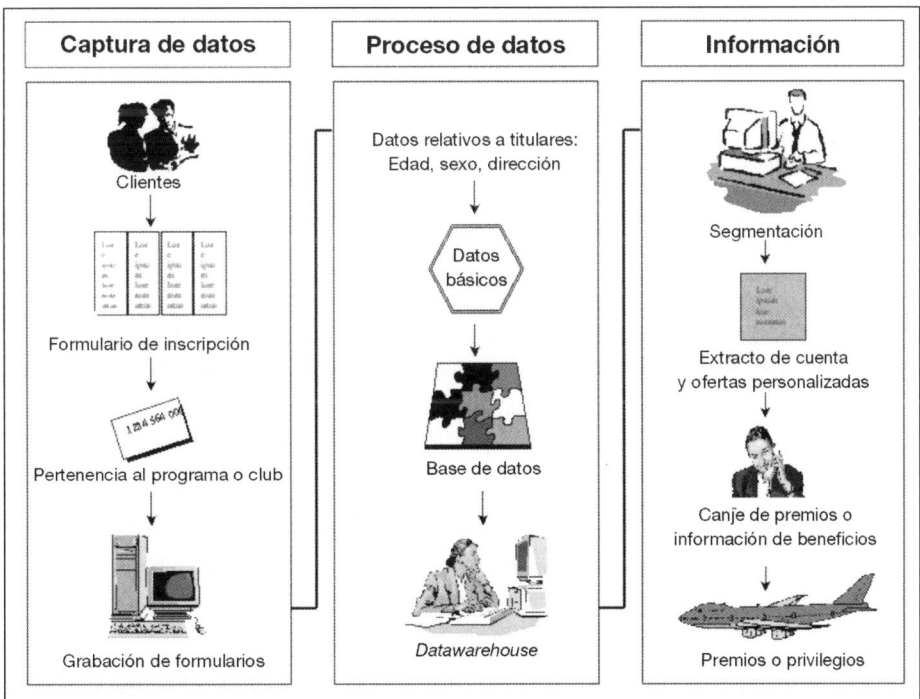

Fuente: Elaboración propia.

FIDELIZACIÓN, VINCULACIÓN Y RETENCIÓN DE CLIENTES

FLUJOGRAMA DE CAPTURA DE DATOS DE OPERACIONES

Fuente: Elaboración propia.

Cuando hablamos de carteras de clientes reducidas (como es el caso, por ejemplo, de pequeñas empresas, de proveedores de servicios o productos para un conjunto reducido de empresas), de un número de referencias, productos o servicios no muy numerosos (algunas empresas industriales o proveedores de materias primas), o incluso de ofertas de alta estacionalidad o escasa continuidad en el tiempo, el volumen de información es abordable desde el mejor de los canales de relación: el trato personalizado, y con una base de datos contrastada en sus resultados, la disponible en propia memoria del propietario de la empresa.

Sin embargo, la realidad suele ser otra. Normalmente, nos enfrentamos a una gran cartera de clientes a la que difícilmente podemos asignar gestores personales y sobre la que queremos actuar con el mayor tratamiento individual posible.

La crítica más generalizada a las bases de datos de clientes es la de disponer de una gran cantidad de información con la que no saber qué hacer. Esto es especialmente cierto si a la propia información de relación económica, entendida como la generada en los intercambios de productos y servicios con el cliente (incluida la preventa, venta y postventa) se añaden otras de carácter emotivo, lúdico, conativo, personal, promocional o de cualquier otra índole.

Algunos autores hablan de "inteligencia artificial" para referirse a herramientas de gestión de carteras de clientes. Sin embargo, aunque el campo de la tecnología de la información avanza con pasos de gigante, lo cierto es que aún requiere de árboles de decisión programados bajo intervención humana. El nivel de aprendizaje y toma de decisiones de las máquinas es aún escaso.

Ahora bien, una cosa es hablar de cartera de clientes, refiriéndonos a la totalidad de individuos o empresas que interactúan o tienen intercambios económicos o ideológicos con nuestra organización o empresa, y otra bien diferente es referirnos a clientes fieles o clientes que deseamos que sean fieles, es decir, aquellos que nos aportan el margen necesario como para poderles dar un tratamiento verdaderamente personalizado.

Comenzar realizando un proceso de segmentación nos va a permitir convertir en abordable un escenario que, *a priori*, parecía no serlo. Más aún, la experiencia adquirida al trabajar con universos reducidos, puede propiciar los cambios necesarios en nuestra compañía para crear, de forma paulatina, una oferta personalizada a todos y cada uno de los clientes actuales y futuros.

Con esto, damos respuesta a quienes se reiteran en lo inabordable del problema, o acaso con toda la información disponible ¿no es cierto que quizás tan sólo a uno, quizás a mil, de nuestros mejores clientes podemos darles lo que piden?, algo muy diferente es que lo que pidan sea diferente a lo que ofrezcamos y no estemos dispuestos a afrontar el reto.

Si bien la investigación comercial y de marketing logró alcanzar un alto nivel de desarrollo, mucho antes de que incluso las herramientas informáticas favorecieran el tratamiento estadístico de la información, tras la incorporación de las mismas los tiempos de respuestas se vieron reducidos de forma sustancial, lo cual propició importantes avances en un doble sentido.

Por un lado, la calidad de los resultados e informes se vio favorecida por la posibilidad de establecer enfoques múltiples del problema

FIDELIZACIÓN, VINCULACIÓN Y RETENCIÓN DE CLIENTES

a analizar, que incorporaban cálculos complejos sobre muestras de gran tamaño difícilmente abordables sin la utilización de máquinas. Por otro, la proximidad entre el planteamiento del problema y los resultados evitaron la obsolescencia del objeto de la investigación, favoreciendo la toma de decisiones en el corto plazo.

Una empresa podía descubrir, basándose en la investigación, una determinada tendencia en el consumo antes de que la influencia de los propios factores que estaban influenciando dicha tendencia variara. A pesar de que los procesos de cambios en las tendencias de consumo son lentos, también lo eran detectarlos y tomar la decisión de crear una nueva planta de producción y la imagen sobre un determinado producto para dar respuesta a dicha tendencia. En sectores especialmente sensibles a dicho cambio la rapidez de maniobra suponía el éxito o el fracaso.

Mediante el análisis continuado de la base de datos de clientes la empresa dispone de una ventaja competitiva importante frente a su competencia. Primero, porque puede ceñirse a detectar los cambios y necesidades de un universo de clientes sobre los que disponemos de una información relevante de difícil acceso para nuestros competidores. El esfuerzo requerido para que un competidor sea capaz de detectar la totalidad de nuestra cartera o una parte representativa de la misma, y establecer un mínimo de relaciones para llegar a disponer de información relevante sobre los mismos con objeto de dirigirle una oferta capaz de superar a la de nuestra empresa que genere su captura, suponen la utilización de importantes recursos en el medio y largo plazo, solamente abordable desde la optimización de una cartera propia que genere importantes beneficios o desde un inusual respaldo financiero. En segundo término, la ventaja competitiva vendrá derivada de la capacidad de reacción que las relaciones avanzadas van a propiciarnos para hacer frente a las acciones de nuestros competidores.

Con un programa de fidelización bien estructurado seremos capaces de detectar la llegada de nuevas propuestas competidoras a nuestra base de clientes. Una alerta plausible de la actuación de un competidor puede ser una bajada generalizada de la facturación entre un determinado grupo de clientes, y otra, anterior a ésta (que nos ofrecerá mayor margen de maniobra y a buen seguro accesible, si nuestra estrategia relacional y CRM funcionan correctamente), será la propia denuncia de la acción del competidor por parte de nuestros mejores clientes, incluso antes de provocarse la contratación o el estudio detallado de la misma. Es así como comenzaremos a obtener los resultados de una confianza bien trabajada. Por último, porque seremos capaces de desarrollar barreras para la fuga de clientes mucho antes de que ésta se produzca, seremos capaces, en definitiva, de ponérselo bastante difícil a nuestros competidores, haciendo que el recorrido de experiencias con nuestra empresa crezca en la misma medida en que lo hace la llegada de nuevas expectativas, hasta llegar a ese umbral donde la llegada de una nueva oferta genera desconfianza.

Un buen ejemplo de esta situación puede ser el trabajo realizado por Open Bank con sus clientes. La propuesta de una banca multi-canal que propone la utilización prioritaria del teléfono como medio de relación con sus clientes, provocó desconfianza. A priori, el nivel de experiencia que parecía requerirse superaba la experiencia real de sus clientes potenciales (acostumbrados a acudir a una sucursal bancaria a realizar sus operaciones financieras); sin embargo, el nivel de expectativas generado al ofrecer productos de alta rentabilidad (posibles gracias a una política comercial agresiva y a la reducción de costes originada por no disponer de una red de oficinas a escala nacional), y un servicio continuado de 24 horas todos los días del año permitió la prueba y contratación de sus servicios. Decididamente, el Grupo Santander ofreció una respuesta efectiva a un sector del mercado, situando barreras de entrada a nuevos competidores mediante una nueva unidad de negocio creada por y para un determinado tipo de cliente con poco tiempo para acudir a una sucursal y a la vez decidido a tener una intervención más importante en la administración de sus finanzas.

La confianza venía respaldada por el ajuste entre expectativas y experiencias. El supuesto riesgo inicial parecía, para una parte importante de la cartera, haber merecido la pena. Coincidiendo con la expansión de la banca en Internet, el Grupo Santander supo nuevamente frenar la amenaza que podía suponer la llegada de nuevos competidores, habilitó servicios de alta consulta y transacciones financieras en todos los bancos del grupo, e incidió especialmente sobre la cartera de clientes que especialmente se estaba mostrando más receptiva al salto a la Red, aquellos que precisamente habían sido "experimentadores" y que de forma incipiente utilizaban este canal de relación ya facilitado por Open Bank. El momento era propicio para la adquisición de un líder en la banca *on-line* que asegurara la expansión en Hispanoamérica de este tipo de banca y que aportara experiencia sobre el negocio al grupo.

Con la adquisición de Patagon Internet Bank se incrementaba el nivel de expectativas de los ya clientes y se pretendía atraer a aquellos que aún se mostraban recelosos sobre la apuesta del grupo en la banca *on-line*. En definitiva, se incidía sobre la fidelización de los ya existentes, se generaba confianza (uno de los principales atributos en banca, por cierto) y se cerraban posibilidades de pérdida frente a sus dos competidores directos en el sector Uno-e y e-bankinter.

En un sistema relacional soportado por una base de datos, orientada a facilitar información válida para la toma de decisiones en el corto, podemos diferenciar dos niveles de toma de decisiones:

— Las derivadas de la actuación que se requiere frente a un determinado cliente que, hasta el momento, era gestionado o valorado en el sistema de relación con unos parámetros determinados y que requiere un nuevo enfoque o evolución en su tratamiento, que podemos denominar evolución táctica de las relaciones.

— Las derivadas de las actuaciones tácticas de la compañía definidas en sus planes estratégicos. En las que ha de existir una cierta flexibilidad encaminada a la adaptación al entorno para asegurar la consecución de objetivos. A estos segundos les denominamos adaptación táctica al entorno relacional.

Planificar correctamente el futuro: la evolución táctica de las relaciones está influenciada por la experiencia en la gestión de clientes de la compañía. Como señalábamos al principio del capítulo, el cliente experimenta una evolución lógica en el tiempo junto a la empresa, y lo hace en función de un conjunto de variables que el programa de fidelización ha de detectar. Con el objeto de ofrecer una respuesta válida a las mismas, dicho proceso puede ser incorporado en el sistema de relación, basándose en las experiencias disponibles en la empresa con clientes que con anterioridad han realizado un recorrido semejante y que muestran un alto grado de afinidad en sus comportamientos y relación con el cliente sujeto a evolución. El modelo ha de ser perfeccionado en el tiempo hasta que el índice de errores tienda a cero. Dicho proceso de evolución táctica de la relación con el cliente ha de ser generado de forma automática por la base de datos de clientes, entendida como una herramienta dinámica (el concepto CRM sería ahora más acertado) y no como un simple almacén de datos o *datawarehouse*.

Tomemos un ejemplo para ilustrar lo comentado. Supongamos que disponemos de una base de datos, en la que se ha incluido información relevante y actualizada, sobre una cartera total de 100.000 clientes, identificados como público objetivo, teniendo en cuenta el alto margen que cada uno de ellos aporta a la empresa o el potencial de poder ofrecerlo. Es nuestro objetivo incrementar dicha cartera a un número de 250.000 clientes en los próximos tres años. Partimos de un momento cero; en dicho momento, vamos a realizar un análisis sobre la cartera actual, con el objeto de identificar seis tipologías de clientes (probablemente un análisis multivariable nos haría manejar al menos 15 o 20 tipologías diferentes, pero no es objeto de este ejemplo extenderse sobre las diferentes técnicas de análisis de la cartera de cliente). Así, se clasifican en función únicamente de dos variables: rentabilidad para la empresa y afianzamiento de las relaciones, y una escala con tres valores: alto, medio y bajo. Identificándolas del 1 al 6 tal y como indica el gráfico siguiente:

CLIENTES ACTUALES DE LA EMPRESA (MOMENTO CERO)

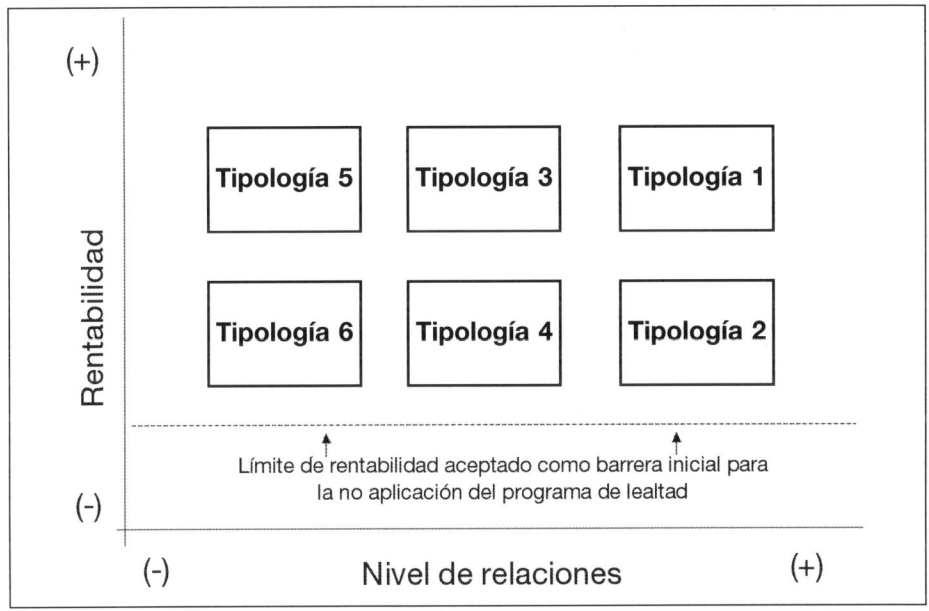

Fuente: Elaboración propia.

A continuación, definimos cuál va a ser el recorrido deseable de cada cliente en función de su tipología origen. Aplicamos para ello nuestra estrategia relacional como vía para incrementar la rentabilidad de los clientes.

Identifiquemos más claramente cuáles van a ser los recorridos posibles en el mapa nivel de relación-rentabilidad de un nuevo cliente. En este momento, identificando como 3 la experiencia en la evolución del cliente en la empresa desde el punto de vista relacional, ha de mostrar ya un nivel de desarrollo importante.

RECORRIDO DE UN NUEVO CLIENTE (MOMENTO UNO)

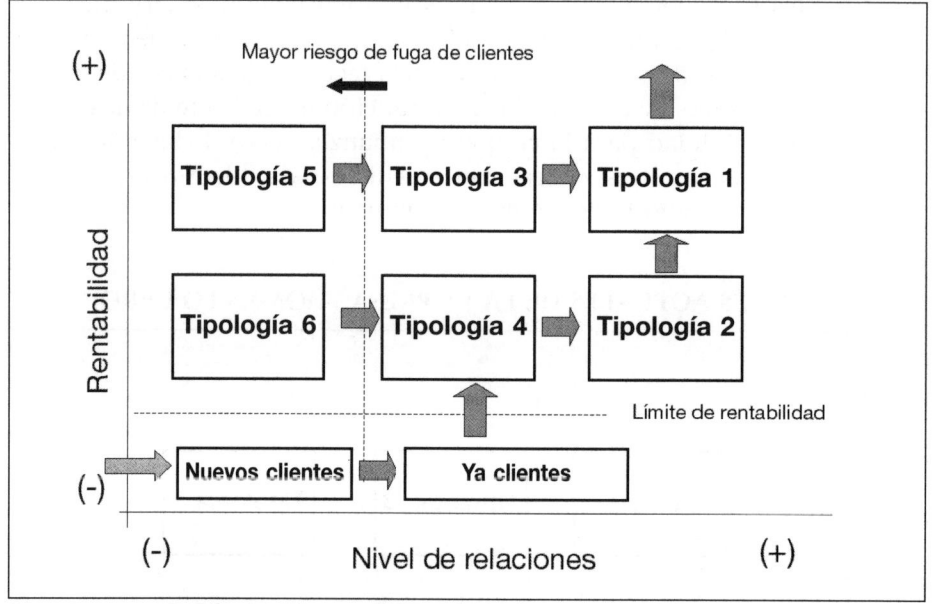

Fuente: Elaboración propia.

La experiencia derivada del proceso de *up-grade*, o evolución a una tipología superior, desarrollado con la cartera existente, ha de servir de plataforma para crear un sistema perfeccionado y permanente (que no inflexible) para los futuros clientes. Contemplamos en esta ocasión el grado de rentabilidad para la empresa que aporta un nuevo cliente a su llegada.

Por último, establecemos todo un programa de relación orientado a la fidelización con contenidos concretos en el ámbito de la oferta de producto, precio, promoción, servicio y comunicación, dirigido por un mapa de decisiones y soportado por diferentes canales de comunicación directa. Establecemos, pues, un plan de marketing relacional para cada recorrido posible, basado en la segmentación y en la experimentación de posibilidades y análisis de resultados. Tal plan es programado en nuestra base de datos, para que de forma dinámica sea capaz de lanzar en cada momento en el que se encuentre el cliente, y en función del análisis de la información disponible, la combinación de marketing que mayor grado de acierto está teniendo o ha tenido. Tomemos un ejemplo de árbol de decisiones para un supuesto cliente que deseamos que realice el recorrido por las tipologías 6, 4, 2 y 1.

RECORRIDO DE UN NUEVO CLIENTE (MOMENTO TRES)

Fuente: Elaboración propia.

4.2.4. TIPOLOGÍA DE LOS PROGRAMAS DE FIDELIZACIÓN

Múltiples pueden ser las clasificaciones a realizar sobre los programas de fidelización. Creemos que su efectividad se basa en el tipo de propuesta y resultados o valores diferenciadores que aportan. Según este criterio, los programas pueden clasificarse como:

PROGRAMAS DE RECOMPENSA BASADOS EN PUNTOS:

- El principal atractivo del programa reside en acumular puntos, o sus equivalentes millas, Turys, pesetas Unión Fenosa, etc., en función de determinados esfuerzos de compra, contratación, visita o participación; canjeables por un catálogo de productos (*gifts*, viajes, billetes aéreos u otros transportes, entradas a espectáculos, suscripciones a revistas, etc.), que permanece con escasas diferencias en el tiempo e incorpora ofertas de precios en puntos de forma puntual. Cada vez con más frecuencia, en el canje del premio y a partir de un determinado nivel de puntos, se ofrece la posibilidad de añadir pesetas para completar el valor.

— Aquí se incluyen: Turyocio, Travel Club, Iberia Plus, American Express, Puntos estrella de la Caixa y el desaparecido Números Verdes de Caja Madrid, entre otros.

PROGRAMAS DE RECOMPENSA BASADOS EN CUPONES DESCUENTO:

• Basan su atractivo en conseguir reducciones de precio en futuras compras dentro del establecimiento, normalmente articuladas mediante vales descuento con valor facial en dinero. Han tenido un especial desarrollo en los sectores de distribución alimentaria y restauración.

   — Aquí se incluyen programas tales como: Club Carrefour (antes Club Continente), Club Unigro, Club VIP'S, entre otros, y gran parte de los programas de fidelización españoles disponibles en Internet: Fidelionet, Zakis, Netels, etc.

PROGRAMAS BASADOS EN TRATOS PREFERENCIALES:

• Muchos más próximos al concepto de Club, ofrecen la posibilidad de conseguir ventajas adicionales en la propia empresa o establecimientos adheridos al programa. El trato especial y el reconocimiento del cliente son sus pautas diferenciales. Ahora bien, muy habitualmente se utilizan otras técnicas paralelas y es difícil encontrar un programa puro de trato preferencial, de tal suerte que suelen incorporarse catálogo de premios, participaciones en sorteos, concursos, asistencia a eventos, etc.

   — Podemos incluir aquí programas como: Club Gold Number One de Hertz, Trans Club (Profesionales del Transporte en Cepsa), etc.

   Gran parte de los posibles programas de fidelización de entidades deportivas y asociadas al ocio: Holiday Inn Club, Club de Golf la Moraleja, Yachting Club Palma de Mallorca, etc.,

Si bien la orientación y el tipo de público al que se dirige el programa hace que puedan ser situados en alguno de los grupos mencionados anteriormente, cada vez son más habituales los programas mixtos, que utilizan cualquiera de las técnicas mencionadas anteriormente.

Éste es el caso, por ejemplo, de Turyocio, el programa al que está adscrito el grupo BSCH, que surgió puramente basando su estrategia en la acumulación de puntos para concesión de premios de ocio y viajes en un catálogo. Posteriormente, extendió su oferta de premios a los llamados tangibles o *gifts* (aparatos eléctricos, adornos para el hogar, complementos, etc.) y ahora también incluye una oferta amplia de posibilidades que contemplan desde la obtención de vales descuentos para ir al cine o minutos de teléfono gratis (similar a las tarjetas prepago) por cada acto de compra, a ventajas adicionales en algunos de las empresas *partners* del programa, tales como entrega y recogida del vehículo en el domicilio del titular para alquileres con Hertz, *up-grading* en Air-Europa, en caso de no existir plazas disponibles en la categoría deseada, etc.

Atendiendo al número de empresas que participan y al grado de implicación de las mismas los programas pueden clasificarse como:

MULTI-SPONSORS O MULTIMARCA O MONO-SPONSORS Y MONOMARCA:

- Surgen por el acuerdo entre diferentes compañías líderes en diferentes sectores de consumo con el objeto de ofrecer al titular una oferta amplia de posibilidades de consecución de puntos, a la vez que se comparten los costes derivados de la propia administración del programa y obtención de premios.

    — Es el caso de los programas multisponsors existentes en España: Travel Club (Air Milles España, S. A.) y Turyocio (Programa Multisponsor, S. A.), formado por dos grandes grupos de accionistas: BBVA, Telefónica, Eroski y Repsol para el primero, y BSCH, Cortefiel, Cepsa y Supermercados Froiz para el segundo.

Ambos programas incorporan otro grupo importante de empresas o *partners* dentro del programa, que representan en exclusiva un determinado sector de consumo. Por ejemplo, el alquiler de vehículos está representado por la empresa Avis, en el caso de Travel-Club y Hertz, en el caso de Turyocio o el sector de viajes, por Marsans y Barceló, respectivamente.

La principal crítica que se la ha realizado a este tipo de programas, de gran difusión en el mundo anglosajón, donde surgieron y están conociendo una amplia aceptación por el público, es la pérdida de identificación de la enseña, que cede o presta su notoriedad a una marca diferente que la representa en el ámbito de la fidelización.

FIDELIZACIÓN, VINCULACIÓN Y RETENCIÓN DE CLIENTES

TARJETAS DE LOS DOS PROGRAMAS MULTISPONSOR EXISTENTES EN ESPAÑA

MONO-SPONSOR O DE MARCA PROPIA:

- Surgen de la necesidad e intención de una empresa de desarrollar un programa que la represente frente al consumidor o cliente.

  A diferencia de los programas multi-sponsor, el programa de fidelización es gestionado a través de la propia compañía que lo patrocina o financia, o mediante el acuerdo con una tercera al que se cede, con fines puramente instrumentales, la explotación de la base de datos de titulares y, en su caso, la creación y puesta en marcha del resto de procesos de relación con el titular, ya sean comunicativos o de canje de premios y disfrute de ventajas.

  A diferencia de los programas multisponsor, donde obtención de puntos y redención de los mismos suelen mostrar universos diferenciados, alguien puede conseguir puntos Turyocio por viajar en Air-Europa y solicitar en el canje un billete con Air-France, los programas mono-sponsor suelen hacer coincidir el lugar de consecución de puntos o ventajas con el lugar de canje. Por ejemplo, en el programa Club Carrefour se propone la consecución de vales descuentos por compra de productos en los Hipermercados de la enseña y su posterior canje en futuras cestas de la compra en los propios establecimientos.

  — Son múltiples los ejemplos de programas mono-sponsor en España, destacamos: Club Caprabo, Club Cortefiel, Club Vip´s, Club Alcampo, Spanair Plus, Premier Plus de BP, etc.

Tarjeta Club Carrefour

Tarjeta Club Caprabo

Tarjeta Premier Plus de BP

Tarjeta Hertz Number 1 Club Gold

SECTORIALES O MONO-SPONSORS CON ASOCIADOS:

- Ante la dificultad de ofrecer un valor verdaderamente diferencial para el consumidor o usuario y dada la alta inversión necesaria para mantener el programa, algunas empresas y marcas han optado por desarrollar programas mixtos, que intentan aglutinar las ventajas de los programas multi-sponsor sin perder la posible mayor identificación con la marca de los mono-sponsor, o caer más que en una promoción continuada que desvirtúe el propio programa de fidelización.

La mayoría de éstos supone una evolución lógica de los programas mono-sponsor. Es el caso de los programas Iberia Plus o Puntos Estrella de La Caixa, ambos surgen para dar respuesta a determinados grupos de usuarios (*frequent flyers*) o clientes (*heavy users*) de estas enseñas; sin embargo, rápidamente entienden las posibilidades que ofrece incluir otras enseñas al programa.

Si bien la mayor parte de la inversión y el propio control del programa se ejerce desde el departamento de marketing de la empresa

FIDELIZACIÓN, VINCULACIÓN Y RETENCIÓN DE CLIENTES

MARKETING RELACIONAL UN NUEVO ENFOQUE PARA LA FIDELIZACIÓN Y SEDUCCIÓN DEL CLIENTE

en la que reside la iniciativa (Iberia y La Caixa, en este caso), siendo propietarias de la base de datos de clientes y estableciendo los planes de marketing que dinamizarán y controlarán la relación con el cliente, son también adheridas al programa otra serie de marcas o empresas no competidoras (aunque lo sean entre sí) que complementan, en cierto modo, un determinado universo de consumo.

Iberia Plus, aparte de en la propia compañía aérea (o recientemente a través del resto de compañías unidas en la alianza One Wolrd:Aer Lingus, American Airlines, British Airwais, Lan Chile, Qantas, etc.), también ofrece la posibilidad de conseguir y canjear puntos Iberia Plus en todo el universo que rodea al viajero frecuente: en la mayor parte de las compañías de alquiler de vehículos (Avis, Hertz, Eurocard, National Atesa), en un gran número de cadenas hoteleras (Inter-continental, Occidental, Meliá, Tryp, Sol, Concorde, Holiday Inn, Tivoli, etc.), o medios de pago (Visa Banco Popular, American Express), en compañías de telecomunicaciones (Telefónica, Amena) o incluso en las propias tiendas en los aeropuertos (Aldeasa).

Tarjetas Visa-Iberia Plus de Banco Popular

Tarjetas Iberia Plus

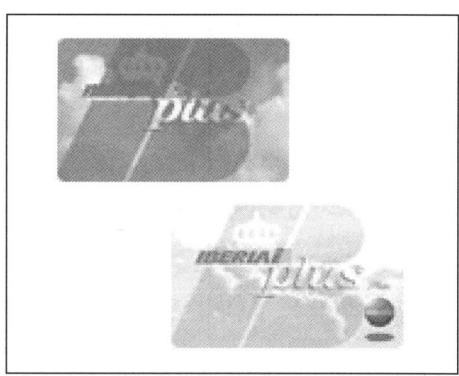

Programa de Puntos de La Caixa

Programa de Fidelización de American Express

4.3. VINCULACIÓN DE CLIENTES

Es preciso diferenciar el término fidelización del de vinculación; si bien puede existir una relación causa-efecto entre ambos. La vinculación incluye elementos de dependencia —atar o fundar una cosa a otra— y de obligación de los que la fidelización carece o, en todo caso, incorpora de forma mucho más sutil, mediante un compromiso tácito que une a las partes en una relación donde cada una entiende que no debe defraudar la confianza depositada por la otra.

La vinculación es entendida como número de servicios y productos que un determinado individuo o empresa contrata o compra, la frecuencia con que lo hace o incluso el tiempo que lo lleva haciendo. No contempla la satisfacción y la exclusividad, dos de los factores que mejor definen a la fidelización.

Habitualmente, un cliente vinculado a un determinado banco o caja de ahorros es aquel que dispone de un crédito hipotecario con el mismo. Considerando las renta disponibles de las familias y el precio de la vivienda, el plazo de amortización, expresado normalmente en cuotas coincidentes con meses naturales, suele superar ampliamente las 120, lo que va a suponer que, salvo un incremento inesperado del patrimonio por parte del cliente deudor o una mejor oferta por parte de otra entidad financiera capaz de absorber o diluir los gastos ocasionados por la tramitación de una nueva hipoteca, la relación del cliente con la entidad prestataria va a superar los 10 años.

Paralelamente, la vinculación se va a provocar, según los casos, además de por el tiempo, por el número de productos. Al reducirse los márgenes en los créditos hipotecarios por el atractivo que supone disponer de un cliente durante un largo periodo de tiempo, la aprobación del préstamo se supedita a la contratación de otros servicios, de tal manera que cada vez es más habitual solicitar al cliente la contratación de otros productos y servicios comercializados por el propio banco: seguros de vida, hogar o accidentes, medios de pago (Visa especialmente), domiciliación de nóminas o recibos de suministro (agua, luz, gas, teléfono, etc.), entre otros.

La relación entre vinculación y fidelización a la que antes nos referíamos como causa-efecto, se origina a partir del índice de satisfacción. Qué duda cabe que a partir de una situación de fuerte vinculación con un cliente, semejante a la descrita, nos va a situar en una posición de privilegio para desarrollar una política de fidelización tendente a conseguir una aceptación de índole emocional y respuesta eficiente a las necesidades de servicios financieros de los clientes vinculados al banco, para que, una vez finalizadas las obligaciones contraídas, sigamos siendo elegidos.

4.4. RETENCIÓN DE CLIENTES

Otros autores y profesionales utilizan el término retención para referirse a ciertas actividades de fidelización de clientes. A nuestro parecer, la retención hace referencia a una reacción de la empresa por la que se evita la pérdida de un cliente adecuando el servicio u oferta, dichas acciones se suelen realizar de forma puntual para mantener una determinada cartera de clientes o contrarrestar las acciones de captación de otras compañías competidoras son, por lo tanto, acciones tácticas frente al carácter estratégico de las actividades de fidelización.

Recurriendo al ejemplo anterior, una acción de retención sería la derivada de la contraoferta que la entidad propone al cliente, en respuesta a la presentación de una oferta vinculante de otra entidad financiera, en la que se mejora sensiblemente el tipo de interés u otras condiciones del préstamo.

El cliente valorará si decide o no aceptar dicha oferta y, por lo tanto, continuar vinculado a esa entidad financiera. De cualquier forma, la entidad puede creer haber hecho lo necesario para retener al cliente, adecuando a posteriori el servicio a las necesidades; y es aquí, nuevamente, donde se establece la diferencia. La fidelización parte de las barreras que la empresa establece a priori para no defraudar la confianza que el cliente ha depositado en ella.

El cliente puede sentirse dolido, e incluso engañado, y, desde esta situación de conflicto, no aceptar la acción de retención propuesta. Las acciones de fidelización han de servir para crear un clima de confianza que favorezca la resolución de los conflictos que puedan existir; se deben haber habilitado canales de relación eficientes, haber creado un clima de entendimiento mutuo y una adecuación de servicios y valor añadido difícilmente igualables por una acción de comunicación, promocional o de otra índole de un competidor.

A menudo, el lanzamiento de productos de captación de nuevos clientes provoca conflictos con los ya clientes: medio punto en el tipo de interés (tanto en cuentas de activo como de pasivo) puede provocar un incremento interesante de nuestra cartera o, todo lo contrario, una salida inesperada de clientes que se sienten maltratados al considerarse en el legítimo derecho de disfrutar de las mejores condiciones que la entidad financiera pueda ofrecer.

ASPECTOS DEL VALOR DE VIDA DE UN CLIENTE					
AÑO	CLIENTES	VENTAS	MARGEN	VALOR ACTUAL	ACUMULADO
TASA DE DEFUNCIÓN: 30 %		MARGEN: 40 %		COSTE/CLIENTE/AÑO: 500	
0	1.000	0	− 6.000.000	− 6.000.000	
1	1.000	10.500.000	3.700.000	3.217.391	− 2.782.609
2	700	8.000.000	2.700.000	2.041.588	− 741.021
3	490	6.400.000	2.060.000	1.354.483	613.463
4	343	5.430.000	1.672.000	955.971	1.569.434
5	240	4.901.000	1.460.000	725.878	2.295.312
TASA DE INTERÉS: 15 %	VALOR ACTUAL:			8.295.312 PTS.	
	VALOR ACTUAL NETO:			2.295.312 PTS.	
	TASA DE RENTABILIDAD:			33,8 %	
	PERÍODO DE RECUPERACIÓN:			1,9 AÑOS	
CONTRIBUCIÓN POR CLIENTE:		8.295 PTS.			
COSTE DE CONSECUCIÓN:		6.000 PTS.			
VALOR DEL CLIENTE:		2.295 PTS.			

Fuente: Supuesto elaborado a partir de datos reales de una empresa.

En este ejemplo se demuestra de forma explícita los beneficios de retener a nuestros consumidores. Si se realizan acciones de marketing relacional para fidelizar y retener clientes, de tal forma que la tasa de defunción disminuye de un 30 a un 20 %, las implicaciones económicas son realmente sorprendentes. El valor del cliente pasa de 2.296 a 3.716: se ha producido un incremento de un 62 %. Uno de los objetivos de las acciones relacionales será aumentar su valor. Las acciones relacionales básicamente consisten en:

- Aumentar el factor de recencia.

- Desarrollar su fidelidad: acciones hacia los clientes activos de la empresa.

- Aumentar la frecuencia de compra: se puede determinar que cuanto más corto es el periodo de compra, mayor es la satisfacción. Además, estamos quitando ventas a nuestros competidores directos.

- Aumentar el potencial de consumo: nuevas líneas de productos, otras categorías, ventas cruzadas..., ésta es una de las mejores formas de descubrir oportunidades entre nuestros consumidores actuales, ya que es más fácil actuar sobre los clientes ya existentes.

La retención de clientes afecta de forma sensible a los procesos de venta cruzada en la empresa. En un entorno presidido por el marketing transaccional, los responsables de marketing ven a menudo en el marketing relacional una nueva vía para dinamizar en el corto plazo sus ventas ofreciendo a sus clientes nuevos productos o servicios complementarios, evolucionados sobre los ya disponibles o incluso capaces de sustituir a los yo adquiridos.

A menudo el concepto "cliente cautivo" es manejado desde la perspectiva de la "dificultad al cambio" como favorecedor de la venta cruzada en la empresa. Este concepto erróneo incide sobre el producto, desplazando la propia satisfacción del cliente y pretende establecer un tipo de oferta cuyo valor de cambio supone un esfuerzo importante para el cliente (medido en inversión, adiestramiento de personal, tiempo de implementación, etc.).

Por el contrario, en marketing relacional, al hablar de venta cruzada nos referimos principalmente a aquellas ventas conseguidas mediante el valor que la empresa ofrece al cliente y que queda reflejado en una mayor contratación de los productos y servicios ofertados.

El ejemplo siguiente muestra el incremento del valor económico de la cartera de clientes a partir del desarrollo de acciones de venta cruzada una vez analizados aquellos que son potencialmente más rentables. Centrando la acción relacional exclusivamente en los cuatro niveles superiores (un total de 1.900 clientes) se consigue un gasto promedio de 234 u. m., es decir, en este grupo se ha incrementado el gasto un 66 %. Aparentemente, las acciones de venta cruzada no revisten mayor complejidad que establecer las relaciones existentes entre diferentes categorías de productos.

MARKETING RELACIONAL UN NUEVO ENFOQUE PARA LA FIDELIZACIÓN Y SEDUCCIÓN DEL CLIENTE

ANÁLISIS DEL EFECTO DE UNA VENTA CRUZADA								
COMPRADORES DE ROPA PARA CABALLEROS				TOTAL GASTADO ARTÍCULOS PARA CABALLERO POR LOS COMPRADORES DE ROPA PARA CABALLERO				
Monto de la compra en u.m.	Clientes	u. m.	Promedio	Monto de la compra en u. m.	Clientes sin ventas	Clientes con ventas	u. m.	Promedio
101 a 150	1.686	216.816	129	101 a 150	913	773	83.288	108
151 a 200	1.436	255.728	178	151 a 200	772	664	73.848	111
201 a 300	2.097	538.294	257	201 a 300	1.089	1.008	116.314	115
301 a 400	1.679	596.478	355	301 a 400	866	813	100.182	123
401 a 500	1.513	693.638	458	401 a 500	782	731	91.382	125
501 a 750	1.958	1.211.824	619	501 a 750	886	1.072	153.326	143
751 a 1.000	1.084	938.876	866	751 a 1.000	453	631	103.016	163
1.001 a 2.000	1.408	1.940.763	1.378	1.001 a 2.000	529	879	177.422	202
2.001 a 3.000	333	797.542	2.395	2.001 a 3.000	104	229	68.682	300
3.000 a más	227	1.119.013	4.930	3.000 a más	63	164	97.084	592
Ventas totales	18.201	8.588.973	472	Ventas totales	9.119	9.082	1.272.067	140

Fuente: Supuesto elaborado a partir de datos reales de una empresa.

Es lógico pensar que alguien que viaja frecuentemente por ocio puede demandar una videocámara digital, o que un aficionado al cine puede desear la última tecnología de Home Cinema en su hogar. La complejidad reside en promover acciones de venta relacional que supongan un verdadero valor añadido en la estrategia relacional. Así, frecuentemente estas acciones sólo tienen intencionalidad comercial (orientación hacia la empresa), para maximizar el valor del cliente y no buscan fomentar relaciones de confianza aconsejando y facilitando el consumo de determinados productos, de la misma forma que un amigo nos realizaría una recomendación bien intencionada.

Las entidades financieras desarrollan acciones eminentemente transaccionales en sus promociones de venta cruzada. Cuando un banco ofrece al conjunto de su base de datos, de forma indiscriminada, la compra aplazada de un ordenador, sólo persigue desarrollar su cartera de productos entre sus clientes actuales y, en último término, retenerlos más que fidelizarlos. Esto no es una acción relacional, ya que incumple todos y cada uno de los principios planteados en esta obra. ¿Dónde está el valor añadido en ofertar este producto de la misma forma a un jubilado sin poder adquisitivo que a

FIDELIZACIÓN, VINCULACIÓN Y RETENCIÓN DE CLIENTES

un padre de familia con tres hijos? Cuando estas acciones de venta cruzada fracasan, los responsables deberían plantearse que el problema no es financiero o de elección del producto, sino en el desarrollo de forma incoherente de aplicaciones relacionales con objetivos transaccionales.

Todo plan de captación debe llevar calibrados los resultados que provocará en nuestra cartera de clientes (McDonald, 2001) y en la propia cuenta de resultados. Suele ser un error habitual no desarrollar un plan de retención que minimice los efectos del plan de captación y que asegure el mejor patrimonio de una empresa: sus clientes.

La "canibalización" de clientes (entendida como la reducción de rentabilidad de los mismos por contratación de nuevos productos dirigidos a la captación, actualización de los ya contratados con mejora en el precio y valores añadidos, o como el simple trasvase de clientes a nuevas unidades de negocio o incluso sociedades) es incluida normalmente como una amenaza en los planes estratégicos y de marketing de las sociedades.

Si aceptamos que fidelización y calidad corren parejas, e incluyen de forma inexorable la planificación a largo plazo, la palabra canibalización debería sustituirse en el vocabulario del *marketer* por la de adecuación.

Un ejemplo de adecuación, entendida como "canibalización" por los sectores más afincados en la banca tradicional, ha sido la aparición de la banca telefónica y electrónica.

Tomemos nuevamente como ejemplo la estrategia desarrollada por el Banco Santander al incorporar entre sus unidades de negocio a Openbank con el objeto de responder a las necesidades de un grupo de clientes faltos de tiempo para acudir a la red de oficinas tradicionales, ofreciéndoles un nuevo canal de relación directa basado en el teléfono y correo.

Dicha estructura de marketing directo permitió a la entidad disponer de una plataforma idónea para desarrollar su actuación en la banca electrónica, primero desde el propio Openbank, y posteriormente con la compra y cambio de enseña a Patagon.

El proceso de adaptación supuso para algunos la "canibalización" de parte de la clientela del Banco Santander, entendiendo que la política de reducción de comisiones y mejora en tipos de interés para el cliente, englobadas en sus políticas comerciales, suponía una pérdida de rentabilidad por cliente entre aquellos que ya lo eran.

Si bien los resultados de la cuenta de explotación de Patagon Internet Bank no acompañan a este banco (6.994 millones de pérdidas en 2.000 según informó el diario *El País* el 5 de marzo de 2001), el grupo ha sabido evitar la fuga de un importante e interesante segmento de clientes, jóvenes profesionales de rentas medias y alto nivel de formación, hacia otros competidores —*Uno-e*, Db 24, *Bancopopular-e* y *e-bankinter*, entre otros—, habiendo llegado a posicionarse como un líder en la banca *on-line*, lo cual ha aportado credibilidad e imagen entre los accionistas. Un escenario favorable para que, una vez corregidos los desajustes de gestión y las agresivas políticas de captación, esta unidad de negocios del principal grupo financiero del país pueda entrar en beneficio.

La cuestión no está en saber si somos lo suficientemente competitivos como para ofrecer una ventaja en el mercado que nos haga captar nuevos clientes, esto es sólo una parte de nuestro problema; no podemos olvidarnos de nuestros ya clientes, a los que por cierto nuestros competidores cortejan a diario.

El verdadero reto está en mantener activados los mecanismos de lealtad en el tiempo, algo que sólo podremos conseguir mediante la eficiencia de la organización y la implicación de todos los departamentos de la empresa en un mismo fin: ofrecer cada día la mejor relación calidad-precio a nuestros clientes, respondiendo por encima de sus expectativas en las relaciones comerciales y humanas que con nuestra empresa establezcan.

La planificación de las retenciones no siempre responde a situaciones generadas por la gestión de nuestra cartera de clientes y sus eventuales relaciones con ofertas de los competidores. Bastante frecuentes son las situaciones críticas originadas por una incorrecta gestión de los posibles errores ocasionados a lo largo de la vida relacional de nuestros clientes.

Es difícil evitar en el total de interacciones entre la empresa y sus públicos causas que originen una finalización de la relación. Ser conscientes de la necesidad de establecer una política planificada, coherente y eficaz para gestionar las retenciones evitará el abandono de los clientes con los que nos relacionamos ante situaciones críticas.

Se ha insistido a lo largo del libro en la extrema importancia de no escatimar esfuerzos, dadas las implicaciones en la estrategia relacional de retener determinados clientes. Sin embargo, son pocas las empresas que más allá de un conjunto de buenas intenciones difusas establecen procedimientos realistas para no perder a sus clientes cuando están sometidas a acciones de la competencia, cuando se han producido desajustes en la relación, o cuando simplemente se ha ido produciendo una desvinculación progresiva sin que se haya hecho nada para remediarlo.

Resulta básico en una planificación de la retención de nuestros clientes conocer de una forma operativa cuáles son las causas que originan una potencial pérdida de clientes. Podemos sintetizar los motivos en las siguientes causas:

FIDELIZACIÓN, VINCULACIÓN Y RETENCIÓN DE CLIENTES

- Acciones de la competencia directamente encaminadas a mejorar la situación del cliente con respecto a su situación actual.

- Factores ajenos a la relación: cambio de ubicación geográfica del cliente, de su situación socioeconómica, de su situación laboral, o simplemente su fallecimiento.

- Quejas y reclamaciones no explicitadas por el cliente pero causantes directas del abandono.

- Quejas y reclamaciones explicitadas por el cliente pero no atendidas adecuadamente por la empresa.

- Desvinculación progresiva generada por una relación sin suficientes incentivos o elementos de comunicación como para que el consumidor nos considere vinculados.

- Acumulación de situaciones no favorables para el consumidor en la relación que, sin generar una queja directa, acaban desvinculando en la práctica a la empresa.

- Errores en los procedimientos de comunicación necesarios para crear vínculos permanentes entre la empresa y sus públicos relacionales.

Aunque parece sencillo determinar a posteriori cuáles han sido las causas de abandono de un cliente, la respuesta es mucho más compleja que la habitual simplificación con que las empresas se eximen de responsabilidades al dar por perdido finalmente un determinado cliente.

Los anteriores motivos pueden tener distinta incidencia a lo largo del ciclo relacional del cliente. Se puede hablar, efectivamente, de un conjunto de episodios negativos, de los cuales, el último es el que frecuentemente las empresas consideran con seguridad que será el motivo del abandono. Esta simplificación no favorece ni el desarrollo de procedimientos adecuados para gestionar la situación crítica, ni una planificación a priori que permita anticipar y prevenir posibles abandonos. Obviamente, resulta complejo distinguir entre las causas directas y los elementos no explícitos que, aunque con menor importancia y quizás vigencia en la mente del consumidor, han originado un progresivo e incipiente deterioro de la relación.

Invertir en el conocimiento del proceso que ha generado la pérdida es tan importante como conocer cómo relacionarnos con éxito con nuestros clientes. En definitiva, esta situación evidencia que algo está fallando en nuestros propios procesos relacionales ya que puntualmente o a lo largo de la relación, no hemos sido capaces de anticiparnos a una situación que posiblemente haga fracasar todo el esfuerzo que hemos realizado con ese cliente. A continuación, se sintetiza una serie de consejos básicos a tener en cuenta en los procedimientos para gestionar situaciones de crisis y abandono.

CONSEJOS OPERATIVOS PARA LA GESTIÓN DE RETENCIONES

• Establecer procedimientos automatizados que permitan señalizar los puntos críticos de la relación. Estos indicadores posibilitan una resolución estándar que probablemente solucione la incidencia. De esta manera, la empresa podrá centrar recursos en un menor número de clientes aportando calidad y profundización a la demanda del cliente.

• Es necesario realizar un análisis histórico riguroso y operativo que permita establecer modelizaciones sobre el proceso que finalmente produce el abandono. Estas pautas permitirán con las debidas adaptaciones crear un sistema de avisos que explicite y anticipe las situaciones que fehacientemente pueden conducir al inicio del proceso de abandono.

• Los procedimientos anteriores deben permitir elaborar una categorización de los clientes según su propensión al abandono. Esta información permitirá aplicar tanto programas de seguimiento individualizados como discriminar los recursos en función del riesgo de abandono y del valor del cliente.

• No hay que olvidar que, aunque el objetivo final de estos procedimientos es la retención del cliente por la satisfacción originada en la resolución de la situación crítica, la empresa debe valorar positivamente una situación donde no hay perdedores ni ganadores. Identificar dónde aparece un problema, independientemente de cómo se solucione, debe ser considerado una oportunidad y no un molesto problema, pues todo proceso conlleva un aprendizaje que puede garantizar la repetición de situaciones críticas en nuevos consumidores. Parece excesivo premiar las reclamaciones pero, si las empresas valoraran la oportunidad que éstas representan, seguramente iniciarían el proceso con una visión mucho más amigable.

• Una vez realizada la reclamación, es vital establecer indicadores que permitan categorizar frente a qué tipo de consumidor nos encontramos. No sirve de nada identificar que tenemos consumidores insatisfechos, tenemos que establecer sus perfiles con respecto a su potencial de comunicación negativa frente a terceros. Frecuentemente se afirma que un consumidor insatisfecho es mucho más activo y peligroso que aquel con el que hemos cumplido nuestros objetivos. Sin embargo, no se conocen muchas empresas que sean capaces de cuantificar el valor negativo de esta comunicación incontrolada, ni sobre todo de identificar de esta cartera de clientes descontentos quiénes son los que presentan una mayor capacidad de expresión pública de su insatisfacción.

FIDELIZACIÓN, VINCULACIÓN Y RETENCIÓN DE CLIENTES

MARKETING RELACIONAL UN NUEVO ENFOQUE PARA LA FIDELIZACIÓN Y SEDUCCIÓN DEL CLIENTE

CONSEJOS OPERATIVOS PARA LA GESTIÓN DE RETENCIONES
(continuación)
• La resolución de la crisis comienza por contar con gestores cualificados, con capacidad de decisión y capacitados para aportar soluciones rápidas y definitivas. En determinadas situaciones el cliente no demanda que el contrario asuma el reconocimiento del error, eso es intrascendente, lo que se demanda es una solución eficaz y coherente.
• Es erróneo pensar que, si se han desarrollado determinados vínculos estructurales con nuestros clientes, éstos tendrán suficiente peso como para no tomar en consideración ciertas reclamaciones. Al contrario, nada puede resultar más peligroso que explicitar al cliente que está vinculado con nosotros tanto para lo bueno como para lo malo. Recordarle en una situación crítica cuáles son los costes del abandono sólo servirá para que éste se dé cuenta de que ha sido víctima de un "engaño". Habremos convertido un cliente insatisfecho en un "terrorista", cuyo potencial de comunicación negativa será ilimitado.
• No siempre se explicitan problemas concretos en la pérdida de un cliente. No mantener un nivel de actividad de la relación suficiente puede originar la ruptura de los vínculos emocionales, dejando el terreno abonado para que ese cliente desaparezca sin ni siquiera tener una opción de cambio. Las empresas que no mantienen viva la relación invirtiendo en aquellos clientes que, por no ocasionar problemas, se consideran perfectamente fidelizados olvidan que la rutina es el peor enemigo de cualquier relación, y en este caso no podremos buscar ningún culpable externo.
• Establecer procedimientos variados y flexibles de comunicación tanto en el inicio del conflicto como en su resolución. Nada es más frustrante que no se nos permita cuándo, cómo y dónde podemos reclamar. Un único canal de comunicación (el típico fax o teléfono) no aporta como ventaja la centralización de las incidencias, sólo la garantía de que a la incidencia se sumará la frustración por tener que utilizar procedimientos incómodos y desalentadores.
• Una vez aplicada una primera resolución estándar y automatizada sin éxito, es prioritaria una gestión directa, personalizada, que seguramente absorberá múltiples recursos y tendrá un alto coste. No olvidemos que ésta no será la segunda oportunidad, será la última y, por lo tanto, deberemos resolver con metódica eficacia aquello que la operativa convencional no ha conseguido tramitar. Nuestro personal debe estar especializado en saber escuchar al cliente y dejar que explique detalladamente sus problemas e inquietudes solamente en una ocasión. Pensemos que cada vez que se repite el problema éste aumenta, entonces ¿por qué hacerlo pasar por un calvario de reiterativas preguntas de operador en operador?
• Las soluciones deben ser flexibles y estar totalmente pactadas con el cliente, sólo de esta manera podemos dar por finalizada una situación que puede ser una bola de nieve que continuará rodando generando problemas e implicando a la empresa en un proceso que evidenciará su ineficacia en la gestión de la reclamación. En los procesos que, por su complejidad, no se consiga una resolución inmediata es necesario establecer procedimientos que permitan una supervisión continuada del proceso haciendo partícipe al implicado del estado y progreso del problema reclamado.

Fuente: Elaboración propia.

Todo lo anterior debe estar aplicado en un entorno que favorezca la gestión de los abandonos previamente a la explicitación del problema. Invertir en sistemas de prevención puede resultar caro y aparentemente poco rentable, pues seguramente nos enfrentaremos a alguien que afirme que todo funciona perfectamente y que nuestros clientes "enfermos" son originados por situaciones esporádicas e imprevisibles. Nuestro sistema de prevención de pérdida de clientes debe permitir incorporar el análisis de los siguientes elementos trascendentes:

- Cuál es el perfil de los clientes que presentan un mayor potencial de abandono.

- Cuál es el grado de influencia de la competencia en el proceso de la pérdida del cliente.

- Elementos concretos que ocasionan directamente y de forma irremisible la pérdida repentina del cliente.

- Probabilidad de abandono cuantificada según la etapa del ciclo de vida del cliente en su relación con la empresa.

- Control de los factores del entorno, no directamente relacionados con los competidores, que afectan al mercado en el cual se encuentran nuestros clientes.

FIDELIZACIÓN, VINCULACIÓN Y RETENCIÓN DE CLIENTES

CAPÍTULO V
GESTIÓN DE BASES DE DATOS

5.1. MARKETING BASE DE DATOS

Existe una gran confusión teórica entre el marketing de base de datos y el concepto genérico de marketing relacional. Esta confusión es quizás más generalizada que la producida con otras aplicaciones del marketing relacional, como son el marketing directo o el marketing *one to one*. La confusión procede fundamentalmente del componente tecnológico necesario e implícito tanto en el marketing relacional como en el marketing de base de datos.

Las aplicaciones tecnológicas son bastante complejas, y el ser humano tiene la tendencia innata a simplificar lo desconocido, buscando parámetros comunes frente a referencias anteriores y, por lo tanto, ya comprendidas y utilizadas.

Se puede definir el marketing base de datos: como el uso estratégico de una base de datos para conseguir y analizar información de los consumidores, la cual será empleada en la planificación, implementación y control de estrategias de marketing.

De la definición anterior se deriva que las aplicaciones del marketing de base de datos son numerosas: segmentación, selección del público objetivo, personalización de la comunicación, medición de acciones, marketing directo y *one to one*...

Con respecto a su diferencia con las acciones de marketing directo, se puede simplificar que, mientras que el marketing directo es básicamente un instrumento de comunicación, el marketing de base de datos es un instrumento básico de planificación y estrategia de marketing.

Desde un punto de vista operativo, el marketing de base de datos consiste en adquirir, retener y mantener información desagregada de los consumidores, con el objetivo de planificar, implementar y controlar estrategias de marketing personalizadas. Sin embargo, a pesar de la existencia generalizada de bases de datos, la mayoría se utiliza bajo los condicionantes del marketing estratégico convencional, aplicándolo a procedimientos de segmentación de consumidores, modelos predictivos, acciones de marketing directo...

Resulta evidente que la existencia y utilización de bases de datos es una acción común a numerosas empresas de cualquier tipo y tamaño en los últimos años. Su desarrollo obedece a las siguientes causas estructurales:

- La información de los consumidores es una poderosa arma competitiva en los actuales mercados, especialmente en aquellas empresas con consumidores cuyo círculo de vida es largo. La escasa diferenciación entre productos hace que un pequeño matiz diferenciador, creado a partir de información precisa, pueda aportar la ventaja competitiva definitiva.

- El desarrollo de productos es más competitivo si se utilizan *inputs* informativos obtenidos directamente del *target*, más que la tradicional información obtenida de procedimientos de investigación de mercados clásicos.

- La gestión integrada de la base de datos puede ser el comienzo de la creación de vínculos estructurales entre departamentos tradicionalmente inconexos, como por ejemplo, marketing y ventas.

- Reducción de los costes de la tecnología informática.

- Mayor calidad y cantidad de la información disponible sobre los consumidores. se han consolidado numerosas fuentes de datos tremendamente precisos y desagregados, como las tarjetas de fidelización, datos procedentes de escáner, programas de geomarketing...

- Necesidad de realizar mediciones precisas acerca de los resultados obtenidos en los planes de marketing. Éste es el efecto de la disminución de eficacia en las acciones, debido al desarrollo generalizado de acciones de marketing con una calidad media razonable por el conjunto de empresas.

- El desarrollo del concepto de orientación del mercado de una forma generalizada. Sin un conocimiento detallado del consumidor, es materialmente imposible desarrollar las implicaciones del concepto de orientación del mercado.

- Aumento relativo de los costes de utilización de medios de comunicación masivos para campañas de comunicación y de marketing. Existe una mayor oferta y fragmentación que hace disminuir los costes, pero esto conlleva una mayor saturación y una pérdida relativa de eficacia.

MARKETING RELACIONAL UN NUEVO ENFOQUE PARA LA FIDELIZACIÓN Y SEDUCCIÓN DEL CLIENTE

Esta situación hace necesario tener operativa una base de datos de marketing integrada en la estructura funcional de la empresa. Éstos son algunos de los argumentos operativos para su utilización:

- Gordon (1997) afirma que está hipotéticamente contrastado que la posición competitiva de una empresa y su rentabilidad guardan relación directa con el volumen de información y datos que tiene de sus consumidores, con relación a los mantenidos por sus competidores directos.

- Permite demostrar de manera rigurosa los efectos de los planes de marketing. La empresa será capaz de identificar a los consumidores adecuados, y de esta forma ofrecerles el producto o servicio necesario en el momento justo.

- Permite desarrollar relaciones eficaces con los consumidores potenciales.

- Potencia acciones de mejora comercial con los consumidores actuales: incremento de volumen comprado, venta cruzada...

- Facilita las acciones de retención, lealtad y fidelización con los consumidores.

- Posibilita acciones de comunicación *one to one* con los consumidores actuales y potenciales. Así, se produce un verdadero diálogo con los consumidores, y de esta interacción se identifican cambios que permiten anticiparse de forma eficaz a la evolución de la relación entre la empresa y sus consumidores.

- Rentabiliza las acciones de marketing dirigiéndolas hacia los segmentos estratégicamente más rentables.

Éstas son algunas de las ventajas de integrar una base de datos de marketing; no conviene olvidar tampoco los potenciales inconvenientes de no tenerla o de promoverla de una forma deficiente:

- Se hace difícil la justificación de los planes de marketing.

- Los esfuerzos de marketing tienen una gran probabilidad de estar dirigidos hacia segmentos inadecuados. Se produce un aumento de los gastos a consecuencia de la duplicación en los costes de información y gestión de contabilidad, ventas y marketing.

GESTIÓN DE BASES DE DATOS

- Dificultad para establecer una comunicación personalizada adecuada con los consumidores.

- Los departamentos de marketing y ventas pueden trabajar con información inadecuada, y a veces contradictoria, para la realización de sus acciones tácticas.

- Finalmente, la inexistencia de una base de datos hace inviable en la práctica una planificación estratégica rigurosa.

Por encima de condicionantes generales, no se debe olvidar para qué son necesarios los datos contenidos en una base. Una determinación precisa de su utilidad condicionará extraordinariamente, a la vez que facilitará, decisiones tan trascendentales como los procedimientos para desarrollar la base de datos, la operativa de relación informativa con los distintos *targets* y, sobre todo, las inversiones que será necesario desarrollar.

Con respecto al contenido de una base de datos integrada, no existe un número de elementos mínimamente necesario. Cada empresa debe realizar una auditoría rigurosa de sus necesidades de información, en función de sus objetivos. No es mejor base de datos aquella que, por sus contenidos, pueda aparentar más complejidad o sofisticación en la información proporcionada. Frecuentemente, una base de datos de aparente simplicidad, pero con contenidos perfectamente adaptados a los objetivos relacionales, cumplirá su papel de apoyar de forma discreta el conjunto de decisiones a tomar en la estrategia relacional.

El desarrollo de acciones de CRM y la aparente complejidad de sus procedimientos han hecho proliferar la creencia sobre la necesidad de implantar en las empresas bases de datos cuyos registros frecuentemente tienen una utilización residual. En este caso, no es conveniente pensar que dicha información será susceptible de ser utilizada en el futuro. Además del inconveniente de los costes de adquisición y mantenimiento de esta información, no deberemos minusvalorar que nuestros consumidores tienen un límite y unas expectativas sobre la información que, de forma directa o indirecta, nos proporcionan. A continuación, se presenta un cuadro, a modo de ejemplo, sobre la información que puede ser necesario registrar sobre uno de los públicos del marketing relacional: los consumidores actuales.

BASE DE DATOS TIPO DE CONSUMIDORES ACTUALES

Datos de identificación básicos:

- Código de identificación.
- Nombre.
- Teléfono.
- Datos de ubicación física.

Categorización del consumidor según objetivos relacionales:

- Valor del consumidor en la actual relación con la compañía.
- Posición ocupada en la actual categorización de la compañía.
- Posición deseada del consumidor de acuerdo a los objetivos relacionales.

Perfil sociodemográfico:

- Datos sobre estructura familiar.
- Edad y fecha de nacimiento.
- Categorización del lugar de residencia según categorización de geomarketing.
- Estimación de la clase social y nivel de ingresos.
- Nivel de estudios.
- Datos sobre el perfil profesional.

Perfil genérico del consumidor:

- Clasificación del consumo de productos y servicios no pertenecientes a nuestra empresa, pero relevantes para las acciones relacionales.
- Hábitos de consumo de medios.
- Canales y proceso de compra habitual.
- Clasificación de tiempo empleado, día, hora y lugar de compra según tipo de producto.

Datos psicográficos:

- Categorización, según estilo de vida.
- Segmento psicográfico al que pertenece, según categorización relevante para la empresa.
- Hábitos de ocio relevantes.
- Destinos turísticos.

Acciones de comunicación previas a la venta:

- Número de contactos totales previos a la venta.
- Tipo de información solicitada-comunicada.
- Canales de comunicación utilizados por el consumidor según el tipo de información proporcionada.
- Información detallada de acciones promocionales utilizadas. Clasificación según respuesta.
- Evaluación de la eficacia de los distintos medios de comunicación masivos utilizados para contactar.
- Clasificación de la respuesta de los medios masivos, según coste del contacto.
- Evaluación de la eficacia de los medios de comunicación publicitarios: marketing directo, relaciones públicas, Internet, fuerza de ventas, acciones de patrocinio...

BASE DE DATOS TIPO DE CONSUMIDORES ACTUALES *(continuación)*

Datos relevantes del comportamiento de compra:

- Clasificación pormenorizada de los productos y servicios comprados.
- Antigüedad de la primera compra e historial de las compras sucesivas, según categorizaciones relevantes para las acciones relacionales.
- Frecuencia de realización de las compras.
- Aspectos económicos del historial de compra del consumidor: suma total de la primera compra, de la última, media de gasto según clasificación temporal, beneficio por compra, beneficio medio...

Datos relevantes del comportamiento posterior a la compra:

- Productos devueltos.
- Motivos de devolución.
- Forma de devolución.
- Índice de satisfacción general y específica del consumidor.
- Índice de recencia.

Predicción de futuras acciones del consumidor:

- Previsión sobre futuras compras de productos o servicios.
- Posible lugar de compra del producto o servicio.
- Planificación sobre forma de comunicación adecuada para lograr los objetivos.
- Nivel previsto de consumo.
- Información relevante para potenciales acciones de venta cruzada.

Información relativa a aspectos financieros:

- Método de pago empleado.
- Entidad bancaria utilizada.
- Incidencias de débito producidas.
- Información sobre aspectos relativos a compra aplazada.
- Clasificación de riesgos de impago según tipología de producto.

Creencias, actitudes y percepciones del consumidor en su relación con la empresa:

- Imagen global de la compañía antes y después del proceso relacional.
- Percepción específica de los diferentes aspectos relevantes de la relación del consumidor con la compañía.
- Aspectos relevantes de la imagen de las compañías competidoras.
- Medición histórica de los factores que conforman el posicionamiento.

Historial de la comunicación postventa:

- Medios y canales utilizados por el consumidor para contactar con la compañía.
- Historial detallado del tipo de contactos utilizados por la compañía para contactar con el consumidor.
- Clasificación de la información obtenida.
- Evaluación de la eficacia de comunicación según resultados y coste.

Fuente: Elaboración propia.

Con respecto a cómo obtener los datos, los procedimientos son numerosos, pero será necesario realizar una auditoria rigurosa de todas las fuentes de información disponibles que pueden suponer un eventual contacto con nuestros consumidores. La lista es interminable y cada empresa tendrá diferentes sistemas de proporcionar contenidos a la base de datos:

- *Contact Call-Center*. Esta información suele estar integrada de forma automatizada.

- Fuentes primarias obtenidas mediante investigación de mercados.

- Bases de datos externas y fuentes secundarias similares. Información procedente del departamento comercial y de ventas.

- Internet y Web como fuente de entrada de información perfectamente automatizada y desagregada.

- Respuesta de acciones promocionales.

- Respuestas sobre acciones en medios de comunicación masivos.

- Información proporcionada por el consumidor al cumplimentar garantías y servicio postventa.

- Datos financieros procedentes de la transacción comercial.

Aunque la mayor parte de las empresas son capaces de reconocer los distintos puntos de origen de la información, generalmente el fracaso de las acciones relacionales comienza por una falta de integración de los diferentes canales.

Es conocido el caso de un importante fabricante de automóviles alemán que, seducido por los beneficios de las teorías relacionales, decidió implantar tales procedimientos para mejorar una pérdida de calidad percibida con sus potenciales clientes. La dirección de marketing no entendió en su momento que dicha estrategia revestía mucha mayor complejidad que las tradicionales campañas de marketing directo que habitualmente realizaban. El fracaso de la acción comenzó desde un punto tan sencillo como es la creación y desarrollo de la base de datos. Esta empresa estaba acostumbrada a alquilar ficheros de clientes potenciales con innumerables y frecuentemente innecesarios criterios de segmentación. Pero ¿qué ocurrió cuando se planteó la necesidad de integrar datos procedentes de la relación de la empresa con sus propios clientes? La realidad demuestra cuán lejos están las empresas para afrontar estas premisas: cada uno de los trescientos cincuenta concesionarios tenía la información sobre sus clientes en formato papel metida en cajones, los distintos servicios postventa tenían diferentes procedimientos de control de su clientela, desde bases de datos absolutamente incompatibles hasta nuevamente registros en papel convencional. No existía un registro centralizado de incidencias. Los concesionarios tendían a ocultarse la información entre sí (ya que se consideraban competencia directa). El fabricante tenía diferentes y contradictorios procedimientos de atención al cliente: desde un teléfono 902, hasta cuestionarios de satisfacción dirigidos periódicamente a los clientes. Se recogía información sobre los potenciales clientes que visitaban los concesionarios, pero ésta no era compartida, con lo cual hasta las básicas acciones de marketing directo que se realizaban dependían cualitativamente del azar o de la experiencia del propietario o del concesionario.

Con este panorama previo, la consultora comenzó a actuar, encontrándose la total imposibilidad de informatizar y homogeneizar la información disponible en soporte papel. Se encontró que el coste de incorporar estos datos a una base utilizable en acciones relacionales futuras era disparatado, además de existir una seria posibilidad de que esa información corrompiera desde el punto de partida acciones futuras.

Para contrastar los mecanismos de información existentes que el fabricante insistía en seguir utilizando para amortizar los costes de inversión se hizo la siguiente prueba: se utilizó el registro de un vehículo de esa marca adquirido por un miembro de la consultora dos años atrás y valorado en 7 millones de pesetas. Se realizó una auditoría del total de relaciones e incidencias que nuestro consultor había tenido con la marca. El listado era espeluznante. Hasta adquirir el vehículo el consultor recibió del orden de cuarenta llamadas de los dos concesionarios que había visitado ofreciéndole amigables y contradictorias propuestas de precio. La negociación final recordaba los paseos por un zoco árabe, más que la compra de un vehículo de lujo alemán. Al mes de adquirir el vehículo, éste tuvo una gran avería. El antaño amigable vendedor parecía tener siempre la línea ocupada. Se pudo comprobar cómo en la reparación cubierta por la garantía se daban plazos que superaban el triple de tiempo al plazo determinado si esa reparación hubiera sido pagada por el cliente. Cuando se reclamó directamente al teléfono de atención al cliente del fabricante, éste afirmó desconocer el problema, dando dos alternativas: dejar la responsabilidad entera del proceso al concesionario o remitir, directamente por el cliente, la documentación y el vehículo a la central de Barcelona. Parece ser que el fabricante no entendía que el cliente vivía a cuatrocientos kilómetros de distancia y que el vehículo era su instrumento de trabajo.

Finalmente, agotado por los problemas, se decidió a vender el vehículo. Al domicilio continuaban llegando encuestas de satisfacción, campañas de marketing directo que autoelogiaban la calidad del servicio de la marca, pero nunca se recibió una llamada de por qué se había decidido liquidar un vehículo con sólo un año de antigüedad. En total, se habían realizado siete quejas formales, la mayor parte de ellas por escrito, pero no se consiguió localizar el rastro de ninguna de ellas cuando la consultora realizó la auditoría para establecer los fallos en los procedimientos de recogida de información. La consultora decidió con buen criterio que era inviable establecer una costosa estrategia relacional cuando ni siquiera era posible conseguir procedimientos de recogida de información coordinados para crear una base de datos utilizable. El problema no era económico ni tecnológico, era un problema de filosofía, era imposible hacer trabajar con un objetivo común a todos los departamentos implicados. Hasta que se decidió poner fin al proyecto; nunca se consiguió sentar en la misma mesa a los departamentos de marketing, postventa y ventas.

La historia ilustra situaciones desgraciadamente frecuentes en empresas aparentemente organizadas y con grandes recursos. Generalmente, la creación de una base de datos relacional exige partir de cero, cuando los responsables escuchan que sus procedimientos no son útiles y que la información acumulada sólo sirve para lastrar el proceso, piensan que el problema es del consultor, no suyo.

En definitiva, una base de datos será buena si cumple las siguientes características:

- Los campos de información son originados a partir de condicionantes externos y no respondiendo a una planificación interna de la empresa, que seguramente limitaría los beneficios de la información a recoger.

- Es flexible (su estructura es abierta y se puede acceder a ella desde procedimientos abiertos).

- Es integrada (su desarrollo y utilización es responsabilidad del conjunto de departamentos que constituyen una empresa).

- Debe ser accesible. Su utilización extralimita a los máximos gestores o responsables de marketing. Es necesario crear una arquitectura totalmente abierta desde cualquier punto de la empresa.

Básicamente, podemos identificar tres tipos de estructuras de bases de datos atendiendo a la evolución de las consultas y el almacenamiento de la información. Dichas configuraciones son fruto de los diferentes requerimientos de los departamentos o usuarios en el tiempo. Parten de los requerimientos individuales de cada departamento para llegar a un almacén de datos en el que la información no es redundante, capaz de discriminar y evaluar las necesidades de cada usuario, con una reducción significativa en el tiempo de respuesta y una mejora importante en la calidad de la información aportada.

No todas las bases de datos tienen aplicación directa en las estrategias de marketing relacional. Nuevamente, aquí aparecen las diferencias entre el marketing de base de datos y la estrategia de marketing relacional. Podemos clasificar las bases de datos en tres categorías:

- *Jerárquicas:* suelen contener información transaccional. Resulta difícil que mediante su utilización se pueda responder a cuestiones básicas acerca de la estrategia. Las bases de datos jerárquicas fueron las primeras en utilizarse, y todavía tienen aplicación en situaciones de gran volumen de procesamiento de información. No son recomendables en las estrategias de marketing relacional.

GESTIÓN DE BASES DE DATOS

243

MARKETING RELACIONAL UN NUEVO ENFOQUE PARA LA FIDELIZACIÓN Y SEDUCCIÓN DEL CLIENTE

DIFERENTES ALTERNATIVAS EN LA ARQUITECTURA DE UN *DATA WAREHOUSE*

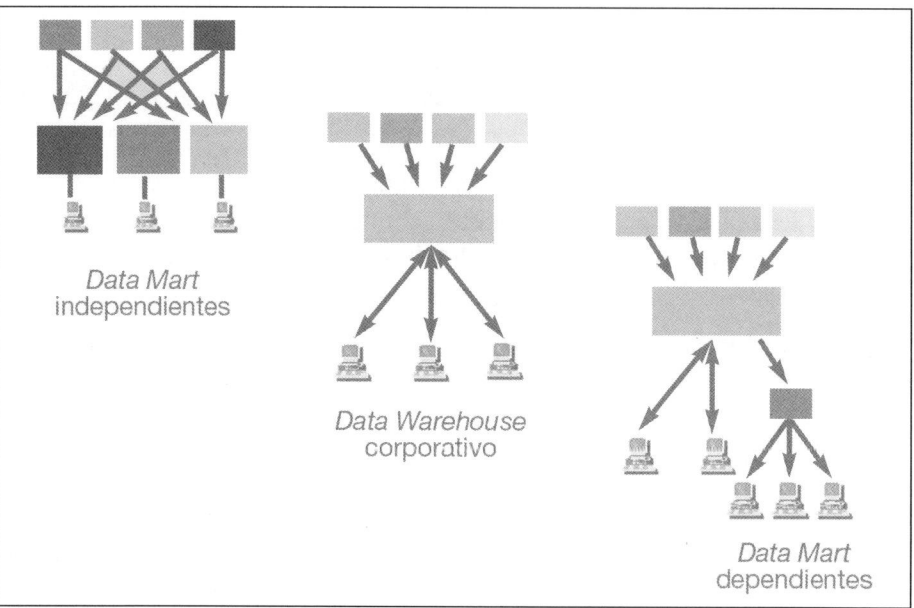

Data Mart
independientes

Data Warehouse
corporativo

Data Mart
dependientes

Fuente: Elaboración propia.

- *Piramidales:* permiten acceder a los datos desde diferentes niveles previamente planificados en la estructura. Visualmente, esta estructura tiene forma de árbol, y su limitación es la necesidad de comprender previamente cómo se ha realizado la organización estructural de los datos.

- *Base de datos relacional:* en este caso, los distintos elementos son almacenados de acuerdo a las relaciones que se crean entre ellos. Su representación visual sería una tabla de dos dimensiones. Su potencial de responder a las preguntas planteadas en las acciones de marketing relacional es infinita, si están bien elaboradas. Además, este tipo de organización de datos es más flexible y fácil de comprender que las alternativas anteriores. El aumento de la capacidad de cálculo de los ordenadores permite operar con bases de datos relacionales de gran tamaño prácticamente en tiempo real.

Pensemos en el proyecto publiesp.es que actualmente está implantando PUBLIESPAÑA (concesionaria de la gestión y comercialización del espacio publicitario de TELE5, y líder de facturación en el año 2000) como principio de una ambiciosa estrategia relacional que busca el liderazgo en la venta del medio televisivo en nuestro país.

Todo el procedimiento está enfocado a dar al anunciante (como cliente) y a sus intermediarios (agencias y centrales de compra de medios) el soporte necesario en orden a conocer y satisfacer sus necesidades de comunicación comercial, a partir de una inequívoca orientación servicio-cliente.

El medio televisivo trabaja con estructuras fuertemente compartimentadas: departamento financiero, recursos humanos, producción, tráfico, marketing, comercial, acciones especiales, desarrollos de nuevos productos, política comercial, relaciones internacionales... Hacer que la información procedente de todos estos departamentos tenga un mismo objetivo y sea compartida por toda la organización es una tarea compleja pero no imposible, al menos para PUBLIESPAÑA.

Para D. Óscar González, director comercial de PUBLIESPAÑA, y principal impulsor de la agrupación sectorial de los grandes clientes: "ha sido necesario poner la organización patas arriba y realizar un gran esfuerzo de mentalización. Diversos estudios nos muestran como la compañía que mejor conoce a sus clientes y su mercado. Somos la referencia por la flexibilidad y agilidad de nuestras estrategias, la simplificación de los procesos y la claridad de nuestros sistemas de planificación e información. Sólo de esta forma podemos responder mejor a sus necesidades y anticiparnos a la competencia. Todo ello tiene su esencia en algunas de las herramientas tecnológicas implantadas en los últimos meses".

Así, por ejemplo, cualquier tipo de contacto externo es registrado en las herramientas de su sistema: desde la llegada de una nueva campaña, hasta las condiciones de una negociación, datos históricos de anunciantes, parrillas publicitarias, audiencias, fichas de clientes, etc. Cada anunciante y/o central de medios puede acceder (a través de publiesp.es) a los datos relevantes de su campaña publicitaria.

D. Rafael Llopis, director de marketing corporativo de PUBLIESPAÑA, aporta más detalles sobre esto último: "La información proporcionada por el departamento de *trade marketing* no será proporcionada arbitrariamente, sino en función de cuáles sean las relaciones con los distintos miembros de la organización. Cuando el proceso de integración de la gran base de datos que constituye publiesp.es finalice, el anunciante publicitario tendrá un único contacto donde, a través de un procedimiento informatizado utilizando el medio internet podrá ejecutar, controlar, y planificar sus propias campañas con total transparencia y con el convencimiento de que está utilizando instrumentos que le permiten una relación con el medio que le proporciona una ventaja competitiva que le aleja de los cantos de sirena basados únicamente en el precio del resto de medios televisivos".

A continuación, se incluye una estructura sobre las funcionalidades del negocio que incluye y diferencia los Informes de Negocio, el área de modelización y análisis, las fuentes de información y el *Customer Relationship Management* en la empresa, y representa la ubicación del *Data Warehouse* en el centro de los procesos sobre almacenamiento, aportación de información y toma de decisiones para la empresa.

GESTIÓN DE BASES DE DATOS

FUNCIONALIDAD DE NEGOCIO DEL ALMACÉN DE DATOS

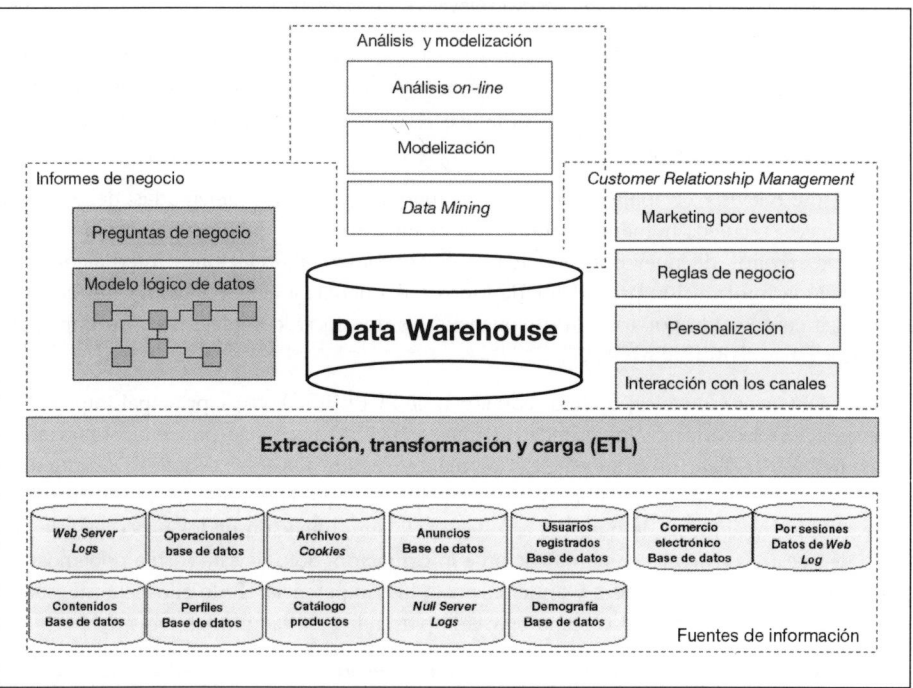

Fuente: NCR Corporation.

No es objetivo de esta descripción pormenorizar los procedimientos para crear una base de datos fiable. Sin embargo, sí es necesario destacar alguna de las precauciones mínimas a considerar sobre los datos que formarán parte de nuestra base. Es lógico verificar por medio de distintos procedimientos su validez y veracidad. También será necesario prever si los campos creados estarán disponibles de una forma homogénea. Finalmente, será necesario aplicar procedimientos de depuración de la información almacenada, como, por ejemplo, la deduplicación de los datos: frecuentemente aparecen registros similares con apariencia de ser datos diferentes. *Ejemplo:* un cliente que está registrado dos veces al constar la dirección de su domicilio y de su trabajo.

No hay que olvidar que sea cual sea el origen de los datos contenidos en nuestra base, éstos deben cumplir estrictamente la legislación concerniente a la creación y utilización de registros de bases de datos. En otro apartado se pormenoriza de forma práctica sobre la legislación restrictiva de los derechos a la intimidad de los consumidores y sus directas implicaciones en las acciones de marketing relacional. Sin embargo, conviene recordar algunas reglas básicas sobre los datos:

- La información debe ser obtenida mediante procedimientos legales y transparentes.

- Ésta será utilizada sólo para los procedimientos previamente acordados.

- Debe ser protegida contra la pérdida o utilización fraudulenta por elementos ajenos a la empresa.

- Debe ser directamente accesible y modificable por parte de los elementos implicados en la base de datos.

- Deben establecerse procedimientos que garanticen la actualización de los datos.

- Tiene que contener procedimientos eficaces de depuración de los datos contenidos (*data cleaning*).

Con respecto al volumen de datos, no es aventurado afirmar que nunca se tienen suficientes. Eso no quiere decir que deba primar la cantidad frente a la calidad. Es conocido el caso de TESCO (empresa líder de la distribución minorista en Inglaterra), que, tras años de ser los promotores a escala divulgativa de las estrategias de marketing relacional con sus consumidores (según afirmaban con gran éxito), recientemente han retornado a acciones más convencionales, ya que según el responsable de los programas relacionales habían establecido procedimientos para acumular tal cantidad de datos que literalmente no sabían qué hacer con ellos. Seguramente, el argumento es incierto, pero muestra que la gestión de la base de datos sólo es un primer paso para cumplir los objetivos relacionales, pero que ésta debe estar elaborada a partir de los siguientes condicionantes:

- Los datos deben ser relevantes: es necesario determinar qué información tiene interés para las acciones relacionales. No es un problema de almacenar grandes volúmenes de información, la cuestión es para qué se necesitan.

- Los datos deben ser accesibles en el conjunto del *target*. No es útil determinar que se necesita conocer la marca de coche de nuestros consumidores, si este dato sólo lo podemos obtener en un 10 % del total potencial de la base. Los datos deben ser precisos. El concepto de precisión es relativo. A veces, es suficiente con crear un rango (por

GESTIÓN DE BASES DE DATOS

247

MARKETING RELACIONAL UN NUEVO ENFOQUE PARA LA FIDELIZACIÓN Y SEDUCCIÓN DEL CLIENTE

ejemplo: poder adquisitivo), para desarrollar acciones relacionadas con la comercialización de ocio. En otras ocasiones, en cambio, será necesario una total precisión: edad, para promover acciones relacionales de captación de estudiantes de educación secundaria para un instituto privado.

- Debe ser posible realizar una actualización y seguimiento de la fiabilidad de los datos por medio de procedimientos fiables y sencillos. No es útil crear un campo de información exacto mediante un caro procedimiento de investigación primaria telefónica, si estos datos no se pueden actualizar periódicamente. En algunos casos, el 50 % de la información es incorrecta en menos de un año.

- Es el consumidor quien determina qué datos quiere proporcionar, y no viceversa. Esta sencilla regla facilita de forma extraordinaria la comprensión de cuál debe ser el campo de actuación de las acciones relacionales.

BASE DE DATOS DE MARKETING RELACIONAL DE NESTLÉ		
Información tipológica del hogar	**Declaración de consumo de productos**	**Historial promocional**
— Identificación. — Localización. — Estructura del hogar. — Equipamiento y aficiones. — Hábitos de consumo y cocina.	— Qué productos compra. — Qué productos compra de las marcas de Nestlé. — Qué cantidad compra al mes.	— Qué acciones dirijo al hogar. — Cómo responde a ellas. — Qué seguimiento hago. — Reclamaciones.

Fuente: Pascual A. (2001).

A continuación, se desarrollan algunos consejos operativos para utilizar, en toda su potencialidad, una base de datos en aplicaciones de marketing relacional:

- Debe permitir la captura de datos procedentes de cualquier fuente: Internet, correo, teléfono, punto de venta...

- Debe estar configurada para un acceso inmediato desde cualquier punto de la organización.

- Su versatilidad no sólo será para captar *inputs*, ya que la base de datos sólo es el comienzo del proceso de las acciones del marketing relacional. Por lo tanto, deberá ser contemplada como un eslabón perfectamente integrado en el proceso.

- Debe facilitar un análisis histórico del proceso, separando consumidores actuales de los potenciales.

- Es importante que pueda incorporar información continuada de un modo operativo por parte del departamento de ventas.

- Lo importante no es la tecnología, sino lo que permite. Es necesario huir de los consultores, que nos abruman con tecnicismos. Nos deben hacer entender rápidamente qué objetivos cumpliremos y cuáles son las ventajas diferenciales básicas de esa aplicación.

- Debe permitir evaluar la calidad de los datos ya existentes en la empresa.

- Previamente habrá que determinar procedimientos de control internos de utilización de la base al estar su uso totalmente desagregado por la organización.

- No parece conveniente el *outsourcing.* El argumento no es el mayor coste, el menor control del proceso o que se pierde flexibilidad con respecto a los procedimientos al externalizarlos. En la mayoría de los casos, parece inviable desarrollar una estrategia relacional si no se integra ésta desde su punto más básico inicial en lo más profundo de la estructura organizativa.

Transformación de la empresa en la tecnología centrada en el consumidor					
TECNOLOGÍA					
Proceso de transacción	Mantenimiento de datos	Acceso de datos	Mantenimiento de datos	*Data Marts*	Sistemas enfocados al contacto del consumidor

El gráfico anterior muestra la evolución de los procesos para obtener y mantener información procedente de los consumidores. Actualmente, los sistemas evolucionan centrándose en tener la información adecuada de cada

GESTIÓN DE BASES DE DATOS

consumidor en todos y cada uno de los contactos que con él se desarrollan. Lo que se busca en teoría es optimizar la interacción entre la empresa y sus públicos. Frecuentemente, esto es más una teoría que una práctica, ya que, como veremos, es necesario llevar a cabo de forma coordinada desarrollos tecnológicos acordes con planificación estratégica de tipo relacional.

Resulta frecuente encontrar empresas que supuestamente desarrollan estrategias de marketing relacional cuyas acciones están sometidas a los condicionantes técnicos de la industria del marketing directo. Esta industria ha desarrollado complejos procedimientos técnicos para afinar a la perfección las campañas de marketing directo, para automatizar hasta lo insospechado los *call-centers*, para realizar *mailings* masivos ofreciendo infinitas posibilidades de segmentación...

El problema es de tipo estratégico, las acciones de marketing relacional que se inician con la gestión de las bases de datos no debe estar condicionada por los instrumentos que tienes a tu alcance (los cuales son frecuentemente modas pasajeras promovidas por los deseos de amortizar tecnología en dichas empresas), sino que debe responder primariamente a unos objetivos a partir de los cuales se determinará qué tipo de instrumentos son necesarios.

La confusión entre tecnología y estrategia es lamentablemente frecuente y al igual que el desarrollo de una base de datos sólo es un punto de partida para una potencial acción de marketing relacional, la utilización de ésta para sofisticadas acciones de marketing directo o *one to one,* sólo permitirá mejorar la cuenta de resultados de las agencias y consultoras que con avidez comercial han pasado a denominarse sin ningún fundamento agencias de marketing relacional.

Retrocediendo en el tiempo, podemos recordar equivalencias con la polémica que en su momento existía entre la mayor eficacia para contactar *targets* del marketing directo frente a la publicidad masiva. En la actualidad, operativamente, esta polémica se ha trasladado a la confusión existente entre los objetivos promovidos por las acciones de marketing directo y las estrategias de marketing relacional.

Un lamentable ejemplo ilustra los anteriores planteamientos, cuando estos autores asisten a un importante seminario nacional sobre comercio electrónico, marketing directo y relacional, buscando confrontar teorías que aporten credibilidad a lo expuesto en este libro nos encontramos con la siguiente sorpresa: la organización gestiona en un paquete conjunto para los asistentes, tanto la inscripción como el alojamiento.

Veamos cómo predican con el ejemplo: cuando existe un grave problema con el alojamiento, los autores esperan que una asociación que se erige como promotora de la última

MARKETING RELACIONAL UN NUEVO ENFOQUE PARA LA FIDELIZACIÓN Y SEDUCCIÓN DEL CLIENTE

ciencia sobre estos temas tenga un mayor conocimiento de los asistentes a su congreso. En especial, si los costes son desorbitados, es la segunda ocasión que se asiste y se han cumplimentado tres extensos cuestionarios donde se ha solicitado información de todo tipo.

Al reclamar a las doce de la noche por qué no está confirmada la reserva, como solución se muestra un papel que deberíamos haber leído y que afirma que la asociación no se responsabiliza de ningún tema relacionado con la reserva del hotel, citando expresamente que todo ello será competencia del departamento de reservas del hotel. Algunas preguntas: ¿Para que una inscripción conjunta, por qué a pesar de haber asistido a la edición anterior simplemente no existimos, por qué se me reclama a las doce de la noche el comprobante de pago de inscripción, por qué he perdido horas en proporcionar información que ahora no aparece y, finalmente, por qué tenemos que escuchar tonterías por la mañana sobre el marketing relacional cuando no se conoce la forma de gestionar eficazmente una base de datos?

5.2. TIPOS DE DATOS EN FUNCIÓN DE SU ORIGEN

Esta categoría incluye los datos básicos, aportados por el cliente; los que provienen de operaciones realizadas con él; los procedentes de fuentes externas, proporcionados por empresas públicas o privadas, y, finalmente, los recogidos en procesos de investigación.

Son los aportados por el cliente o consumidor y parten de su aprobación a ser incluido en dicha base de datos (normalmente son los calificados como "sensibles" por las diferentes legislaciones de protección de datos sobre individuos).

- **Datos básicos:**

Se trata de datos de carácter personal que nos van a permitir comunicarnos, diferenciar e identificar al cliente; entre otros registros, en esta clasificación se incluyen: nombre, apellidos, dirección, teléfono, fax, *e-mail*, NIF (o CIF), número de miembros en su hogar (o empleados a su cargo), posición que ocupa en la familia (o dentro de la empresa), ingresos anuales (o facturación bajo su responsabilidad), etc. Normalmente, se recogen a través de formularios de inscripción, de contratos y excepcionalmente (y con menos rigor) a través de acciones promocionales que exigen la devolución de un cuestionario. Dicha información tiene que ser validada, actualizada y mejorada en el tiempo.

- **Datos de operaciones:**

Son aquellos que pasan a incorporarse en la base de datos como resultado de las diferentes transacciones realizadas por el cliente en su relación

GESTIÓN DE BASES DE DATOS

con la empresa. Incluye, además de todos los datos considerados como relevantes en las propias transacciones económicas (tipo de artículo adquirido o contratado, fecha, importe, características, condiciones de contratación, fecha de entrega o recepción, unidades compradas, categoría a la que pertenece, nombre del vendedor o del establecimiento, lugar o dirección en la que se realizó la transacción, uso para el que se destina, etcétera), referencias a las relaciones establecidas en la preventa y postventa (fechas y personas que visitaron o contactaron con el cliente para realizar la venta, tipo de propuestas, reclamaciones e incidencias relacionadas con el producto, utilización de servicios de garantía, asesoría o información, etcétera); así como cualquier otro tipo de comunicaciones o contactos mantenidos con el cliente: medio o soporte por el que se establecieron (teléfono, Internet, correo convencional, correo electrónico, etc.), motivo del contacto (respuesta a una promoción o llamada, iniciativa del cliente, solicitudes de información como resultado de una acción de marketing directo, etc.) frecuencia y tiempos (tramos horarios en los que es más fácil establecer el contacto, número de contactos promedios mantenidos en un determinado periodo, etc.).

Por su volumen, complejidad y nivel de información registrada, los datos de operaciones requieren un tratamiento especializado desde la perspectiva de los procesos de modelización de la información (basados en el tratamiento estadístico), selección y almacenaje de los mismos.

Este tipo de datos, al igual que los datos básicos, son altamente sensibles desde la perspectiva del conocimiento de la empresa e incorporan gran parte de sus experiencias en el negocio. No tan sólo pueden estar referidos a su relación con los clientes o consumidores, también pueden incorporar las relaciones establecidas con el resto de los públicos que interactúan con la empresa: empleados, accionistas, proveedores, instituciones, etc., adaptándose a los objetivos que se persiguen con cada uno de ellos dentro de la estrategia relacional.

- **Datos procedentes de fuentes externas o secundarias:**

Son los referidos a todas aquellas fuentes que, desde la investigación y recogida de información realizada por empresas públicas o privadas, pueden aportar valor a la base de datos de clientes. Cada día son más las empresas que facilitan información orientadas a empresas que trabajan en el área de *business to business:* Schober, Dun & Bradstreet, Camerdata, Equifax, Informa, Infotel o el propio Registro Mercantil y el ICEX (son algunos ejemplos en España de institutos que comercializan o facilitan bases de datos sobre empresas) y a empresas que trabajan en el área del *business to consumer*: Mosaic, Claritas, D-CRM, o M&M (son algunos ejemplos de compañías que facilitan datos sobre personas o familias basados en encuestas propias o en información obtenida y procesada de instituciones públicas de libre acceso, tipo Censo de población y viviendas publicado por el INE, Parque automovilístico, etc.).

Dichas fuentes pueden completar de forma importante la información obtenida a través de los datos recogidos directamente por la empresa, son especialmente útiles en la detección de datos económicos en las rentas de las familias, o facturación de las empresas, y en la identificación de escenarios de consumo (número de vehículos por hogar, tipo de productos financieros contratados, consumo de energía por empresas, etc.).

Sin embargo, exigen también una cierta cautela en su interpretación y tratamiento: su nivel de actualización suele ser escaso y asumen errores derivados de la no correcta captura o incorporación de la información, de su tratamiento, o de la extrapolación estadística de los resultados obtenidos en una muestra de individuos a la totalidad del universo de familias que habitan en un determinado entorno (variables socio-demográficas tipo Mosaic, por ejemplo)

- **Datos provenientes de procesos de investigación y "minería de datos":**

Tan importante como almacenar la información referida a las relaciones establecidas entre clientes y empresa es realizar una clasificación de las experiencias y resultados que para la empresa han significado dichas relaciones. Poder anticiparse a las reacciones de los clientes, a sus respuestas ante determinados estímulos (en precio, promociones, publicidad, lanzamiento de nuevos productos, cambios en el envase, etc.), supone un valor fundamental para la empresa.

Mediante herramientas estadísticas, y a través de la labor del propio analista de información o del investigador de la base de datos, se pueden establecer múltiples clasificaciones de clientes, que van desde la identificación de las variables más significativas que definen la relación de un único individuo con la empresa (alta o baja vinculación, influencia del precio en su decisión de compra, valor otorgado al servicio de postventa, periodos en los que compra, valor otorgado a la marca, sexo, edad o tipología social más afín a un producto, etc.), a la agrupación en conglomerados o

GESTIÓN DE BASES DE DATOS

clusters de clientes (que presentan una serie de variables que nos permiten considerarlos como homogéneos entre sí y heterogéneos respecto a otros).

De esta forma, los procesos de interacción (comunicativa, económica o de otra índole) quedan definidos por variables (sociales, económicas, geográficas, temporales o de otro tipo) basadas en las experiencias de éxito de la empresa (respuesta a promociones, aceptación de ofertas, ajuste de un determinado perfil de vendedor a una tipología de clientes, adecuación del precio a un determinado nivel de ingresos, etc.) para conseguir exportar dichas experiencias a situaciones futuras, a nuevos clientes, o a clientes cuyas variables han variado, incorporándose dentro de los conglomerados ya testados. Todo ello mediante la implementación de procesos automatizados de relación, capaces de identificar dichas situaciones y de proponer actuaciones orientadas a la consecución de objetivos relacionales.

En definitiva, de trata de incorporar información dinámica a la base de datos basada en el análisis de los datos básicos, de operaciones y de fuentes externas.

INTEGRACIÓN DE LA INFORMACIÓN EN LA BBDD

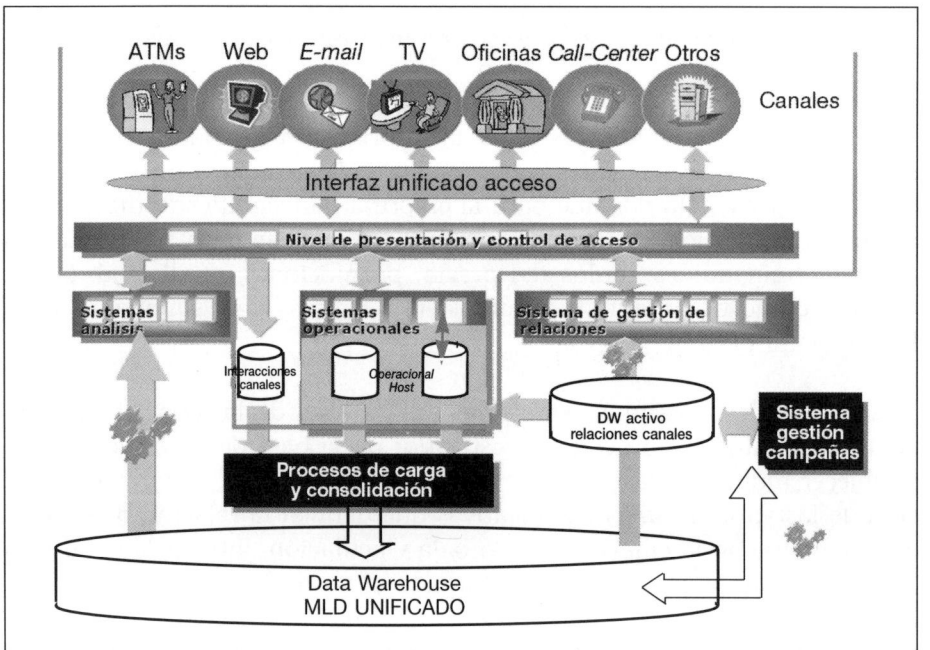

Fuente: NCR Corporation.

5.3. TÉCNICAS DE SEGMENTACIÓN

Segmentar un mercado es un procedimiento de identificación y creación mediante técnicas estadísticas, de subgrupos de consumidores dentro del mismo mercado sobre los que se pueden iniciar acciones de marketing diferenciadas e individualizadas. Existen diferentes procedimientos para segmentar mercados, que se engloban en dos grandes grupos:

- Una segmentación *a priori*.

- Una segmentación *post hoc* o también denominada *óptima*.

a) La segmentación *a priori*:

Una segmentación a priori requiere un conocimiento sobre las variables que segmentan un mercado concreto. Estas metodologías clasifican a los consumidores anticipadamente, basándose en estudios anteriores de segmentación o en la experiencia obtenida mediante relaciones comerciales: por ejemplo, en un análisis portfolio.

Desde que los segmentos han sido previamente determinados, el resultado de la investigación no tiene ninguna aportación sobre la definición de los segmentos en sí mismos. El enfoque de la segmentación se basa en las características que ayudan a diferenciar los segmentos. Por ejemplo, diferenciando entre clientes habituales y esporádicos. Los principales métodos de segmentación utilizados a priori son: Belson, Chi cuadrado, tabulaciones cruzadas, análisis de la varianza y análisis discriminante.

CLASIFICACIÓN DE LOS CRITERIOS DE SEGMENTACIÓN		
CRITERIOS	**GENERALES**	**ESPECÍFICOS**
OBJETIVOS	Demográficos. Sociodemográficos. Geográficos. Geomarketing.	Uso del producto. Situación de uso y compra. Categoría de usuario. Tipo de compra. Fidelidad/lealtad a la marca. Lugar de compra.
SUBJETIVOS	Criterios psicográficos.	Ventaja/beneficio buscado.
		Actitudes. Percepciones. Preferencias.

Fuente: Adaptado de Esteban (1997).

b) Una segmentación *post hoc* u *óptima*:

La segmentación óptima comienza con esta premisa: la naturaleza exacta de los segmentos de mercado es desconocida antes del análisis de los datos. Pueden existir varias hipótesis que tengan en cuenta la naturaleza de los segmentos basados en la teoría del marketing y la experiencia.

El análisis de la segmentación óptima normalmente busca modelos o ejemplos en la utilización del producto, las actitudes, las percepciones y los gustos, para identificar los segmentos de mercados clave. Se incluirá información, como el coste de adquisición, el crecimiento de ingresos, la cuota de la cartera y el coste del servicio entre los segmentos. Se pueden alcanzar conclusiones sobre la conexión entre la fidelidad a largo plazo y la rentabilidad de esos segmentos. Por ejemplo, aspectos como la compra de artículos deportivos o la contratación de seguros de vida que mejor expliquen un determinado comportamiento.

Las técnicas de análisis de datos testan las relaciones hipotéticas para determinar la existencia de segmentos y sus ingresos. El resultado de esta segmentación puede producir la existencia de numerosos subgrupos. Para ser considerado un segmento viable, el subgrupo debe ser relativamente estable a lo largo del tiempo y debería tener la propiedad de ser alcanzado eficientemente por los agentes de marketing. Puesto que la segmentación óptima es un proceso centrado en explorar y confirmar las definiciones de segmentos, requiere más tiempo que la segmentación a priori.

Técnicas

Para cada uno de estos dos casos, existen distintas técnicas estadísticas de diversa complejidad y adecuación a los objetivos de segmentación planteados.

La técnica más utilizada para segmentar a los clientes por su operatividad es el análisis *cluster* (creación de tipologías). Existen otras técnicas analíticas que también se utilizan, la mayoría dentro de dos categorías: técnicas dependientes e interdependientes.

Las técnicas *interdependientes* se utilizan para identificar segmentos y proveer información teniendo en cuenta atributos que ayudan a clasificar a los individuos dentro de los segmentos.

- *Análisis cluster* (o análisis de grupos): es el nombre de un grupo de técnicas multivariables que se utilizan para identificar grupos de individuos basados en ciertas características que éstos poseen. Estas características pueden proceder de información sobre la utilización del producto, función del producto, información demográfica, etc. Permite la identificación de segmentos desconocidos, que son los que presentan mayor diferencia en el comportamiento de la demanda. Su ventaja es que los resultados pueden ser controlados estadísticamente.

- *Redes neuronales:* es una tecnología de procesamiento de la información en la que el sistema ha sido diseñado para aprender actuaciones y tendencias complejas para un conjunto concreto de datos. (Se inspiran en los modelos biológicos sobre el funcionamiento del cerebro humano.) Una vez que la red ha sido educada y validada para un conjunto concreto de datos, el modelo puede ser utilizado satisfactoriamente para segmentar los datos entrantes.

Las técnicas *dependientes* se utilizan cuando los segmentos son ya conocidos pero las características que diferencian a los mismos son poco claras o desconocidas.

- Técnicas de Detección de Interacciones: la Detección Automática de Interacción —AID (*Automatic Interaction Detection*)—, el Detector de Interacción Chi-cuadrado —CHAID (*Chi-squared Automatic Interaction Detector*)—, los Árboles de Clasificación y Regresión —CART (*Classification and Regresión Trees*).

  Estas técnicas, que también se denominan métodos de árboles de clasificación, nos permiten identificar las características que distinguen a los segmentos en una o más etapas. El procedimiento es secuencial y se desarrolla dividiendo grupos (creados en un paso previo) en pequeños subgrupos. Existen pocas restricciones en el tipo de datos necesarios para llevar a cabo las técnicas de detección de interacción. La tarea de predicción se divide en una secuencia de decisiones. Para cada individuo, el modelo hace una serie de preguntas, estando condicionadas éstas por la respuesta precedente.

- Análisis discriminante, logit y regresión, son técnicas econométricas predictivas que intentan clasificar a los individuos dentro de uno de los segmentos previamente definidos, basándose en otra información disponible en los datos. Para estimar la relación de los atributos individuales con la variable de segmentación, estas técnicas analíticas desarrollan modelos/ecuaciones. El tipo de datos necesarios para utilizar estas técnicas son más restrictivos. Estos métodos seleccionan las variables que más diferencian los grupos definidos por la variable dependiente. Se puede utilizar para predecir la inclusión de nuevos individuos.

<table>
<tr><td colspan="3" align="center">PRINCIPALES TÉCNICAS DE SEGMENTACIÓN UTILIZADAS
EN ACCIONES RELACIONALES</td></tr>
<tr><td></td><td align="center">OBJETIVOS</td><td align="center">MÉTODOS</td></tr>
<tr><td>SEGMENTACIÓN SIMPLE</td><td>SELECCIÓN DE UN CONJUNTO ESPECÍFICO DE INDIVIDUOS, CONDICIONES PREDEFINIDAS</td><td>SELECCIÓN DE VARIABLES</td></tr>
<tr><td>ÁRBOLES DE CLASIFICACIÓN</td><td>IDENTIFICACIÓN DE INDIVIDUOS CON MAYOR PROPENSIÓN A LA RESPUESTA A PROMOCIONES</td><td>CHAID,C&RT,QUEST</td></tr>
<tr><td>ANÁLISIS DE SUPERVIVENCIA</td><td>CLASIFICACIÓN POR TASAS DE ABANDONO, FUNCIONES DE VIDA</td><td>TABLAS DE MORTALIDAD</td></tr>
<tr><td colspan="3" align="center">TÉCNICAS MULTIVARIANTES</td></tr>
<tr><td>ANÁLISIS CLUSTER</td><td>IDENTIFICAR GRUPOS HOMOGÉNEOS</td><td>MÉTODOS JERÁRQUICOS (MUESTRAS) MÉTODOS K-MEDIAS</td></tr>
<tr><td>ANÁLISIS DISCRIMINANTE</td><td>MODELOS PREDICTIVOS DE GRUPOS DE PERTENENCIA</td><td>GRUPOS DE CONTROL</td></tr>
<tr><td>REDES NEURONALES</td><td>IDENTIFICACIÓN DE PAUTAS GENERALES DE COMPORTAMIENTO</td><td>ENTRENAMIENTO DE LA RED</td></tr>
<tr><td colspan="3" align="center">DESCRIPCIÓN</td></tr>
<tr><td>CHAID</td><td colspan="2">ESTE MÉTODO UTILIZA ESTADÍSTICOS DE CHI CUADRADO PARA IDENTIFICAR LAS DIVISIONES ÓPTIMAS.</td></tr>
<tr><td>C&RT</td><td colspan="2">GENERA ÁRBOLES BINARIOS VARIABLES NOMINALES, ORDINALES, CONTINUAS.</td></tr>
<tr><td>QUEST</td><td colspan="2">GENERA ÁRBOLES BINARIOS VARIABLES NOMINALES (MÁS RÁPIDO)</td></tr>
<tr><td>MÉTODOS JERÁRQUICOS</td><td colspan="2">El PROPIO ALGORITMO ESTABLECE EL NÚMERO DE CONGLOMERADOS (MUESTRAS).</td></tr>
<tr><td>MÉTODO K-MEDIAS</td><td colspan="2">DEBEMOS INDICAR EL NÚMERO DE CONGLOMERADOS (MAYOR VOLUMEN DE DATOS).</td></tr>
<tr><td>TABLAS DE MORTALIDAD</td><td colspan="2">SE BASA EN LA PARTICIÓN EN INTERVALOS DE TIEMPO DEL PERIODO DE OBSERVACIÓN, PARA GRAN NÚMERO DE CASOS.</td></tr>
<tr><td>SCORING</td><td colspan="2">SE ATRIBUYE UNA PUNTUACIÓN A UN PROSPECTO QUE SERÁ UTILIZADO PARA LA JERARQUIZACIÓN DE UN FICHERO.</td></tr>
</table>

Fuente: Elaboración propia.

CAPÍTULO VI
CUSTOMER RELATIONSHIP MANAGEMENT (CRM)

6.1. ¿QUÉ ES CRM?

A continuación se ofrece una doble visión sobre el concepto CRM. Dicha división, establecida en función del nivel de implicación (o apuesta hacia el cambio) en la orientación de la empresa al cliente, pretende ofrecer al lector un recorrido sobre el fenómeno basado en la oferta (teórica y práctica) existente.

En este sentido, ofrecemos por separado un planteamiento estratégico sobre CRM, en función del enfoque que sobre el mismo vienen realizando las principales consultoras especializadas, y una visión más táctica u operativa, basada en el punto de vista de aquellas compañías de tecnología que ofrecen herramientas o soluciones para el control o gestión de partes de los procesos (o de la totalidad) de relación en las organizaciones.

Es difícil identificar si el desarrollo tecnológico (en el área del almacenamiento, análisis, control, seguimiento, personalización, previsión o gestión de las relaciones entre las empresas y sus públicos) está siendo el generador de un cambio en la concepción de los negocios (descrito como el salto de la producción masiva de los productos y servicios a la personalización masiva de los mismos), o si, en realidad, dicho salto o cambio se debe a una actitud que ha permanecido latente en la conducta y visión de futuro de las empresas hasta que, la aparición de un conjunto de soluciones tecnológicas ha hecho posible su puesta en práctica. Sea como fuere, podemos asegurar que, con independencia del sector en el que operan, la práctica totalidad de las grandes corporaciones (así como la mayor parte de las empresas de nueva creación que operan a través de Internet), con presencia el mundo desarrollado, están implementando o valorando incorporar, en el corto plazo, recursos tendentes a la profundización sobre el conocimiento individualizado de su demanda y sobre la adecuación, personalización o gestión de sus relaciones de intercambio. Llámese o no CRM, dicho proceso afectará, en el futuro nada lejano, la competitividad y rentabilidad de las empresas.

Al igual que la aparición de la imprenta, el teléfono, la radio, la televisión... o, la más reciente, Internet, han propiciado cambios importantes en el desarrollo de las empresas (que parte de los procesos de información y comunicación con sus públicos hasta llegar a afectar al resto de los procesos industriales: producción, distribución, ventas, etc.); el CRM está suponiendo un cambio en la evolución de las mismas. En esta ocasión, el salto viene presidido de nuevos componentes cuantitativos (especialmente por la proliferación de las telecomunicaciones, que permiten una mejora en la aproximación de los públicos masivos), pero indiscutiblemente lo que le diferencia de cualquiera de los anteriores, es su valor cualitativo (derivado de la interactividad de los nuevos canales, de la evolución en esta dirección de los canales de información tradicionales y de la posibilidad de control y conocimiento de las interacciones).

Asistimos, pues, a un escenario presidido inicialmente por el control de la comunicación frente al control de la información, a una evolución desde la emisión del mensaje hacia su recepción y respuesta (no tan sólo en términos de compra o de imagen), a un cambio desde la sociedad de la información hacia la sociedad de las relaciones, a un cambio del término consumidor por el de cliente (persona con la que la empresa se relaciona), a una modificación desde la reacción a la proactividad y anticipación. En definitiva, a un manejo, administración, control, gestión o dirección de los procesos de intercambio en toda su amplitud, más allá del reducido y mecanicista "toma y ten" del trabajo por dinero o dinero por bienes.

Algunas reflexiones sobre los problemas en la implementación de un CRM

Una de las principales dificultades a las que se enfrentan consultoras, proveedores de CRM y empresas que han optado por el camino del conocimiento y la gestión de las relaciones que mantienen con sus clientes es la implementación del sistema dentro de su organización.

No hace mucho tiempo, un amigo consultor, cuyo recorrido profesional le ha llevado a mantener contacto con la inmensa mayoría de las compañías suministradoras y demandantes de personal cualificado en el área de CRM, nos comentaba "...nadie sabe cómo implementar este invento... Las consultoras llegan a las empresas y les cuentan que hasta hora gran parte de lo que están haciendo no lo hacían de la forma adecuada, que necesitan modificarlo, que están perdiendo parte de la potencialidad de su negocio, que tienen que cambiar desde el conserje hasta el director de servicios al cliente, que tienen que tirar la mitad de su equipamiento informático, invertir unos cuantos millones de euros en las empresas de tecnología con las que tienen acuerdos, adiestrar a todo el personal y modificar casi el cien por cien sus procesos y procedimientos...; se desesperan porque el cliente va lento, sólo acomete algunos de los cambios propuestos, le invade la inacción y los asuntos internos...; cree que la consultora dispone de una varita mágica... al final cobran su factura, dejan unas cuantas personas, los despachos de los ejecutivos llenos de informes con la palabra CRM... y esperan que futuros cambios, nuevas personas o la presión de la competencia acabe por convertir en realidades el proyecto...; en sus presentaciones de compañía incluyen el proyecto como un éxito... Las empresas lo ven desde su óptica, dos meses o tres semanas más tarde de que los consultores posen sus portátiles en la sala de juntas del Consejo de Administración, convertido en oficina temporal, empiezan a darse cuenta de que lo que venían haciendo hasta ahora, empezando por su forma de vender, por los canales que utilizan para ello, por el tipo de productos que comercializan, por la forma en como se llega al precio de venta, se factura o se hace llegar físicamente el bien al cliente... están obsoletos, pertenecen al cuaternario o no añaden valor a la compañía... En definitiva, vislumbran que se ha de acometer una renovación que, de aplicarse, generará una empresa completamente diferente, todo ello, manteniendo los actuales niveles de facturación y beneficios, sin provocar conflictos con la plantilla, alerta entre los accionistas ni problemas con clientes, proveedores u otros...; y lo más importante, con las mismas cuarenta horas semanales por persona o, a lo sumo, contratando un equipo que liderará el proyecto. La compañía con todo ello, y una vez lanzada la bola de nieve, no puede detener lo comenzado, se limita a establecer prioridades, a separar lo posible de la ficción, a no modificar lo que considera importante hasta que no quede más remedio ('tenemos la plataforma idónea', comentará alguno de sus directivos en una entrevista para un diario de economía) y a depositar la responsabilidad, de su falta de avance, en la tecnología que, por definición, estará un escalón por debajo de las expectativas.

Ésta es la última parte del conflicto, los Sibel, Oracle, NCR, SAP, People Soft, etc. de turno llegan con sus herramientas y manuales bajo el brazo, siempre altamente compatibles hasta que empiezan los problemas. Entre lo que la consultora dice que el cliente quiere, el cliente quiere, el departamento de informática dispone, los usuarios finales añaden y la central en Estados Unidos recomienda, la implementación del proyecto se convierte en un calvario para propios y ajenos. Al final, todos se adaptan: el cliente piensa que lo que tenía antes era mejor o igual que lo que tiene ahora, por lo menos hasta que los beneficios tangibles no empiecen a dar señales de vida; la consultora, que ni el cliente ni el proveedor de soluciones han sabido captar la amplitud y profundidad del proyecto quedándose en lo puramente táctico; el usuario final dispone de nuevas pantallas con colores atractivos, nuevos informes e información más actualizada, ordenada y potencialmente *on-line*, pero a la par, tiene más trabajo (el de antes y el añadido —coger el teléfono y rellenar formularios, seguir las ventas y hacerlo por áreas, tipologías de clientes y eventos...— en la misma jornada) y nuevos conflictos internos (no encuentra el soporte necesario de otras áreas cuyo proceso definitivo de implementación del CRM ha sido pospuesto hasta la fase tres, las personas sienten que su trabajo está siendo controlado muy de cerca, la comunicación interpersonal ha sido desplazada por la realizada mediante medios electrónicos complicándose la forma y el contenido de las comunicaciones, etc.).

Cuando ves un plan de implementación de CRM todo cuadra, no en vano quien te lo presenta tiene ya el colmillo retorcido de hacerlos..., otra cosa es cuando intentas seguirlo... cada empresa es un mundo y el CRM nunca podrá cambiarlo, si existiera una guía infalible para gestionar las relaciones o un programa informático capaz de hacerlo, tened por seguro que yo no llevaría ya dos separaciones, me habría aplicado el cuento".

La apuesta por la orientación al cliente supone un cambio en la filosofía de la empresa y un reconocimiento de sus debilidades y amenazas. La implementación de la gestión de las relaciones supone un reto al que la empresa se enfrenta en el espacio y el tiempo, desde una situación de partida más o menos ventajosa, pero siempre desde el convencimiento de comenzar un proceso gradual que debe ser interiorizado por la propia organización mucho antes que por cualquier otro público. Un proceso de cambio no se caracteriza por la potencialidad que aportan los factores motivadores del cambio (en este caso, tecnología, técnica, conocimiento o planificación); un proceso de cambio se caracteriza por la interiorización que de dichos factores realiza el conjunto de mujeres y hombres al que afecta.

En el camino hacia la orientación al cliente, las ideas las aporta la consultora o la empresa, la realidad la marca el mercado y la empresa con su actuación dentro del mismo, y las herramientas las facilitan los técnicos; nada de esto es impermeable, pero todo marcha mejor si cada uno evita inmiscuirse en la parte del otro.

6.1.1. CRM ESTRATÉGICO

Propone, básicamente, la orientación de la empresa al cliente, considerando a éste como base de la actividad y "razón de ser" de la empresa, y a su satisfacción como el camino del éxito de la misma.

La pregunta que se hará el lector será la misma que los autores se hicieron la primera vez que oyeron hablar de CRM: ¿en qué se diferencia del marketing relacional? Antes de contestar esta pregunta vamos a realizar un recorrido por diferentes definiciones y opiniones.

Según Price Waterhouse Coopers (consultora que ha optado por incorporar una línea de negocio dedicada exclusivamente a prestar apoyo a las empresas en la implementación de este tipo de soluciones), el CRM es "una combinación de cambios estratégicos, de procesos organizativos y tecnologías, para buscar mejorar la gestión del negocio, en torno al comportamiento de sus clientes. Implica la adquisición y desarrollo de conocimientos sobre clientes para usar esta información en los puntos de contacto, obteniendo así mayores ingresos y eficiencia operativa". Dicha definición viene respaldada por la experiencia obtenida por la consultora en más de 3.600 experiencias (a diciembre de 2001) en un amplio espectro de empresas.

Melinda Nykamp (2001) centra su definición en la creación de valor diferencial para el cliente a través de las experiencias e interacciones que éste mantiene con la empresa: "CRM; es, esencialmente, una forma de proveer valor óptimo para los clientes. A través de la forma utilizada para comunicarnos con ellos, de los intercambios comerciales o de la prestación de servicios; así como mediante los medios utilizados por el marketing tradicional: producto, precio, promoción y plaza o distribución. Los clientes toman sus decisiones de compra basándose en algo más que un buen precio o un buen producto. Los clientes basan sus decisiones en la experiencia de conjunto, ésta incluye producto y precio, pero también incluye la naturaleza de la totalidad de las interacciones con la empresa. Si una empresa puede ofrecer de forma continuada estas interacciones en marketing, ventas, servicio y soporte, será sobradamente gratificada con un incremento continuado de la lealtad y el valor del cliente. En esto reside la obtención de una ventaja competitiva importante".

Podemos concluir que la mayoría de las definiciones de CRM existentes incluyen las siguientes premisas:

- Hacen referencia a un modelo o estrategia de negocio centrado en el cliente.

- Incluyen diferentes públicos en relación con la empresa: especialmente, empleados y clientes.

- Hablan de procesos o sistemas de gestión de la empresa, del control de los mismos y de cómo éstos afectan a la consecución de objetivos.

- Enfatizan la necesidad de añadir valor al cliente mediante el conocimiento de sus necesidades o preferencias y mediante la orientación y personalización de la su oferta.

- Establecen la posibilidad de conseguir ventajas competitivas mediante la satisfacción del cliente, que origina mayor fidelidad y, por lo tanto, mejora en los beneficios.

- Incluyen la aplicación de una tecnología accesible y manejable por la empresa para conseguir todo lo anterior.

- Insisten en que el término CRM no ha de reducirse a la aplicación de herramientas tecnológicas.

Veamos según Price Waterhouse Coopers la relación entre la fidelidad y el valor de relación (CRM):

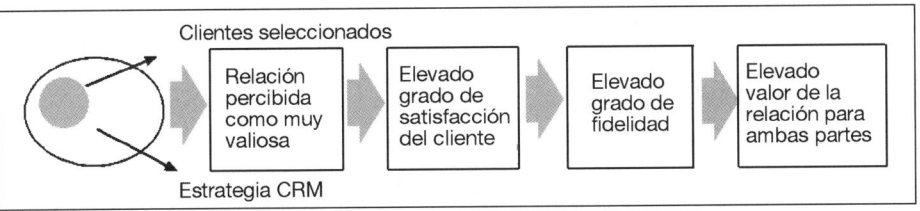

Fuente: Price Waterhouse Coopers.

Anotamos a continuación los principales puntos a considerar para una exitosa estrategia de CRM:

- Profundizar en las relaciones avanzadas y sostenidas en el tiempo con los públicos objetivos o clave identificados por la compañía.

- Ofrecer un excelente servicio al cliente basado en la escucha, en el conocimiento y en la actuación rápida frente a sus demandas.

- Hacer que todas las personas de la organización comprendan y compartan la estrategia de orientación al mercado.

- Adecuar y personalizar en lo posible nuestra oferta.

- Cumplir las expectativas anticipándonos al mercado.

- Cuidar la comunicación en su forma y en los canales utilizados para difundirla.

- Evitar que la vocación artesana (disfrutar haciendo bien las cosas) sea desplazada por la mecanización y la despersonalización.

- Creer firmemente en que del mantenimiento y fidelización de nuestros mejores clientes depende el fututo de nuestra empresa.

- Mejorar en lo posible la relación calidad-precio y la posición de valor de nuestra empresa y productos en la mente de nuestros clientes.

En contestación a la pregunta que antes nos hacíamos sobre las diferencias entre marketing relacional y CRM no deje el lector que las "ramas no le dejen ver el bosque". Revise sus conocimientos sobre marketing relacional, marketing directo, marketing base de datos y servicio al cliente, añádale, además de sentido común, lo ya aprendido sobre excelencia, cadenas de suministro o *suplly chain* y *partnership*, recuerde las premisas básicas de las relaciones públicas e imagen de empresa, permanezca atento al desarrollo de las telecomunicaciones (especialmente en lo que se refiere a la articulación de canales de relación con sus clientes), profundice en la investigación de mercados y verá cómo el *Customer Relationship Management* le resulta familiar.

A nuestro juicio, la gran aportación del CRM es su capacidad de mezclar todas las "disciplinas" mencionadas anteriormente de forma eficiente.

VISIÓN METAGROUP CRM

CRM Operacional		CRM Analítico

Procesos de negocio operativos

ERP
- Gestión Sistemas
- Proc. Internos

- Cadena Suministros
- Gestión Sistemas

- Sistemas centrales

- Servicio atención cliente
- Marketing & Automat. de ventas

- Ventas móviles
- Sercicio técnico

Back Office

Front Office

Oficina Móvil

Sistema Mediación

Procesos de negocio informales

Data Warehouse

Soporte de Decisiones

Clientes Data Mart

Producto Data Mart

Data Mining

Interac. Clientes
- Voz (IVR, CTI, ACD)
- Voz/IP / Web Colaborat.
- E-Mail / Gestión E-Resp.
- Fax
- Interacción directa

Fuente: Meta Group, más información en http://www.metagroup.com.

Dicha eficiencia se deriva, principalmente, de la disminución de los tiempos de respuesta y de la racionalización de los procesos y procedimientos de la empresa, tanto internos como externos, gracias a la aplicación de tecnología.

Su resultado es la puesta en práctica de una estrategia basada en las relaciones, mediante un conjunto de herramientas capaces de facilitar y agilizar la toma de decisiones y de dirigir acciones bien segmentadas a los públicos con los que la empresa interactúa.

McDonald y otros (2001) señalan en el libro *Creating a company for customers*, cuyo título está tan cuidado como sus contenidos: "...en los noventa, emergió con fuerza el *relationship marketing* que fue seguido poco años después por *Customer Relationship Management* o CRM. Algunos consideran que marketing relacional y CRM son idénticos, pero nosotros creemos que el CRM está mejor descrito como marketing relacional convertido en realidad mediante la tecnología de la información".

CUSTOMER RELATIONSHIP MANAGEMENT (CRM)

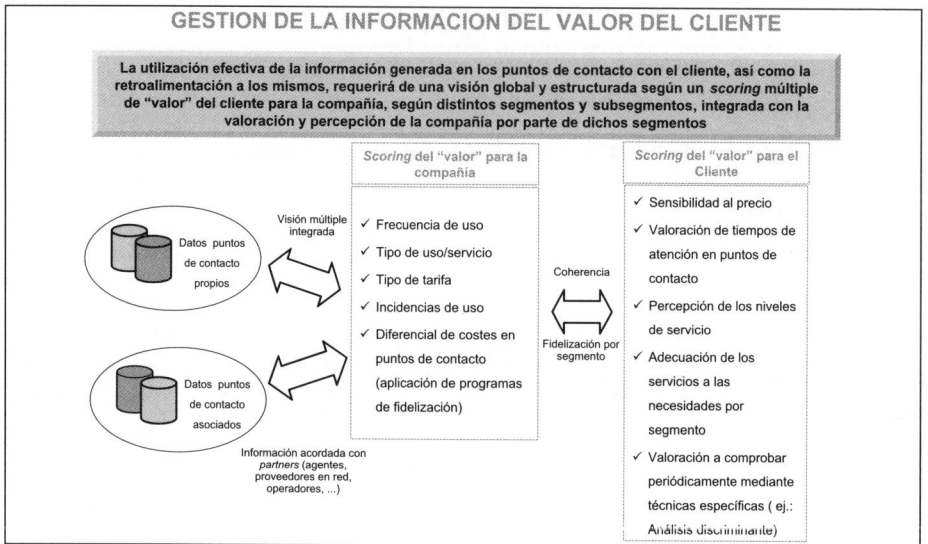

GESTION DE LA INFORMACION DEL VALOR DEL CLIENTE

La utilización efectiva de la información generada en los puntos de contacto con el cliente, así como la retroalimentación a los mismos, requerirá de una visión global y estructurada según un *scoring* múltiple de "valor" del cliente para la compañía, según distintos segmentos y subsegmentos, integrada con la valoración y percepción de la compañía por parte de dichos segmentos

Scoring del "valor" para la compañía

Datos puntos de contacto propios — Visión múltiple integrada

✓ Frecuencia de uso
✓ Tipo de uso/servicio
✓ Tipo de tarifa
✓ Incidencias de uso
✓ Diferencial de costes en puntos de contacto (aplicación de programas de fidelización)

Datos puntos de contacto asociados

Información acordada con *partners* (agentes, proveedores en red, operadores, ...)

Coherencia — Fidelización por segmento

Scoring del "valor" para el Cliente

✓ Sensibilidad al precio
✓ Valoración de tiempos de atención en puntos de contacto
✓ Percepción de los niveles de servicio
✓ Adecuación de los servicios a las necesidades por segmento
✓ Valoración a comprobar periódicamente mediante técnicas específicas (ej.: Análisis discriminante)

Fuente: Elaboración propia.

6.1.2. SOLUCIONES CRM

Una visión distante en el alcance de la desarrollada en el punto anterior, supone reducir el CRM a un conjunto de herramientas orientadas a la mejora tecnológica de la empresa y especialmente al control, seguimiento y análisis de los eventos que tienen que ver con la relación con el cliente.

Desde un punto de vista práctico la mejor forma de diferenciar CRM estratégico y CRM analítico, operacional y de colaboración (los dos últimos también conocidos como CRM activo) es acudir a las empresas que ofrecen una u otra nomenclatura.

Si su deseo es hacer que su negocio evolucione o evite caer en obsolescencia, necesita variarlo en lo sustancial para ser verdaderamente competitivo, y dispone de los recursos necesarios para hacerlo, acuda a un consultor especializado o pase por una escuela de negocios, en ambos lugares le hablarán de las bondades del CRM estratégico.

Si su deseo es "añadir luz" en ciertos "rincones oscuros" de su relación con el cliente, profundizar en el conocimiento de los mismos, hacer que los canales de intercambio de información funcionen de forma adecuada y disponer de una herramienta de gran valía para su toma de decisiones, en definitiva, si cree que su estrategia es la adecuada y que necesita cumplir sus objetivos poniendo a disposición del personal de la empresa herramientas adecuadas, hable con una empresa dedicada al diseño e implementación de soluciones tecnológicas de CRM.

Podíamos recomendarle alguna de estas herramientas CRM, pero tememos que cuando este libro llegue a sus manos, la empresa responsable de su diseño o comercialización acabe de fusionarse, haya sido absorbida por su competidor directo o tenga todos sus teléfonos ocupados para atender a sus accionistas. Baste como ejemplos recientes (2001) la compra de Vantive por parte de Peope Soft o la adquisición de Clarify por Amdocs. Una profunda reestructuración del sector está haciendo cambiar sensiblemente el panorama de las empresas especializadas en ofrecer este tipo de tecnologías, así como un proceso de concentración, motivado por una creciente cifra de negocios, por la necesidad del cliente de disponer de soluciones globales o por la especulación que gira en torno a este tipo de compañías (asociadas a la llamada nueva economía) capaces de duplicar o dividir entre dos su valor en Bolsa en unos días.

Desde "trajes a medida" (o soluciones diseñadas para las necesidades concretas de una empresa, de una unidad de negocio de la misma o de un departamento) a soluciones estándares (basadas en la experiencia del propio proveedor de soluciones tras su investigación e implementación en diferentes sectores), y partiendo de la premisa de que las diferentes partes en que se acota un CRM han de formar un sistema integrado, las llamadas soluciones CRM pueden dividirse en tres partes:

- **CRM analítico:**

  Hace referencia al almacenamiento (en el *data warehouse*) proceso, modelización y explotación (o generación de informes) de la información disponible. Son herramientas orientadas al conocimiento. En este sentido, ofrecen información valiosa sobre las relaciones que a nivel interno (entre los diferentes departamentos de la empresa, unidades de negocio, áreas o personas) y externo (para los clientes, proveedores, suministradores o cualquier otro público) han acontecido.

  Ofrecen un apoyo importante en la toma de decisiones, incorporan diferentes niveles de acceso en función de la jerarquía, ocupación, responsabilidades u objetivos de cada uno de sus usuarios. El llamado *Balanced Scorecard* es un nuevo concepto que está logrando gran popularización en el mundo profesional. Consistente, básicamente, en la programación de un conjunto de necesidades o tareas por

CUSTOMER RELATIONSHIP MANAGEMENT (CRM)

departamentos o usuarios dentro del *data warehouse*, de tal forma que, partiendo de una información no redundante ni dispersa en diferentes bases de datos, cualquier miembro de la organización pueda tener acceso a los eventos, acontecimientos o informaciones generadas por cualquier otro miembro de la empresa o por los propios públicos que interactúa con la mismas (siempre y cuando se dispongan de los medios necesarios para que tales registros sean posibles; por ejemplo, número de acceso a la página web y zona visitadas dentro de la misma). Dicho acceso es limitado por un administrador del sistema que establece los niveles de información a los que cada usuario tiene acceso (por ejemplo una teleoperadora no puede acceder a los acuerdos del Consejo de Administración, pero uno de los consejeros sí puede acceder a una conversación grabada entre uno de los operarios y un cliente o a los resultados de una campaña de marketing *on-line*).

Lo más relevante del CRM analítico no es únicamente indicar lo que sucedió mediante un reporting de actividades o acciones puramente descriptivo. Un CRM analítico debe ser capaz de:

- Identificar por qué sucedió (mediante la incorporación de modelos analíticos de información basados en técnicas multivariables).

- Prever qué sucederá (en función de modelos predictivos).

- Establecer alertas sobre lo que sucederá o está sucediendo (mediante la incorporación de límites o intervalos de seguridad a las actividades, eventos o acciones programadas).

- Proponer alternativas (mediante la incorporación de objetivos y en función del análisis de la información disponible de todas las fases anteriores).

Un ejemplo que puede ilustrar lo expuesto anteriormente es el derivado de la puesta en marcha de acciones promocionales dirigidas al incremento de frecuencia en las compras en fin de semana en nuestra red de tiendas de conveniencia.

Disponemos de una tarjeta de cliente que nos permite conocer las compras que realizan gran parte de nuestros clientes (hemos conseguido una penetración del 50 % de nuestra tarjeta sobre el total de clientes, 30 de cada 100 operaciones de compra se realizan con la tarjeta).

La acción, que consiste en la consecución de un atractivo vale descuento, está dirigida a un grupo de nuestros clientes más afines, aquellos que realizan más de 5 operaciones de compra al mes con una facturación mensual acumulada superior a 35 euros y una antigüedad como cliente (dispone de tarjeta desde) de más de un año.

Nuestro objetivo es incrementar un 20 % las compras en fin de semana de este segmento de clientes.

La acción se ha comunicado al mismo tiempo mediante un e-mail al 70 % de los clientes (del resto no disponemos de está información) al 100 % de los clientes mediante una carta enviada a su domicilio. Paralelamente hemos habilitado un sistema en el terminal del punto de venta, de tal forma que a cualquiera de estos clientes, al pasar su tarjeta y ser identificados (cualquier día de la semana) en el *ticket* de compra se incluye un mensaje personalizado sobre la información. Para completar la acción y cada vez que el cliente entra identificándose (mediante la inclusión de su número de tarjeta y código de acceso) a nuestra web, nuestro servidor lanza un *pop-up* (formato de publicidad en Internet) comunicando la promoción.

El CRM analítico debería ser capaz de:

* *Facilitarnos un informe detallado sobre:*
  — Impacto de la comunicación:
    a) ¿Quiénes han recibido y abierto su *e-mail*?
    b) ¿Quiénes han recibido el mensaje de caja en el *ticket*?, ¿cuántas veces?, ¿qué días?
    c) ¿Qué cartas han sido devueltas por correo?
    d) ¿Qué clientes del segmento seleccionado han accedido a la zona privada o de acceso personalizado de la web?, ¿cuántas veces?, ¿qué días?, ¿cuánto tiempo estuvo abierto el *pop-up* (oportunidad de ser visto)?
  — Impacto de la promoción:
    a) Índices de respuesta:
      * Número de clientes totales sobre base segmentada que compraron en fin de semana.
      * Número de clientes que recibieron la promoción, medio por el que la recibieron y respuesta en número de veces que compraron, importe total, incremento sobre facturación o sobre número de visitas histórico en fines de semana, etc.
      * Micosegmentación: análisis de respuesta por subsegmentos dentro del *target*, edades, rentas, afinidad a la compañía, tipo de productos que adquieren, etc.
      * Retorno de la inversión: coste de la promoción y de la comunicación comparado con el incremento de ventas totales y márgenes en el periodo promocional.
    b) Cambio de comportamientos:
      * Número de clientes que siguen comprando en fines de semana tras finalizar la promoción, número de unidades compradas, visitas promedio por cliente, visitas en fines de semana respecto a visitas en resto de semana, incremento en ventas o cambio en días de compra, etc.

CUSTOMER RELATIONSHIP MANAGEMENT (CRM)

271

— Índice de satisfacción:

a) Reclamaciones, dudas y sugerencias:

* Número de llamadas, *e-mail* recibidos, cartas remitidas por los clientes, o comunicaciones a viva voz recibidas en los partes diarios remitidos por las tiendas respecto a la promoción.

* Comparativo con otros tipos de acciones similares desarrollados en el pasado.

b) Redención de los vales descuento:

* Número de vales canjeados, tipo de compras o productos a los que se asociaron dichos canjes, fechas o periodos en los que se canjearon, análisis detallado de los individuos que hicieron canjes.

* Valoración *(post-test)* de la promoción: influencia sobre otros factores del *marketing mix* (sobre la calidad percibida de productos y servicios), respecto a otras acciones de la competencia, etc.

c) Satisfacción del servicio en fines de semana:

* Análisis mediante encuesta en la web, formulario incentivado remitido por *e-mail* u otra vía de la calidad de servicio percibida en fines de semana, comparativo frente a clientes habituales de fines de semana (no participantes en la promoción), frente a muestra de control de aquellos que estando dentro del grupo objetivo no fueron persuadidos ni participaron en la promoción para comprobar su respuesta espontánea.

* Apreciación del canal de ventas: informe del encargado del establecimiento sobre el funcionamiento y respuesta de la promoción. Índice de satisfacción interno de las acciones promocionales.

* Influencia de otras variables: roturas de *stock*, reducción de horarios en algunos de los establecimientos, personal eventual o por turnos en fines de semana, etc.

— Otros ratios e informes:

a) Áreas de influencia de la tienda de conveniencia y valor de la promoción.

b) Penetración de la tarjeta de cliente por tienda e índice de respuesta.

c) Comportamientos por zonas geográficas.

d) Mezcla de varias de las respuestas anteriores: influencia de la rendencción de vales en las tiendas con horario más corto en una determinada zona para clientes entre 25 y 35 años, participación en la promoción de clientes que no acceden a nuestra web, no recibieron correspondencia y sólo fueron persuadios mediante en ticket de compra en tiendas situadas en polígonos industriales con antigüedad menor a 2 años, por ejemplo.

e) Etcétera.

• *Además, un CRM analítico tiene que facilitar informes predictivos, tipo:*

— ¿Qué ocurriría con la promoción de vales descuento si, en lugar de realizarla durante los meses de enero y febrero, la realizáramos en el periodo septiembre-octubre?

a) Valoración del impacto en función de la estacionalidad de las ventas.

b) Número y descripción de clientes actuales incluidos en la segmentación *versus* clientes potenciales o segmento en los meses de septiembre-octubre.

c) Correlación o extrapolación de datos de otras promociones realizadas en los periodos señalados.

d) Influencia de los periodos festivos (cierre de establecimientos) en uno y otro periodo.

e) Valoración de resultados: impacto de la comunicación, promoción, redención de vales, satisfacción, etc.

— ¿Qué ocurriría si en lugar de hacer esta promoción pusiéramos en marcha otra de descuento en precio sobre 40 referencias clave en fines de semana y para el mismo segmento de clientes?

a) Valoración del impacto en función de otras promociones basadas en descuento directo en precio.

b) Sensibilidad del grupo segmentado a las promociones con descuento en precio.

c) Estimación de la respuesta analizando a individuos que han participado en una y otra promoción de características similares en el pasado.

d) Influencia de otras promociones en el punto de venta, etc.

• *Incorporación de "alarmas" para el seguimiento y optimización de la promoción, tipo:*

— En el caso en que en los primeros quince días de la promoción en número de clientes que han contestado de forma positiva realizando alguna compra en el fin de semana fuera inferior al 3 % lanzar un mensaje al responsable de promociones indicando tal supuesto; si de continuar la tendencia en la sexta y séptima semana dicho porcentaje no supera el 5 %, informar mediante una señal en la pantalla al director de marketing de la compañía.

— Si el nivel de redención de los vales descuento supera el 30 %, alertar al responsable de promociones y remitir un mensaje a los diferentes encargados de área para felicitarles sobre el éxito de la promoción.

— Si se reciben más de 10 reclamaciones o sugerencias respecto a la compresión de la dinámico o las bases de la promoción, alertar al responsable de comunicación para que incorpore medidas correctoras al respecto.

• *Propuesta de alternativas en el CRM analítico, por ejemplo:*

— Si, tras la recepción del primer *e-mail* remitido a los clientes con tarjeta de nuestros establecimientos y con acceso a Internet, el sistema detecta que menos del 70 % ha abierto el correo en cuestión o ha remitido una respuesta afirmativa de participación o inscripción en la promoción, remitir de forma automática un nuevo *e-mail* son un asunto (*subject*) más atractivo y una nueva creatividad, paralelamente proponer al responsable de promociones el envío por correo de la carta remitida a aquellos que no tienen *e-mail*.

CUSTOMER RELATIONSHIP MANAGEMENT (CRM)

273

— Si, tras el análisis de los resultados de las tres primeras semanas, el nivel de respuesta, en actos reales de compra en fines de semana entre el target, no supera un 5%, remitir una nueva comunicación a todos aquellos que no hayan participado con un up-grade sobre el incentivo (proponer además de los vales descuento un sorteo de un año de compras gratis —1.000 euros- para 50 clientes entre todos los que participen). Dicho envío puede ser automatizado o estar sujeto a la aprobación de un responsable que verifica y autoriza el supuesto

- **CRM Operacional u operativo:**

Hace referencia principalmente a los procesos de negocio en la compañía. En este tipo de CRM se diferencian dos partes:

— El *back office:* es decir, todos los procesos organizativos que configuran el entramado del negocio y dan forma al mismo, pero con los que el cliente no entra de forma directa en contacto. El cliente afecta a gran parte de dichos procesos desde su toma de decisiones y su interacción con la compañía, en la medida en que ésta modifica sus procesos y procedimientos para ofrecerle un servicio adecuado a sus expectativas y necesidades, pero no define ni articula dichos procesos, que pertenecen al propio conocimiento del negocio de la empresa.

El CRM interviene en el *back office* considerando a éste como un público interno, cuyas interacciones y relaciones están orientadas hacia la satisfacción del cliente, la consecución de objetivos y optimización de los recursos de la compañía:

a) Parte de la base del intercambio de comunicación fluida entre los diferentes departamentos o áreas que integran en sistema de la organización.

b) Incorpora procedimientos sobre dicho intercambio.

c) Propone alternativas a las posibles desviaciones.

d) Valora la efectividad de las partes involucradas.

e) Se enriquece mediante la información aportada.

f) Facilita la toma de decisiones.

En la llamada cadena de suministro o *suplly chain* de la empresa, la cual contempla un proceso (normalmente circular) que comienza con la recogida de un pedido por parte de un cliente, continúa con la incorporación del mismo a los procesos productivos de la empresa (ya sean intelectuales, materiales o de cualquier otra índole), para finalizar (de forma sintetizada) con el suministro o entrada del bien requerido (y con la satisfacción del cliente que generará un nuevo pedido); configura un entramado de relaciones internas (y externas, si se considera las empresas auxiliares o satélites que intervienen en el proceso) altamente complejas. La coordinación entre las mismas para asegurar que entre lo que se suministra y lo que se solicita no existen diferencias sustanciales (está ajustado o mejora las expectativas) supone un proceso crítico en la empresa. El CRM operativo apoya, mediante la incorporación de soluciones informáticas capaces apoyar la gestión o dirección de dicha cadena de suministro, dicha coordinación.

De forma paralela al funcionamiento de la propia cadena de suministro, la empresa acomete toda una serie de actividades que aseguran su viabilidad y proyección en el tiempo, y que involucran áreas tan diversas como los recursos humanos, las finanzas o el propio mantenimiento de las oficinas centrales. El CRM operativo también interviene en dichas áreas, modelizando los eventos o actividades, permitiendo su planificación, y haciendo que los flujos de información que afectan, o pueden afectar, a los procesos productivos y relacionales sean fluidos y estén orientados a objetivos.

— El *front-office:* hace referencia a todas las áreas de la empresa que entran en relación directa con el cliente. Desde el *call contact center* o centro de atención telefónica, hasta el establecimiento en el que se venden los productos o servicios que la empresa ofrece, desde un vendedor a comisión que gestiona un pequeño área del territorio hasta las campañas de marketing directo llevadas a cabo por el departamento de marketing, todo aquello o todos aquellos que están frente al cliente se incorporan dentro de este apartado.

Un CRM operacional en el *front office*, tiene que:

a) Ofrecer información relevante y actualizada al cliente (ya sea de forma directa o a través de un operador).

b) Asegurar la privacidad y seguridad de los datos aportados (mediante la identificación efectiva del interlocutor).

c) Facilitar una interconexión con todas aquellas áreas del *back office* cuya actividad afecte o pueda afectar a la satisfacción del cliente (especialmente producción y logística de envíos).

CUSTOMER RELATIONSHIP MANAGEMENT (CRM)

d) Representar adecuadamente a la compañía (es el punto de contacto del cliente con la empresa).

e) Almacenar y distribuir la información aportada por el cliente (altamente valiosa para la propia operativa de la empresa y para su toma de decisiones).

f) Facilitar y apoyar las relaciones (mediante un intercambio de información fluido y constante en el tiempo).

g) Integrar el mayor número posible de canales de comunicación.

h) Estar personalizado en función de los intereses e inquietudes del cliente.

Cuando un cliente llama a nuestra línea 900, el operador tiene que tener disponible la información relevante sobre el mismo, mediante una serie de soluciones informática materializadas en pantallas por las que el operador se mueve en función de una estructura de navegación (o árboles de decisiones) el cliente puede solicitar información, realizar un pedido o conocer si será mañana o dentro de un mes cuando su producto estará en su casa o en la oficina.

Gran parte del desarrollo del CRM se debe a estos sistemas de información al cliente; la atención personalizada y la proliferación de canales de distribución directa o estructuras de marketing directo, supusieron un desarrollo importante de las soluciones orientadas a la disposición (en tiempo real o muy reducido) de información sobre lo que estaba sucediendo por detrás (en el *back office*) respecto a lo que se estaba pidiendo por delante (en el *front office*), valga la traducción literal. Además, el sistema requería ser retroalimentado, es decir, si un cliente decidía anular, modificar o ampliar su pedido, las diferentes áreas implicadas en el asunto de la empresa tenían que conocerlo. Así, desde la teleoperadora se registraba y remitía información a producción para que tuviera en cuenta el suceso en sus previsiones, a comercial para que figurara en sus análisis y facilitara su toma de decisiones, a logística para que contemplara un nuevo envío...

Una única y consistente información al cliente con independencia del canal de comunicación que éste utilice para relacionarse con la empresa suponía un nuevo reto. Un CRM de última generación permite al cliente visionar a través de una web, diseñada especialmente para atención al cliente, los cambios que hace pocos segundos ha realizado en un pedido mediante la conversación mantenida con un teleoperador, cambiar nuevamente dicho pedido a través de la web y solicitar, unos segundos más tarde, un informe de la situación del mismo en un *e-mail* al centro de atención al titular en el que podrá comprobar sus últimos cambios.

Cierto es que el camino hacia la interacción *on-line* supone derribar muchas de las barreras heredadas de los sistemas clásicos de producción o relación con el cliente; que no todo puede ser modificado "a capricho" del cliente, ya que el *back office* puede disponer de sus propios mecanismos de control para que dicha flexibilidad no se convierta en un caos; y que la rapidez, de los sistemas de información y bases de datos, aunque evolucionan con un ritmo de vértigo, aún plantea algunos problemas.

- **CRM de colaboración, interacción directa (o "colaborativo"):**

  Es, sin duda, una de las más innovadoras herramientas informática desarrolladas al servicio de la empresa.

  Cuando alguien asiste por primera vez a una demostración de un CRM analítico u operativo, puede quedarse fascinado, pero poco más tarde empieza a pensar que todo cuanto ha visto le resulta familiar. En su agenda electrónica ya programaba alarmas (aunque fuera para ir a comer con un cliente en lugar de lanzarle una nueva comunicación electrónica); el centro de atención telefónica del banco le parecía más o menos eficaz (aunque tuviera que devolverle la llamada una hora más tarde tras su solicitud de información sobre la entrega de un producto, todos entendíamos que la telefonista tenía que llamar a la empresa de mensajería); los informes que genera el CRM analítico puede que le quiten trabajo delante de su hoja de cálculo y del *power point* y le abran nuevos caminos en la investigación de mercados, pero ya antes (con más tiempo eso sí y menor capacidad de respuesta, hechos nada despreciables) su gabinete de estudios de mercado le asombraba con ratios y conclusiones...

  Algo muy diferente ocurre con el CRM de colaboración, probablemente porque aún no haya sido incorporado en nuestra forma de vida con el rasgo más común y porque es capaz de sintetizar o agrupar muchos de los últimos descubrimientos en el área de la tecnología informática y las telecomunicaciones. Por ahora son pocos los

CUSTOMER RELATIONSHIP MANAGEMENT (CRM)

privilegiados que permanecen impasibles cuando uno marca un número de teléfono y una máquina (IVR o *Interactive Voice Reponse*) le solicita su DNI (hable con el acento que desee, sea usted andaluz, catalán, gallego o tenga ascendencia argentina, el sistema funcionará con efectividad un alto porcentaje de las veces) probablemente un número de identificación personal y..., segundos más tarde, le saludará con su nombre o apellido (habrá "ido" a la base de datos, habrá recuperado su nombre, lo ha incorporado en sus sistemas de voz y lo ha "pronunciado") con voz femenina o masculina, depende del día o del momento; a partir de aquí se abre un universo infinito que le permitirá solicitar tarjetas para realizar la declaración de la renta, realizar una compleja operación financiera, consultar su próxima factura telefónica o pedir información sobre el estado de las carreteras; todo ello entre usted y una máquina...

Pero, si todavía sus contactos con la empresa le han parecido pobres o insuficientes, tiene a su disposición otros dispositivos que le permitirán que éstos sean mucho más fluidos. ¿Qué le parece que la web que usted visita de su proveedor favorito de libros le ofrezca, sin solicitárselo, una nueva colección sobre náutica y deportes marítimos?, usted ya no recuerda que en el cuestionario de bienvenida a la web le solicitaron sus aficiones, o que hace tres meses estuvo visitando el apartado de la web dedicado a este deporte. El sistema ha almacenado esta información y ahora se la ofrece para conseguir una venta, quizás no compre y el CRM de colaboración puede haberse equivocado en sus previsiones, intentará presentarle noticias gratuitas sobre vela, si las sigue leyendo no dude de que insistirá en venderle un libro o una suscripción a una revista especializada, quizás más tarde le solicite nuevamente su dirección de *mail* para remitirle un avance de los eventos deportivos que tendrán lugar en su país..., tiempo más tarde, cuando las transacciones iniciales con la librería electrónica logren convertirse en relaciones, las ventas cruzadas, la profundización en los componentes emotivos (reducciones en precio para compra anticipada de entradas en acontecimientos deportivos, camisetas firmadas de sus capitanes preferidos o *links* a las mejores páginas de deportes náuticos) pueden que aparezcan, servidos a través de diferentes canales de comunicación. El CRM analítico y operativo desempeñarán entonces un papel destacado. El CRM de interacción directa o de colaboración se diferencia del CRM operativo en su división de *front office* en que el primero se canaliza principalmente a través de medios electrónicos y da apoyo a la preventa y la venta mientras que el segundo está principalmente orientado a la postventa. Cuando se habla de *e-crm* se suele hacer referencia, principalmente, a un CRM de colaboración basado en soporte web en el que han sido incluidos módulos de análisis y operacionales.

Algunas de las características del CRM de colaboración son:

— Su integración e interconexión con el CRM analítico y operacional.

— Su orientación hacia preventa y la venta, su apoyo a la postventa y su focalización hacia el establecimiento de relaciones.

— Su integración con los recursos de personalización de la comunicación.

— La búsqueda continuada de la identidad del interlocutor.

— Su alta compatibilidad con tecnologías de telecomunicaciones.

— La flexibilidad que ofrece para la programación de eventos y respuestas ante determinados estímulos o acciones del interlocutor.

Desde el punto de vista de la funcionalidad o área dentro de la empresa a la que presta soporte, las diferentes CRM pueden agruparse en:

MÓDULOS ARQUITECTURA CRM

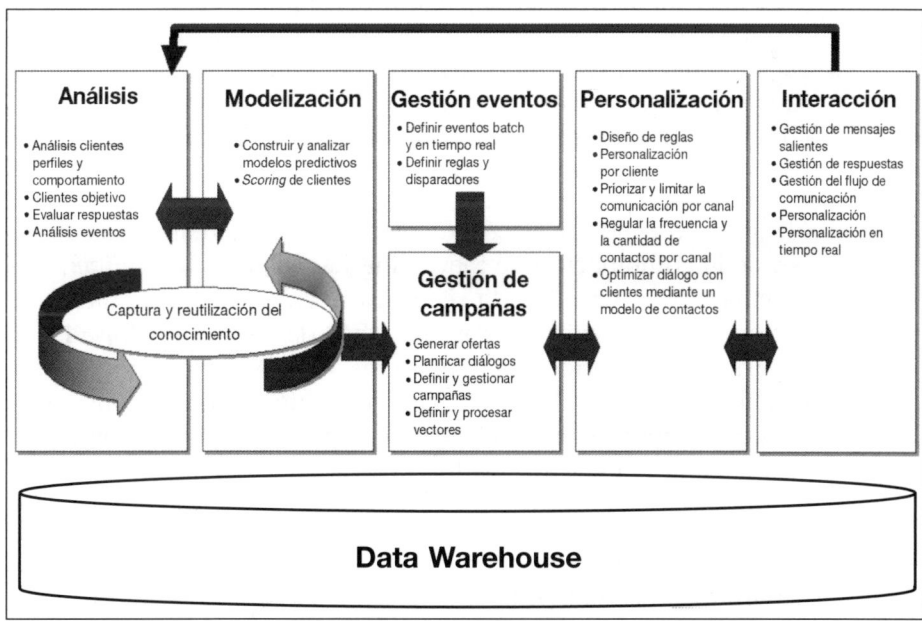

Fuente: NCR.

CUSTOMER RELATIONSHIP MANAGEMENT (CRM)

- **CRM marketing:**

  Pone a disposición de la empresa y de las personas que integran el departamento de marketing una herramienta (o conjunto de éstas) capaz de:

  — Planificar, ejecutar, gestionar o analizar campañas o acciones de marketing (dirigidas especialmente a través de canales de relación directa).

  — Aplicar o proponer una "mezcla de marketing" basada en la combinación de las técnicas convencionales con las del marketing relacional.

  — Realizar segmentaciones en un corto espacio de tiempo y con un alto grado de eficiencia (siempre que su programación sea la adecuada y que se disponga de un alto grado de control sobre los procesos de retroalimentación del sistema), facilitando la búsqueda de clientes o grupos objetivos y el direccionamiento de propuestas con un alto grado de adecuación en la oferta.

  — Identificar uno a uno cada cliente con los que la empresa interactúa, aportando información automatizada sobre los mismos para la toma de decisiones. Algunos ejemplos pueden ser: tasa de fidelidad, índice de retención, tasa de deserción, coste de consecución, margen aportado, medida del valor percibido, tasa de satisfacción, vida media, ciclo de vida, *life time value*, flujos descontados de márgenes netos, *share of wallet* (cuota de gasto), pronósticos sobre valor o compras futuras, etc.

  — Flexibilizar y modificar en un corto espacio de tiempo las acciones de la combinación de marketing (especialmente *on-line*). Los sistemas CRM permiten la realización, en paralelo, de múltiples acciones tests sucedidas por un árbol de decisiones basado en experiencias anteriores, en procesos lógicos propuestos por el propio sistema o en los resultados obtenidos en las acciones piloto. Los objetivos son incluidos y seguidos de forma eficiente gracias a la simplificación de los procesos de obtención de información.

  — Mejorar la interacción del departamento de marketing con otros departamentos dentro de la empresa (especialmente los encargados de las relaciones directas con el cliente, ventas, producción y

MARKETING RELACIONAL UN NUEVO ENFOQUE PARA LA FIDELIZACIÓN Y SEDUCCIÓN DEL CLIENTE

logística). El seguimiento, coordinación y análisis de los canales de comunicación a tiempo real (el CRM no es solamente una herramienta de análisis o una base de almacenamiento de información, implica una actuación sobre el sistema global de comunicaciones de la empresa), han de posibilitar una mejora sustancial en los procesos internos de la organización, especialmente en aquellos orientados a la satisfacción del cliente (reconocimiento, solución de incidencias y reclamaciones, entrega de pedidos en tiempo y forma adecuada, etc.).

— Incrementar el nivel de personalización, tanto en la comunicación como en la aportación de valores diferenciales para el cliente en el producto o servicio.

— Realizar el control de la gestión, mediante la monitorización de los objetivos y la fijación de alarmas.

— Diferenciar y evaluar el análisis de las campañas, canales de venta o relación, oportunidades, productos y servicios y clientes.

En definitiva, el CRM marketing es una herramienta para el control y diseño de las actividades del departamento de marketing que permite una mejora cualitativa y cuantitativa de sus funciones, gracias a la mecanización de los procesos y procedimientos. Basa su éxito en la articulación de flujos de información en tiempo real, que, junto con el análisis de series históricas y el seguimiento preciso de los objetivos fijados, permite a la empresa una mayor y más adecuada intervención en el mercado en el que opera.

El CRM marketing parte de una estrategia de orientación de la empresa al largo plazo, basada en el conocimiento de la clientela y en el incremento de su afinidad o fidelidad a la empresa. Gracias a la tecnología, es capaz de convertir dicha estrategia en acciones tácticas plausibles.

· **CRM ventas:**

Supone un conjunto de aplicaciones orientadas a incrementar las ventas de la empresa y mejorar la calidad de las mismas desde el punto de vista de la proyección a futuro de la empresa, que incluye factores tales como el beneficio, el control sobre la fuerza de ventas, la ventas cruzadas a clientes (*cross-sale*), la recomendación de nuestros productos y servicios por parte de nuestros propios clientes

CUSTOMER RELATIONSHIP MANAGEMENT (CRM)

(*member gets a member*), o el aumento de las compras, la frecuencia de las mismas o la mejora en el tipo de producto comprado (*up-sale*).

En el CRM ventas destaca:

— Su capacidad de interconexión, apoyo o interrelación con el CRM marketing (normalmente integrados en una misma aplicación o *suite*). También con otras posibles herramientas de CRM que influyen sobre los procesos de producción (articulados en función de las ventas o de las necesidades de personalización o adaptación detectadas por los vendedores o ejecutivos de cuentas), distribución física del producto (CRM logística) o satisfacción del consumidor (CRM servicios, CRM centro de interacción, etc.).

— El incremento de efectividad de la red de ventas, mediante la fijación y seguimiento de los objetivos fijados.

La agilidad y sencillez de los llamados sistemas de reporte (*reporting*) del CRM ventas, permiten un control centralizado de un posible conjunto disperso de vendedores o personas encargadas del trato directo con el cliente. Dicha dispersión puede estar motivada por factores geográficos, por la división del catálogo en diferentes redes de ventas, por la atomización de los canales o por la decisión de establecer una jerarquización de los servicios de contacto personal aplicados a la cartera de clientes, entre otros factores.

— La posibilidad que ofrece de alinear el comportamiento de la organización de ventas con los objetivos fijados por la empresa. Evita que los comportamientos individuales de los diferentes hombres y mujeres que configuran la red de ventas muestren desviaciones (de difícil detección en el corto plazo, dada su dificultad de recopilación y análisis por métodos tradicionales) respecto a las instrucciones aportadas por la empresa.

Las empresas suelen enfrentarse a diferencias significativas en el precio de venta de un mismo producto, motivadas por la intervención de las personas que configuran la red de ventas.

Dichas diferencias, no deseadas ni justificadas por la propia dinámica del mercado, están influidas por factores tales como la falta de control sobre la actividad que desempeñan los vendedores, la escasa o nula concienciación del personal sobre los objetivos perseguidos por la empresa, una deficiente comunicación interna sobre la política de precios, intereses económicos de los responsables del cierre de venta (traducidos en comisiones o remuneraciones variables), presiones sobre los objetivos de ventas fijados, etc.

MARKETING RELACIONAL UN NUEVO ENFOQUE PARA LA FIDELIZACIÓN Y SEDUCCIÓN DEL CLIENTE

Es habitual encontrar empresas que manejan un amplio catálogo de precios basados en negociaciones y acuerdos históricos, recogidos, en el mejor de los casos, en contratos dispersos por toda la organización: desde las delegaciones hasta la sede central, pasando por distribuidores, comisionistas, vendedores ocasionales, representantes y un largo etcétera de intermediarios. Los precios de tarifa se convierten así en una referencia sobre la que aplicar descuentos u obtener comisiones más que en una política articuladora de uno de los elementos más importantes del *marketing mix*.

Dicha situación crea insatisfacción y desconfianza entre los clientes. Antes o después acaban descubriendo que pagan precios excesivos (al contrastar los mismos con otros clientes de la empresa, con los facilitados por algún competidor o con los publicados en el análisis comparativo de algún medio de comunicación o asociaciones de consumidores) y deciden reclamar una reducción o abandonar la empresa, añadiéndose así más confusión al asunto.

En dicho contexto, los encargados de adoptar una política de precios trabajan para conseguir mantener un mínimo de control sobre lo que ocurre en torno a su empresa, y se esfuerzan (junto a otros responsables de la administración de los pagos y evaluación del cliente: recobros, impagados, control de gestión, *scoring*, solvencia, calificación, peritaje, tasación, etc.) por adecuar los objetivos de posicionamiento, imagen o ventas con los propios en ingresos o beneficios presentes o futuros.

Paradójicamente, los vendedores suelen recurrir a ellos en los momentos en los que se renegocia una plantilla o se entabla una nueva negociación con el cliente. Dicha actitud puede justificarse si los datos solicitados se refieren a la evolución o situación actual del cliente, pero se cae por su propio peso cuando lo solicitado resulta ser los acuerdos que el propio interesado negoció con anterioridad. Hablamos una realidad que viven las empresas en su día a día, y que afecta por igual grado, por cierto, a pequeñas empresas o grandes multinacionales.

Permítanos el lector, y cuantos vendedores (que todos los somos) tengan este libro entre sus manos, añadir una anécdota con la que ilustrar este asunto. En una conferencia organizada por uno de las empresas más prestigiosas en soluciones de CRM, escuchamos a un audaz ponente (cuyo nombre preferimos omitir por razones obvias) hablar sobre los beneficios que aportaba el CRM en el control y la gestión de ventas, para ilustrar su exposición preguntó "¿saben ustedes el momento en el que un vendedor está más concentrado sobre los papeles que tiene encima de la mesa?" él mismo contestó su pregunta "suele ser cuando están realizando las notas de gastos".

Por una empresa es bien apreciado un vendedor que una a sus cualidades persuasivas conocimiento del producto y del sector, la organización y documentación de sus actuaciones. Gran parte de los esfuerzos en el área del CRM ventas van dirigidos a facilitar y hacer ágiles y atractivos los sistemas de reporte (*reporting*) para las personas encargadas de la negociación o trato directo con el cliente. La recopilación de la información de aquellos que ven, escuchan, comparten actividades, negocian, atienden o, en definitiva, entablan relaciones, con las personas que pagan por los servicios o productos ofertadas, es de una importancia vital para la empresa. Un buen CRM ha de permitir (desde su diseño y focalización hacia objetivos) incluir adecuadamente (en tiempo y forma) la información, almacenarla de manera flexible y segura, facilitar su acceso a cualquiera de las áreas de la empresa (en función de privilegios de acceso), detectar errores o incorrecciones y contribuir a una visión única de la empresa por parte del cliente.

En lo que se refiere a la política de precios, el CRM intenta corregir, mediante la inclusión de una herramienta que recoge de forma amigable para el usuario los procesos y procedimientos, las desviaciones y pérdidas de información, el estancamiento de los circuitos de comunicación entre los diferentes intermediarios que diseñan, transmiten o ejecutan su puesta en práctica y la imagen distorsionada que empresa y cliente puedan tener entre sí.

- **CRM servicios:**

    Formado por un conjunto de aplicaciones orientadas principalmente al servicio postventa (antes identificado como CRM operacional y de colaboración), ya sea mediante el aporte de información sobre el funcionamiento o características del producto o servicio, seguimiento de la satisfacción y conocimiento del producto, reparación y mantenimiento u otros.

    En el CRM servicios destacan:

    — La integración que realiza de diferentes canales de comunicación. Especialmente el *call center, web* y soluciones *wireless* (telefonía móvil, radio comunicación, etc.).

    — Su interconexión con el *back office* (descrito anteriormente) de la empresa. Especialmente para el seguimiento de pedidos, entregas, cobros y pagos, disponibilidad de repuestos y para la asignación de recursos (asistencia técnica *in situ*, programación de visitas, vehículos disponibles, etc.).

    — Rápida visualización del nivel de soporte contratado, del tipo de servicio en función del tipo de cliente y de la respuesta a cada petición (servicio a domicilio 24 x 7, respuesta al día siguiente a domicilio, etc.).

    — El tipo de información que aporta al sistema. Basado principalmente en la apreciación del servicio por parte del cliente. Válida para la mejora de calidad de los productos (detección de las principales averías o problemas), para probar el nivel de información aportado en las instrucciones de los mismos (en función de las solicitudes de información realizadas al efecto), para detectar las incidencias en las entregas (selección y mejora de distribuidores logísticos o canales propios), etc.

    — El valor diferencial aportado al cliente. Mediante la existencia de un interlocutor único, o varios interlocutores que comparten la misma información, capaz de resolver el cien por cien de las peticiones o reclamaciones del cliente, gracias a su interconexión con el resto de departamentos y el acceso, prácticamente total y *online,* tanto a las base de datos sobre el histórico del cliente como a los procesos internos de la organización.

- **CRM Business Intelligence o CRM Investigación de mercados:**

Orientado principalmente a la generación de informes para la toma de decisiones. El CRM para investigación de mercados aporta información a las diferentes áreas de la empresa. Al hacer referencia al CRM analítico se ha descrito con mayor detalle algunas de las respuestas que aportan este tipo de aplicaciones o familias de ellas.

Cabe señalar que, si bien algunos fabricantes o empresas ofrecen soluciones únicas en este área, la verdadera eficacia de este tipo de aplicaciones reside en su integración con otras herramientas de CRM, especialmente con las diseñadas específicamente para el área de ventas y marketing.

Al pensar en un CRM, tal y como promulga el llamado CRM estratégico, tenemos que intentar contemplar un sistema integrado que contemple la mayoría de los procesos de la organización. Ahora bien, ante la disyuntiva de implementar un CRM corporativo (capaz de interconectar y aportar soluciones en todas las áreas y direcciones) o hacerlo en alguna de las áreas, especialmente en la de investigación de mercados o para los centros de interacción (donde están demostrando una alta efectividad) será preciso valorar el nivel de preparación para el cambio de la organización (ya comentado) y los recursos disponibles para el mismo. Siempre es mejor acometer procesos parciales, valorar resultados y exportar experiencias a otras áreas que no afrontar el reto del cambio en su totalidad. De igual forma, es interesante comenzar en las áreas de mayor debilidad en las que cualquier tipo de mejora tendrá resultados inmediatos. A cambio, el riesgo de no implementar un CRM corporativo de inicio, se traduce en problemas de compatibilidades entre módulos, aplicaciones y soluciones, dada la variedad de versiones y programaciones, así como la rápida obsolescencia a la que está sujeta la tecnología de la información.

Comience siempre por el conocimiento, es nuestra recomendación, rápidamente un comercial avezado le contará que el conocimiento no es posible sin la interacción y el almacenamiento de la información, tendrá razón (aunque pretenda venderle un CRM para el centro de interacción); explíquele que ya es mucha la información histórica de la que dispone (si es cierto), que no desea perderla y que el sistema se tiene que ajustar a sus sistemas de recogida de información. Cuando la solución comience a dar sus frutos, al menor coste posible (esto siempre), será el momento de realizar algunos cambios internos, no antes...; procure que le traiga algo de dinero antes de volver a invertir un euro más. Usted se sentirá satisfecho, sus jefes o accionistas también y esto le dará el ánimo suficiente para acometer un nuevo (y probablemente definitivo) paso.

PROCESOS CONTROLADOS POR UN CRM EN UNA VENTA *ON-LINE*

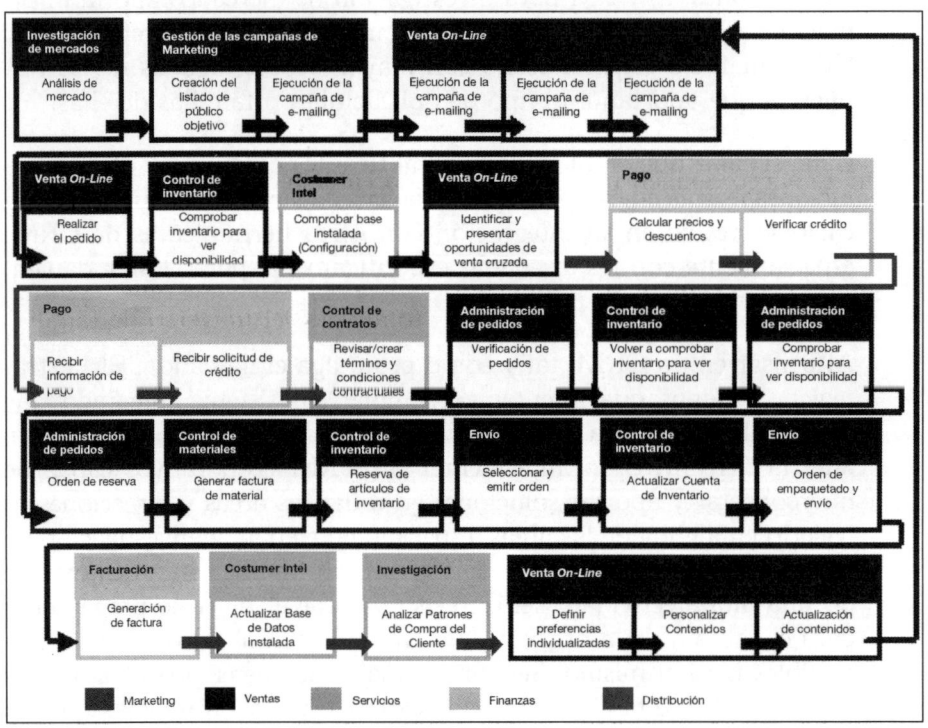

Fuente: Oracle Corporation.

6.2. ¿POR QUÉ TODO EL MUNDO HABLA DEL CRM?

Cualquier consultora estratégica que se precie de serlo (PWC, Cap Gemini Ernst & Young, etc.), gran parte de las compañías dedicadas a ofrecer soluciones tecnológicas (IT), para empresas (Oracle, NCR, IBM, SAP, People Soft, Siebel, etc.), la inmensa mayoría de las universidades y escuelas de negocios (Hardvard, LBS, Insead, IE, IESE, IMD, etc.), cualquier organización con cierta entidad dedicada a servicios auxiliares para empresas, tales como: *call centers* o emisión y recepción de llamadas telefónicas (Sitel, Konecta, Atento, etc.), logística, recursos humanos, fuerzas de ventas, finanzas, pre y postventa, investigación de mercados, administración de pedidos, *e-business*, control de pagos e inventarios, marketing directo, y cuantas otras pueda imaginar el lector; ofrecen, o están planteándose ofrecer, proyectos, diseños, estructuras, arquitectura, cursos, seminarios, soluciones, campañas, propuestas, apoyo..., dirigidos a la gestión de las relaciones con el cliente.

Un estudio publicado por el diario *Expansión,* basado en información aportada por la prestigiosa consultora en el área de CRM Gartner, señala que, mientras el mercado del CRM creció un 89 % en 2000, "el negocio mundial ha experimentado una caída del 8 % en 2001, al generar unos ingresos de 3.997 millones de euros"; las cosas parecen ser puramente coyunturales, proveyéndose una recuperación de este mercado para los próximos años hasta alcanzar, a finales de 2003, un volumen de negocio próximo a los 4.400 millones de euros.

Las cifras publicadas por IDC Research España[*] son aún más optimistas: "El mercado de los servicios relativos a la implantación y la gestión de soluciones CRM" supuso en 1999 (fecha en la que se realizó el informe) un total de 31.994 millones de dólares, de los cuales 16.211 fueron invertidos en USA, 8.766 en Europa Occidental y 7.017 en el resto del mundo. Las previsiones de IDC para 2003 suponían un total de 94.132 millones de dólares, 51.867 de éstos serán invertidos en EE. UU., 23.627 en Europa Occidental y 18.638 en el resto del mundo.

Por último, un informe realizado por CB Consulting en España[**] señala: "El mercado de soluciones CRM registrará en España durante este año un incremento de ventas del 68 % —cinco veces por encima del sector informático—, alcanzando los 192 millones de euros (31.946 millones de pesetas)", estableciendo las siguientes previsiones. "En concreto, se prevé que las empresas españolas multipliquen por ocho sus inversiones en CRM desde 2000 a 2005, año en el que las ventas ascenderán a 902 millones de euros (150.080 millones de pesetas)". La inversión realizada por sectores, según la empresa de investigación, muestra el siguiente reparto: "bancos y cajas representan un 22 % de las ventas de 2000, y seguros un

---

[*] INTERNATIONAL DATA CORPORATION (1999), "1.er Estudio local sobre soluciones CRM", diponible en http://www.fecemd.org/archivos/estudioidc.pdf.

[**] CB CONSULTING (2001), publicado por la empresa de software SAP, http://www.sap.com/spain/press/09_01_20.htm.

19 %. Tras estos figuran los sectores industria (17 %), telecomunicaciones y *media* (16 %), *utilities* (12 %) y distribución (11 %)".

Tales inversiones y previsiones no pasan inadvertidas, máxime si están siendo acometidas por las principales empresas del mundo, y si detrás de las mismas se encuentran, como proveedoras de servicios CRM (en cualquiera de sus variantes) una extensa nómina de empresas y organizaciones consideradas de gran prestigio, de las que recogíamos una pequeña muestra en el párrafo inicial.

Con ello se pone de manifiesto que, más que una moda o una redefinición de algunas de las actividades o procesos que ya venía desarrollando el mundo empresarial, el *Customer Relationship Management* está originando cambios importantes y trascendentales en las organizaciones. Hay quienes hablan de revolución o cambio de paradigma, e incluso exageran comparando la introducción de este conjunto de herramientas con la llegada de la informática al mundo empresarial. No creemos que exista base empírica suficiente como para llegar a realizar tales afirmaciones, utilizadas, a menudo, como argumento de venta.

El *Customer Relationship Management* atañe a todos los departamentos que configuran la organización. Sin embargo, inicialmente está penetrando con fuerza en dos áreas de la empresa; nos referimos a los profesionales de la informática y del marketing, siendo éstos (junto a los altos ejecutivos) públicos objetivos de las empresas suministradoras de soluciones. Por ende, la popularización del término se ha logrado gracias a un triángulo formado por proveedores, planificadores y usuarios o "implementadores".

6.3. DIFERENTES NOMBRES PARA UN MISMO FENÓMENO

Existen indicios que pueden motivar un cambio del término CRM en el futuro. Éstos se derivan, especialmente, de la problemática surgida en torno a la implementación de las soluciones y a la gestión mediante esta técnica, herramienta o filosofía de negocio, de todos los públicos con los que las empresas interactúan, no sólo el consumidor o cliente.

Ya hemos encontrado palabras como *Customer Management, e-CRM, Customer Information Systems, Customer Value Management, Customer-centric management, Global CRM, Customer Care* u otras tantas. Salvo matices, todas ellas vienen a explicar un fenómeno que, en lo sustancial, no posee variaciones lo suficientemente significativas como para merecer un nuevo nombre. Dichas redenominaciones se deben más al deseo de "acuñar una marca" o "establecer una diferenciación desde el nombre", por parte de quien las articula, que a una diferenciación entre disciplinas, herramientas, objetivos perseguidos o estrategias aplicadas.

En la medida en que la evolución o desarrollo del CRM sea un hecho contrastable, tanto desde el punto de vista del perfeccionamiento de las empresas que ofrecen las herramientas necesarias para poner en marcha esta nueva filosofía de negocio, como de las propias empresas que lo incluyen o interiorizan dentro de sus sistemas de gestión, asistiremos a una verdadera especialización del sector.

Surgirán así soluciones de CRM dedicadas a la banca o las finanzas, y otras especializadas en empresas pequeñas o medianas. Incluso se diferenciarán modelos de aplicaciones en función de la estrategia de las empresas, de sus canales de distribución, proyectos futuros u otras variables relevantes en el negocio. Más adelante se establece una clasificación de las principales compañías dedicadas a ofrecer soluciones CRM en función del posicionamiento que el mercado realiza de las mismas y de la relativa especialización conseguida en esta incipiente disciplina.

Junto a dicha especialización aparecerán categorías y subcategorías, productos y subproductos que presumiblemente se diferenciarán con nombres y denominaciones diferentes. Nada de ello afectará a la esencia del marketing relacional recogida mecánica o instrumentalmente en el CRM, nos referimos a la orientación de la empresa al mercado.

El CRM es al marketing relacional lo que una calculadora electrónica a las matemáticas. Al principio, te asombra su rapidez en resolver un problema, y un poco más tarde acabas descubriendo que te has olvidado cómo resolverlo sin la herramienta. Compre calculadoras cuyos botones vaya a utilizar o herramientas de CRM adaptadas a su negocio, recuerde que sus resultados dependen de los datos que introduzca y de la correcta aplicación de la disciplina o ciencia en la que se fundamentan. No deje que ninguna de ellas llegue a sustituir sus capacidades o insulte a su inteligencia.

La aplicación de las premisas del marketing relacional ha llegado a la empresa, en gran parte, de la mano del CRM. Desde un punto de vista estratégico, los matices de diferenciación del CRM respecto a la propia estrategia relacional son prácticamente inexistentes. Surge, al igual que el marketing relacional, de la necesidad de valorar, controlar y actuar sobre las transacciones y relaciones entre la empresa y sus clientes, situando al mismo como eje de la actividad de la empresa, para evolucionar hacia una estrategia integradora de las relaciones de la empresa con la totalidad de los públicos internos y externos con los que interactúa.

Ningún consumidor, cliente o individuo en el mundo industrializado (que no desarrollado, pues tal apelativo menosprecia, en nuestra opinión la diversidad cultural), va a permanecer ajeno a la incorporación en su vida cotidiana de las nuevas generaciones de tecnología del conocimiento y de la comunicación. Las relaciones, ya sean entre individuos o entre organizaciones (económicas, ideológicas, políticas, administrativas o de cualquier otra índole) e individuos (en representación propia o, a su vez, de otra organización), van a estar cada día más influenciadas por dichas tecnologías, configurando nuevos y complejos escenarios.

Si hasta nuestros días las empresas han ambicionado (y favorecían con sus inversiones) la tecnología como medio para producir mayores cantidades de mejor calidad en menor tiempo, distribuir sus productos, asegurar el cobro de los mismos o difundir sus mensajes de forma masiva entre una clientela (potencial o real) dispersa; si el marketing se ha apoyado en dicho enriquecimiento tecnológico para mejorar las investigaciones de mercado, segmentar la demanda, optimizar el coste por contacto, hacer que éstos sean efectivos, conseguir dinámicas promocionales diferentes y atractivas, valorar los precios o proponer mejoras en el producto..., ahora clientes y empresa, organismos públicos y ciudadanos o votantes, organizaciones no gubernamentales y solidarios o contribuyentes, productores y distribuidores, hombres y mujeres, amigos y amigas, individuos y familias, se enfrentan a un cambio que influenciará dos de sus más preciados bienes: su intimidad y la forma y el sentido de establecer intercambios. Deseamos y creemos firmemente (como así nos lo demuestran las investigaciones realizadas) que la ética empresarial y los valores individuales conseguirán que dicha influencia sea positiva para la evolución y bienestar del hombre.

El marketing relacional peca de un gran defecto al presentar como novedosa una idea nada original: considerar al hombre como centro de todas las cosas.

BIBLIOGRAFÍA

ABRAMSON, N. y AL, J. (1998): "Practising relationship marketing in southeast Asia: Reducing uncertainty and improving perfomance". *Management International Review,* vol. 38, n.º 1, pág. 113.

ALET VIÑAGINES, J. (1997): "El marketing relacional". *Dirección Progreso,* n.º 154, pág. 18.

ALET, J. (1995): "Marketing relacional o cómo obtener clientes leales y rentables". *Harvard Deusto Marketing Ventas,* n.º 11, pág. 12.

— (1994): *Cómo obtener clientes leales y rentables. Marketing Relacional.* Ediciones Gestión 2000, SA.

— (1991): *Marketing Directo Integrado.* Gestión 2000.

ALFARO FAUS, M. (2000): *Gestión Rentable de Clientes. Marketing Relacional en la Mediación de Seguros.* Imperio Seguros.

ANTÓN, J. (1996): *Customer Relationship Management. Making Hard Decisions with Soft Numbers.* PrenticeHall, Inc.

ARMSTRONG, R. (1996): "The relationship between culture and perception of ethical problems in international marketing". *Journal Business Ethics,* vol. 15, n.º 11, vol. 15, n.º 11, pág. 1.199.

BAGOZZI, R. 1975. "Marketing as exchange". *Journal of Marketing,* n.º 39, páginas 32-39.

BARLOW, R. (1992): "Relationship marketing-The ultimate in consumer services". *Retail Control,* n.º 60, págs. 29-37.

BARNES, J. (2000): *Secrets of Customer Relationship Management: Its All About How You Make Them Feel.* McGraw-Hill Professional Publishing.

BARNEY, J. (1997): *Gaining and sustaining competitive advantage.* Addison-Wesley.

BARON, G. (1997): *Friendship Marketing: Growing Your Business by Cultivating Strategic Relationships.* Psi Research-Oasis Press.

BARROSO, C. y MARTÍN E. (1999): *Marketing Relacional.* ESIC Editorial.

BELIO, J. L. (1995): "Del enfoque transaccional al enfoque relacional. Hacia un marketing de relaciones". *MK,* n.º 94, pág. 40.

BELLO, L. y GÓMEZ, J. (1997): "Interacciones entre el marketing industrial y el marketing de relaciones". *Revista Asturiana de Economía,* n.º 9, págs. 7-23.

BERGEN, M.; DUTTA, S. y WALKER (1992): "Agency relationship in marketing: A review of the implications and applications of agency and related theories". *Journal Marketing,* vol. 56, n.º 3, pág. 1.

BERRY, L. (1995): "Relationship marketing of services-growing interest, emerging perspectives". *Journal of the Academy of Marketing Science,* n.º 23, págs. 236-245.

BERSON, A.; THEARLING, K. y SMITH, S. J. (1999): *Building Data Mining Applications for CRM.* McGraw-Hill Professional Publishing.

BHOTE, K. (1999): *Customer Loyalty Audit.* Financial Times-Prentice Hall.

BHOTE, K. R. (1996): *Beyond Customer Satisfaction to Customer Loyalty. The Key to Greater Profitability.* AMA Membership Publications Division.

BLACKWELL, R. y STEPHAN, K. (2001): *Customers Rule! Why the E-Commerce Honeymoon is over and where Winning Businesses Go From Here.* Crown Pub.

BLACKWELL, R. D. (1997): *From Mind to Market: Reinventing the Retail Supply Chain.* Harper Collins Publishers.

BOEHM, T. y GOSNEY, J. (2000): *Customer Relationship Management Essentials.* Prima Publishing.

BOLTON, R.; KANNAN, P. y BRAMLETT, D. (2000): "Implications of loyalty program membership and service experiences for customer retention and value". *Journal of the Academy of Markeitng Science,* vol. 28, n.º 1, págs. 95-108.

BOYCE, G. H. (2001): *Co-operative Structures in Global Businnes. Communicating, transferring knowledge and learning across the corporate frontier.* Routledge.

BREWER, G. (1997): "El vendedor como gestor de relaciones". *Harvard Deusto Marketing Ventas,* vol. 22, págs. 71-75.

BRONDMO, H. P. (2000): *The Engaged Customer. The New Rules of Internet Direct Marketing.* Harper Collins Publishers.

BROWN, S. (2000): *Customer Relationship Management: A Strategic Imperative in the World of E-Business.* John Wiley & Sons.

— (2000): Customer Relationship Management: Linking People, Process, and Technology. John Wiley & Sons.

BROWN, S.; CHANDRASHEKARAN, M. y TAX, S. (1998): "Customer evaluations of service complaint experiences: implications for relationship marketing". *Journal of marketing,* vol. 62, págs. 60-76.

BROWN, S. A. (2000): *Customer Relationship Management: a strategic imperative in the world of e-business.* John Wiley & Sons, Toronto.

BROWN, S. M. (1999): *Strategic customer care: an evolutionary approach to increasing customer value and profitability.* John Wiley & Sons, cop.

BRUTON, N. (1997): *How to Manage the I.T. Helpdesk.* Digital Press.

BURNETT, K. (2000): *Handbook of Customer Relationship Management (CRM): The Definitive Guide to Winning, Managing and Developing Key Account Business.* Financial Times Management.

BURNETT, K. (2001): *The handbook of key customer relationshop management.* PrenticeHall.

BUTSCHER, S. A. (2002): *Customer Clubs and Loyalty Programmes.* Gower Publishing Limited.

BUTTLE, F. (1996): *Relationship Marketing. Theory and Practice.* Paul Chapman Publishing Ltd.

CALVO FERNÁNDEZ, S. (1997): *Factores determinantes de la calidad percibida: Influencia en la decisión de compra.* Tesis Doctoral. Universidad Complutense de Madrid.

CÁMARA, D. (1994): "Cuándo y cómo utilizar el marketing de relaciones". *Harvard Deusto Marketing Ventas,* mayo-junio, págs. 12-13.

CARRIGAN, M. (1997): *Relationship Marketing.* Univ. B'ham.

MARKETING RELACIONAL UN NUEVO ENFOQUE PARA LA FIDELIZACIÓN Y SEDUCCIÓN DEL CLIENTE

CASTAÑEDA, P. (2001): "La gestión de relaciones con el cliente (CRM)". *Anales Mecánica Electricidad,* vol. 78, n.º 1, pág. 16.

CAVUSGIL, S. T. y ZON, S. (1994): "Marketing estrategy-perfomance relationship: An investigation of the empirical link in export market ventures". *Journal Marketing,* vol. 58, n.º 1, pág. 1.

CHRISTOPHER, M.; PAYNE, A. y BALLANTYNE, D. (1994): *Marketing relacional: integrando la calidad, el servicio al cliente y el marketing.* Díaz de Santos.

CHRISTOPHER, M.; PAYNE, A.; PECK, H. y CLARK, M. (1999): *Relationship Marketing: Strategy and Implementation.* Butterworth-Heinemann.

CHRISTOPHER, M.; PAYNE, A. y BALLANTYNE, D. (1991): *Relationship Marketing. Bringing quality, customer service, and marketing together.* Butterworth-Heinemann.

— (1993): *Relationship Marketing.* Butterworth-Heinemann.

— (2001): *Relationship Marketing for Competitive Advantage.* Butterworth-Heinemann.

— (1994): *Marketing Relacional.* Díaz de Santos. Madrid.

COEN, D. (2001): *Building Call Center Culture.* DCD Publishing.

COLOMBO, C. (2001): *Capturing Customers.com.* Career Press.

— (1993): *Sales Force Automation: Using the Latest Technology to Make Your Sales Force More Competitive.* McGraw-Hill.

COOPEER, K. (2002): *The Relational Enterprise: Moving Beyond Crm to Maximize All Your Business Relationship.* AMACOM.

COULSON-THOMAS, C. y BROWN. R. (1990): *Beyond Quality: Managing the Relationship with the Customer.* The Institute of Management.

COVIELLO, N. y BRODIE, R. (1998): "From transaction to relationship marketing: an investigation of managerial perceptions and practices". *Journal of Strategic Marketing,* vol. 6, págs. 171-186.

CRAM, T. (1994): *The Power of Relationship Marketing. Keeping Customers for Life.* Pitman Publishing.

CRANCE, P. (2000): "Mesures de satisfaction et nouvelles armes de fidélisation en marketing industriel". *Revue Française du Marketing,* n.º 170, págs. 80-93.

CRANFIELD SCHOOL OF MANAGEMENT (2000): *Marketing Management: A Relationship to Marketing Perspective.* St. Martin's Press.

CROSBY, L. A. (1989): *Building and maintaining quality in the service relationship En Quality in Services.* Lexington Books.

CROSS, R. y SMITH, J. (1995): *Customer Bonding. Pathway to Lasting Customer Loyalty.* NTC Business Books.

CURRY J. y CURRY, A. (2000): *The Customer Marketing Method: How to Implement and Profit from Customer Relationship Management.* Free Press.

DANS, E. (2001): "Sobre modas y realidades: CRM o el nuevo marketing digital". *Información Comercial Española,* n.º 791, pág. 55.

DAVIS, F. W. y MANRODT, K. B. (1996): *Customer-Responsive Management: The Flexible Advantage.* Blackwell Publishers; Inc.

DAWSON, K. (1999): *Call Center Savvy: How to Position Your Call Center for the Business Challenges of the 21ˢᵗ Century.* CMP Books.

DAY, G. S. (1999): *The Market Driven Organization. Understanding, Attracting, and Keeping Valuable Customers.* The Free Press.

DODD-RACHER, P. (1997): *Customer Loyalty in the Financial Services Industry.* Market Assessment Publications.

DUNCAN, T. y MORIARTY, S. (1998): "A communication-based marketing model for managing relationship". *Journal Marketing,* vol. 62, n.º 2, pág. 1.

DUNCAN, T. y MORIARTY, R. (1998): "A communication-Based marketing model for managing relationships". *Journal of Marketing,* vol. 62, págs. 4-12.

DUPONT, R. (1998): "Relationship marketing: a strategy for consumer-owned utilities en a restructured industry". *Management Quaterly,* n.º 38, págs. 11-16.

DYCHÉ, J. (2001): *The CRM Handbook: A Business Guide to Customer Relationship Management.* Addison-Wesley Pub Co.

EGAN, J. (2000): *Relationship Marketing.* FT Prentice Hall.

ESTEBAN TALAYA, A. (1999): Proyecto docente. Universidad de Castilla-La Mancha.

EVANS, J. y LASKIN, R. (1994): "The relationship marketing process: a conceptualization and application". *Industrial marketing management,* vol. 23, páginas 439-452.

FERNÁNDEZ, J. (2000): "CRM o cómo aprovechar al máximo los datos del cliente". *MK,* vol. 15, n.º 145, pág. 54.

— (2000): "CRM. La consagración del Marketing Relacional (I)". *MK,* vol. 15, n.º 149, pág. 34.

— (2000): "CRM. La consagración del Marketing Relacional (II)". *MK,* vol. 15, n.º 150, pág. 53.

FLAVIÁN, C.; JIMÉNEZ, J. Y LOZANO, J. (1999): "La orientación al mercado como una nueva forma de entender el concepto de marketing". *Cuadernos Aragoneses de Economía,* vol. IX, n.º 1, págs. 243-253.

FLAVIÁN, C. Y LOZANO, J. (1999): "Formas alternativas de orientación al mercado en la distribución española". *Actas XI Encuentro de Profesores Universitarios de Marketing.* Valladolid.

FORD, D. (1990): *Understanding Business Markets: Interaction, Relationships and Networks.* Academic Press, Londres.

FOURNIER, S. (1998): "Consumers and their brands: developing relationship theory in consumer research". *Journal of Consumer Research,* n.º 24, págs. 343-373.

FOURNIER, S.; DOBSCHA, S. y MICK, D. (1998): "Preventing the premature death of relationship marketing". *Journal of Marketing,* vol. 61, págs. 6-21.

FRAIRE CASAS, I. y TORNABELL, C. (2001): "Luces y sombras del marketing relacional". *Harvard Deusto Marketing Ventas,* n.º 44, pág. 26.

FRAZER-ROBINSON, J. (1999): *Building Customer Loyalty.* David Grant Publishing.

FURLONG, C. (1993): *Marketing for Keeps, building your business by retaining your customers.* John Wiley & Sons, cop.

MARKETING RELACIONAL UN NUEVO ENFOQUE PARA LA FIDELIZACIÓN Y SEDUCCIÓN DEL CLIENTE

GALE, B. T. (1994): *Managing Customer Value. Creating Quality and Service That Customers Can See*. The Free Press.

GALERA, C.; GALÁN, M.; VALERO, V. y LÓPEZ, J. (2000): *Marketing de relaciones en el ámbito de los mercados industriales*. Actas XIV Congreso AEDEM.

GALERA, C.; GUERRERO, J. y VALERO, V. (2000): *Las relaciones fabricante-distribuidor desde la perspectiva del marketing de relaciones*. Actas XIV Congreso AEDEM.

GARCÍA VALCÁRCEL, I. (2001): *CRM Gestión de la relación con los clientes*. FC Editorial.

GARCÍA, G. y VIDENTE, F. (2000): *La consecución de relaciones duraderas en el comercio especializado*. Actas XIV Congreso AEDEM.

GERMUNDEN, H. G.; RITTER, T. y WALTER, A. (1998): *Relationships and networks in international markets*. Elsevier. Amsterdam.

GHEMAWAT, P. y NUEVO, J. L. (1994): "Marketing relacional: unas cuantas dudas". *Harvard Deusto Marketing Ventas*, n.º 4, pág. 52.

GILMORE, J. y PINE II, J. (eds.). (1988): "Markets of One. Creating Customer-Unique Value through Mass Customization". *Harvard Business Review Book Series*.

GITOMER (1999): *Customer Satisfaction Is Worth Customer Loyalty*. Capstone Publishing Limited.

GODIN, S. (1999): *Permission Marketing*. Simon & Schuster.

GÓMEZ CERMEÑO, M.ª J. (2000): "CRM una herramienta de gestión comercial". *MK*, n.º 147, pág. 8.

GÓMEZ, J. (1998): "A relationship marketing approach to Guanxi". *European Journal of Marketing*, n.º 32, págs. 145-156.

GORDON, I. (1997): *Relationship Marketing*. John Wiley and Sons.

GREENBERG, P. (2001): *CRM at the Speed of Light: Capturing and Keeping Customers in Internet Real Time*. Osborne McGraw-Hill.

GRIFFIN, J. (1995): *Customer Loyalty. How to Earn It, How to Keep It*. Jossey-Bass Publishers.

GRÖNROSS, C. (1989): "Defining marketing. A market-oriented approach". *European Journal of Marketing*, vol. 23, n.º 1, págs. 52-60.

GRUEN, T. y SUMMERS, J. (2000): "Relationship marketing activities, commitment, and membership behaviors in professional associations". *Journal Marketing*, vol. 64, n.º 3, pág. 34.

GUMMESSON, E. (1999): *Relationship Marketing: From The 4P's to 30R's*. Financial Times Prentice Hall.

GUTEK, B. A. (1995): *The Dynamics of Services. Reflections on the Changing Nature of Customer/Provider Interactions*. Jossey-Bass Publishers.

HKANSON, H. (1982): *International marketing and purchasing of industrial goods: An interaction approach*. John Wiley & Sons, cop.

HKANSON, H. y SNEHOTA, I. (1995): *Developing relationships in business networks*. Routledge, Londres.

HAN, S. y WILSON, D. (1993): "Buyer-suplier relationship today". *Industrial Marketing Management*, n.º 22, págs. 331-338.

HAN, S. y WILSON, D. (1993): "Buyer-suplier relationship today". *Industrial Marketing Management*, n.º 22, págs. 331-338.

HARTMANN, J. (2000): *Become the Brand of Choice*. Access Publishers Network.

HEDGES, R. (2000): *Earning and Keeping Customer Loyalty Made Easy*. Law Pack Publishing.

HEIDE, J. B. y JOHN, G. (1992): "Donorms matter in marketing relationship". *Journal Marketing*, vol. 56, n.º 2, pág. 32.

HELP DESK INSTITUTE (1994): *Glossary of Help Desk Terms*. Help Desk Institute.

HENNIG-THURAU, T. y HANSEN U. (2000): *Relationship Marketing: Gaining Competitive Advantage Through Customer Satisfaction and Customer Retention*. Springer Verlag.

HERRERO RIAÑO, L. (2000): "Integración de los sistemas CRM con las operaciones". *Harvard Deusto Marketing Ventas*, n.º 39, pág. 46.

HESKETT, J.; SASSER, W. y SCHLESINGER, L. A. (1997): *The Service profit chain: how leading companies link profit and growth to loyalty*. The Free Press.

HILL, N. y ALEXANDER, J. (2000): *Handbook of Customer Satisfaction and Loyalty Measurement*. Gower Publishing Limited.

HOANG, B. P. (1998): "A causal study of relationship between firm characteristics, international marketing strategies, and export perfomance". *Management International Review*, vol. 38, n.º 1, pág. 73.

HUETE, J. L. (1995): *Servicios & Beneficios. La fidelización de clientes y empleados. La inteligencia emocional en los negocios*. Ediciones Deusto.

HUNT, S. 1976. "The nature and scope of marketing". *Journal of Marketing*, n.º 40, págs. 17-28.

INIESTA, M. y SÁNCHEZ, M. (2000): *El compromiso bajo los distintos enfoques de marketing*. Actas XIV Congreso AEDEM.

JACKSON, B. (1985): "Build customer relationships that last". *Harvard Business Review*, noviembre-diciembre, págs. 120-128.

JACKSON, B. B. (1985): *Winning and Keeping Industrial Customers*. Lexington Books.

JAMBU, M. (1998): "Estimation et prédilection de la fidélité, de la durée de vie et de la valeur économique des clients par des techniques de datamining". *Revue Française du Marketing*, n.º 170, págs. 67-73.

JOHNSON, M. D. y GUSTAFON, A. (2000): *Improving customer satisfaction, loyalty, and profit: an integradet measurement and management system*. Jossey-Bass Publishers.

KAUFMAN, R. (2000): *UP Your Service!* Ron Kaufman Pte Ltd.

KEEGAN y WARREN, J. (1997): *Marketing Global*. Prentice Hall, Madrid.

KHANDPUR, N.; WEVERS, J.; KHANPUR, K. y BRUCE, P. (1997): *Sales Force Automation Using Web Technologies*. John Wiley & Sons.

KINNARD, S. (2001): *Marketing With Email: A Spam-Free Guide to Increasing Sales, Building Loyalty, and Increasing Awareness*. Maximum Press (FL).

KOTLER, P. y MINDAK, W. 1978. "Marketing and public relations". *Journal Marketing*, vol. 42, n.º 4, pág. 13.

KOTZAB, H.; MADLBERGER, M. y ALVARADO, U. (2001): *Developing and managing channel relationships in the grocery industry*. Actas IV Forum Internacional sobre las Ciencias, las Técnicas y el Arte aplicadas al marketing.

KUMAR, N. (1997): "Cómo crear confianza en lugar de miedo en las relaciones entre fabricante y minorista". *Capital Humano*, n.º 103, págs. 52-56.

KÜSTER, I.; ALDÁS, J.; TORÁN, F. y VILA, N. (2000): *El marketing de relaciones en el contexto de la venta personal*. Actas XIV Congreso AEDEM.

LEE, D. (2000): *The Customer Relationship Management Survival Guide*. HyM Press.

LEE, D. (1999): *The Customer Relationship Management Planning Guide*. High-Yield Marketing.

— (2000): Self-guided CRM. High-Yield Marketing Press.

LI, Z. y DANT, R. (1997): "An exploratory study of exclusive dealing in channel relationship. *Journal of the Academy of Marketing Sciences*, vol. 25 n.º 3, págs. 201-213.

LINTON, I. (1993): *Building Customer Loyalty*. Pitman Publishing.

LOWENSTEIN, M. W. (1997): *The Customer Loyalty Pyramid*. Quorum Book.

— (1995): *Customer Retention. An Integrated Process for Keeping Your Best Customers*. ASQC Qyality Press.

MAIER, E. (1995): *Cases in Business to Business Relationship Selling*. Prentice Hall.

MANCHESTER OPEN LEARNING (1993): *Creating Customer Loyalty*. Kogan Page.

MARTÍN, J. (2000): "CRM, mucho más que un concepto de moda". *MK*, vol. 15, n.º 150, pág. 6.

— (2000): "El Telemarketing como pieza clave del CRM". *MK*, vol. 15, n.º 146, pág. 22.

— (2000): "Lisa Arthur. CRM, implica, sobre todo, un cambio en la cultura". *MK*, vol. 15, n.º 150, pág. 16.

MARTÍNEZ-RIBES, J.; BORJA SOLÉ, L. y CARVAJAL, P. (1999): *Fidelizando Clientes. Detectar y mantener al cliente leal*. Ediciones Gestión 2000, S. A.

MAX KAY, P. (2001): *Compete and Win in the Telecom Industry: A Step-by-Step Guide for Successful Selling*. CMP Books.

MCDONALD, M.; CHRISTHOPER, M.; KNOX, S. y PAYNE, A. (2001): *Creating a Company for Customers*. Prentice Hall, Great Britain.

MCCARTHY, D. G. (1997): *The Loyalty Link: How Loyal Employees Create Loyal Customers*. John Wiley & Sons, Inc.

MCKENNA, R. (1994): *Marketing de relaciones: como crear y mantener un vínculo permanente entre la empresa y sus clientes*. Paidós Empresa.

— (1991): *Relationship marketing: Successful strategies for the age of the customer*. Addison-Wesley.

McKenzie, R. (2001): *The Relationship-Based Enterprise: Powering Business Success Through Customer Relationship Management*. McGraw-Hill.

Mohr, J. (2001): *Marketing of High-Technology Products and Innovations*. Prentice Hall.

Mohr, J. y Nevin, J. (1990): "Communication strategies in marketing channels: a theorical perspective". *Journal of Marketing*, octubre, págs. 36-51.

Moliner, M. y Callarisa, L. (1997): "El marketing relacional o la superación del paradigma transaccional". *Revista Europea de Dirección y Economía de la Empresa*, vol. 6, n.º 2, págs. 67-80.

Moorman, C.; Deshpande, R. y Zaltman, G. (1993): "Factors affecting trust in market research relationship". *Journal of Marketing*, vol. 57, págs. 81-101.

Morá, V. (1999): "El marketing relacional: un nuevo paradigma". *Código 84*, enero-febrero, págs. 26-30.

Morgan, R. y Hunt, S. (1994): "The commitment-trust theory of relationship marketing". *Journal Marketing*, vol. 58, n.º 3, pág. 20.

— (1994): "The commitment-trust theory of relationship marketing". *Journal of marketing*, vol. 58, págs. 20-38.

Muther, A. (2001): *Customer Relationship Management: Electronic Customer Care in the New Economy*. Springer Verlag.

Narver, J.; Slater, S. y Tietje, B. (1998): "Creating a market orientation". *Journal of Market-Focused Management*, vol. 2, n.º 3, págs. 241-256.

Neal, W. D. (1999): "Satisfaction is nice, but value drives loyalty". *Marketing Research,* primavera, págs. 20-23.

Newell, F. y Newell, K. (2001): *Wireless Rules: New Marketing Strategies for Customer Relationship Management Anytime, Anywhere*. McGraw-Hill Professional Publishing.

Newell, F. (2000): *Loyalty.com Customer Relationship Management in the New Era of Internet Marketing*. McGraw-Hill Professional Publishing.

— (1997): *The New Rules of Marketing: How to Use One-to-One Relationship Marketing to Be the Leader in Your Industry*. Irwin Professional Publishing.

Newell, F. y Newell, K. L. (2001): *Wireless Rules: New Marketing Strategies for Customer Relationship Management Anytime, Anywhere*. McGraw-Hill Companies, Inc.

Nykamp, M. (2001): *The customer differential*. AMACOM.

O'Dell, S. M. y Pajunen, J. M. (1997): *The Butterfly Customer: Capturing the Loyalty of Today's Elusive Customer*. John Wiley & Sons, Inc.

Ortega, E. y Recio, M. (1997): "Fidelización de clientes y marketing de relaciones". *Investigación y marketing AEDEMO*, vol. 57, págs. 33-40.

Ortega, M.; Rosado, J. y Tato, J. (2001): *Fidelización virtual: panorama y planteamiento estratégico*. Actas IV Forum Internacional sobre las Ciencias, las Técnicas y el Arte aplicadas al marketing.

Parker, R. C. y Parker, R. (2000): *Streetwise Relationship Marketing On The Internet (Streetwise)*. Adams Media Corporation.

PARR RUD, O. (2000): *Data Mining Cookbook: Modeling Data for Marketing, Risk and Customer Relationship Management*. John Wiley & Sons.

PARRAGUERRERO, F. (2001): "Marketing relacional y actividad comercial en los centros urbanos". *ESIC Market*, n.º 109, pág. 33.

PECK, H.; PAYNE, A.; CHRISTOPHER, M. y CLARK, M. (1999): *Relationship Marketing. Strategy and implementation*. Butterworth-Heinemann.

PEDRAZA, J. (2001): "CRM: Moda o necesidad". *Dirección Progreso*, n.º 175, pág. 25.

PELTON, L.; STRUTTON, D. y LUMPKIN, J. (1996): *Marketing Channels: a Relationship Management Approach*. McGraw-Hill Publishing Company (ISE Editions).

PEPPERS, D. y ROGER, M. (1995): "Relationship marketing: reaping the benefits of IT". *Technology Strategies*, n.º 115, pág. 23.

PEPPERS, D. y ROGERS, M. (1997): *Enterprise One to One. Tools for Competing in the Interactive Age*. Doubleday Dell Publishing Group, Inc.

— (1996): *The One to one future: building relationships one customer at a time*. Doubleday Dell Publishing Group, Inc.

— (1999): *The One to One Manager: Real-World Lessons in Customer Relationship Management*. Doubleday.

PÉREZ, E. (2001): *ECRM: Aplicación de los nuevos medios a la gestión de la relación con el cliente*. Actas IV Forum Internacional sobre las Ciencias, las Técnicas y el arte aplicadas al marketing.

PETERSEN, G. (1999): *Customer Relationship Management Systems: ROI and Results Measurement*. Strategic Sales Performance, Inc.

— (1997): *High-Impact Sales Force Automation: A Strategic Perspective*. Saint Lucie Press.

PETROF, V. (1998): "Marketing de relaciones ¿La reinvención de la rueda?". *Harvard Deusto Marketing Ventas*, n.º 26, págs. 10-14.

PINTO, S. K. (1997): "Marketing de relación o la transformación de la función de marketing". *Harvard Deusto Marketing Ventas*, julio-agosto, págs. 32-40.

POWER, G. y WALTON. S. (1996): *Developing Customer Loyalty*. Development Processes Group.

PROSPECTUS (1999): *Customer Loyalty and Retention Strategies*. Informa Business Publishing.

REICHHELD, F. F. (1996): *The Loyalty Effect. The Hidden Force Behind Growth, Profits, and Lasting Value*. Harvard Business School Press.

REICHHELD, F. (2001): *Loyalty Rules!: How Today's Leaders Build Lasting Relationships*. Harvard Business School Press.

REICHHELD, F. y COOK, S. D. (1996): *The Quest for Loyalty: Creating Value Through Partnerships*. Harvard Business School Press.

REINARES, P. y CALVO, S. (1999): *Gestión de la comunicación comercial*. McGraw-Hill.

ROBLEDO CAMACHO, M. A. (1998): *Marketing relacional hotelero: el camino hacia la lealtad del cliente*. EPE, D. L.

RUIZ PABLO, J. L. (2000): "CRM: respuesta a la nueva economía". *Harvard Deusto Marketing Ventas*, n.º 39, pág. 36.

SÁINZ DE VICUÑA, J. M. (1997): *Sàtisfacción y fidelización del cliente*. Informe LKS Consultores.

SANSEGUNDO, A. (1999): "Las 8 claves en la implantación de la CRM". *MK*, vol. 14, n.º 142, pág. 18.

— (2000): "CRM: Soluciones eficientes para crear valor al cliente y a la empresa". *Dirección Progreso*, n.º 170, pág. 16.

— (2000): "CRM: un viaje desde la estrategia hasta la implantación". *Harvard Deusto Marketing Ventas*, n.º 39, pág. 40.

SANTOS, L. (2000): "Las personas, clave del éxito del CRM". *MK*, vol. 15, n.º 150, pág. 30.

SANZ DE LA TEJADA, L. A. (1994): *Integración de la Identidad y la Imagen de la Empresa*. ESIC Editorial, Madrid.

SCN EDUCATION BV. (2001): *Customer Relationship Management: The Ultimate Guide to the Efficient Use of CRM*. Friedrick Vieweg & Son.

SEYBOLD, P. (2001): *The Customer Revolution*. Crown Pub.

SEYBOLD, P .S. y MARSHAK, R. (1998): *Customers.com: How to Create A Profitable Business Strategy for the Internet & Beyond*. Times Books.

SHETH J. y PARVATIYAR, A. (1995): "Relationship marketing in consumer markets: Antecentes and consequences". *Journal of the academy of marketing science*, n.º 23, pág. 255-271.

SHETH, J. N. y PARVATIYAR, A. (eds.). (2000): *Handbook of Relationship Marketing*. Sage Publications, Inc.

SIEBEL, T. y MALONE, M. (1996): *Virtual Selling: Going Beyond the Automated Sales Force to Achieve Total Sales Quality*. Free Press.

SINDELL, K. (2000): *Loyalty Marketing for the Internet Age. How to Identify, Attract, Serve, and Retain Customers in a E-commerce Environment*. Dearborn Finalcial Publishing, Inc.

SMITH, E. R. (2001): *e-loyalty: How to Keep Customers Coming Back to Your Website*. HarperCollins.

SOUGEY, C. (1996): "El Marketing directo ha muerto. ¡Viva el marketing relacional!", *MK*, n.º 109, pág. 6.

STANTON, J. W.; ETZEL, M. J. y WALKER, B. J. (1992): *Fundamentos de Marketing*. McGraw-Hill, México. Novena edición.

STONE, M. y FOSS, B. (2001): *Successful Customer Relationship Marketing*. Kogan Page.

STONE, M. y WOODCOCK, N. (1997): *Winning New Customers in Financial Services:Using Relationship Marketing and Information Technology in Consumer Financial Services*. Financial Times Prentice Hall.

SUÁREZ, L.; VÁZQUEZ CASIELLES, R. y DÍAZ, A. (2000): *Desarrollo de una estrategia de marketing de relaciones entre las agencias de viaje minoristas y sus clientes*. Actas XIV Congreso AEDEM.

SWIFT, R. (2000): *Accelerating Customer Relationships: Using CRM and Relationship Technologies*. Prentice Hall.

TAX, S. y BROWN, S. (1998): "Customer evaluations of service complaint experiencies: Implications for relationship marketing". *Journal Marketing*, vol. 62, n.º 2, pág. 60.

TEMPORAL, P. y TROTT, M. (2001): *Romancing the Customer: Maximizing Brand Value Through Powerful Relationship Management*. Hn Wiley & Sons.

TIMM, P. R. (2001): *Seven Power Strategies for Building Customer Loyalty*. AMACOM.

TIWANA, A. y WILLIAMS, M. (2000): *The Essential Guide to Knowledge Management: E-Business and CRM Applications*. Prentice Hall Computer Books.

TODMAN, C. (2000): *Designing a Data Warehouse: Supporting Customer Relationship Management*. Prentice Hall.

TORREJÓN, D. (1998): "Secretos y mentiras del Marketing relacional". *MK*, n.º 131, pág. 18.

VAREY, J. (2002): *Relationship Marketing*. John Wiley & Sons.

VARIOS (2001): "El CRM exige cambiar los modelos organizativos". *MK*, vol. 16, n.º 154, pág. 46.

VARIOS AUTORES (2001): *Semana del comercio electrónico y marketing directo*. Actas Publicadas por la Federación de comercio electrónico y marketing directo.

VERVEST, P. y DUNN, A. (2000): *How to win customers in the digital world: total action or fatal inaction*. Springer-Verlag-Berlín.

VILLAFAÑE, J. (2000): *Estado de la Publicidad y el Corporate en España*. Ediciones Pirámide, Madrid.

WAITE, A. J. (1996): *Customers: Arriving With A History And Leaving With An Experience; How to Build Your Sales, Service or Help Desk Call Center To Please Customers*. CMP Books.

WATHNE, K.; BIONG, H. y HEIDE (2001): "Choice of supplier in embedded markets relationship and marketing program effects". *Journal Marketing*, vol. 65, n.º 2, pág. 54.

WEBB, S. (2000): *¿Ha muerto la tarjeta de fidelidad?* Código 84, AECOC, n.º 80, págs. 15-20.

WEBSTER, F. (1992): "The changing role of marketing yn the corporation". *Journal of Marketing*, vol. 56, págs. 1-17.

— (1994): *Estrategias de marketing industrial*. Díaz de Santos. Madrid.

WINER, R. (2000): "Un esquema para la gestión de relaciones con los clientes (CRM)". *Harvard Deusto Marketing Ventas*, n.º 41, pág. 60.

WONG, Y. H. y CHAN, R. Y-K. (1999): "Relationship marketing in China: Guanxi favouritism and adaptation". *Journal Business Ethics*, vol. 22, n.º 2, pág. 107.

WOOTEN, B. (2001): *Building & Managing A World Class IT Help Desk*. McGraw-Hill Professional Publishing.

ZEMKE, R. y CONNELLAN, T. K. (2000): *E-Service: 24 Ways to Keep Your Customers-When the Competition Is Just a Click Away*. AMACOM.

Otros títulos de interés de esta colección